企业标准化战略与绩效评价

基于建筑业的案例

ENTERPRISE STANDARDIZATION STRATEGY AND
ITS PERFORMANCE EVALUATION:
Cases in Construction Industry

蒋其发 ◎ 著

中国财经出版传媒集团

经济科学出版社
Economic Science Press

图书在版编目（CIP）数据

企业标准化战略与绩效评价：基于建筑业的案例/
蒋其发著 . —北京：经济科学出版社，2019.1
ISBN 978 - 7 - 5218 - 0242 - 9

Ⅰ. ①企⋯ Ⅱ. ①蒋⋯ Ⅲ. ①建筑企业 - 企业绩效 -
评价 - 研究 - 中国 Ⅳ. ①F426.9

中国版本图书馆 CIP 数据核字（2019）第 025061 号

责任编辑：周胜婷 卢元孝
责任校对：郑淑艳
责任印制：邱 天

企业标准化战略与绩效评价：基于建筑业的案例
蒋其发 著
经济科学出版社出版、发行 新华书店经销
社址：北京市海淀区阜成路甲 28 号 邮编：100142
总编部电话：010 - 88191217 发行部电话：010 - 88191522
网址：www. esp. com. cn
电子邮件：esp@ esp. com. cn
天猫网店：经济科学出版社旗舰店
网址：http://jjkxcbs. tmall. com
北京时捷印刷有限公司印刷
710×1000 16 开 16.5 印张 290000 字
2019 年 4 月第 1 版 2019 年 4 月第 1 次印刷
ISBN 978 - 7 - 5218 - 0242 - 9 定价：76.00 元
（图书出现印装问题，本社负责调换。电话：010 - 88191510）
（版权所有 侵权必究 打击盗版 举报热线：010 - 88191661
QQ：2242791300 营销中心电话：010 - 88191537
电子邮箱：dbts@ esp. com. cn）

献给我的父亲蒋洪淼先生（1948～1988）

和母亲陈化珍女士（1948～1992），

愿他们在天国快乐！

　　本书的出版受到国家自然科学基金项目"地方政府公共工程参与式评估机制研究"（项目号：71463061）、云南省教育厅科学研究基金重点项目"民间资本参与大中型水利工程项目建设机制研究"（2012Z144C）以及云南财经大学校级科研项目"企业标准战略研究"（YC10D010）资助，并得到了云南财经大学商务部援助发展中国家学历学位教育项目的支持和帮助，特此致谢！

前　言

标准和标准化是一个时尚话题，有关 ISO 标准及其相关认证广泛应用于企业界和管理学界。但是实践中相当多的企业管理并没有真正做到标准化，部分企业甚至是有选择性地标准化。很多企业进行 ISO 认证也只是表面功夫，真正完全照做的较少。标准化意识不强造成了中国社会经济生活中的很多假冒伪劣现象。中国企业在标准化竞争中观念落后、企业标准体系不健全、管理机制落后、人才缺乏、搞认证形式主义等是难以克服的大问题。

既有文献关于标准化对企业竞争优势的形成的探讨尚处于比较粗浅的阶段，尚无文献认真分析标准化对企业价值形成、研发和竞争优势等方面的影响过程和作用机制。有关企业标准化战略选择的研究中分析变量通常仅为 1~2 个，缺乏在内外部复杂环境多变量情况下选择企业标准化战略的方法和模式及其工具选择。此外，战略的实施需要对其绩效进行评价，而对企业战略绩效评价的研究较少，对企业标准化战略绩效的评价更是全新的领域。因此，本研究着重解决标准化对企业竞争优势形成等方面的影响机制、多变量情况下标准化战略的选择和实施、标准化战略绩效评价等课题。

标准具有多方面的属性，标准化也从多方面促进企业竞争能力提升。标准的经济作用主要表现在增进协调、降低交易费用、解决"柠檬市场"困境、提供绩效评价和考核的尺度、促进贸易等，标准是企业内一种管理手段和考核衡量的尺度，通过标准化可促进创新、降低成本、改善企业与外部的关系，通过与企业知识产权的结合，提供企业垄断市场和攫取超额利润的基础。

在分析了标准化对企业竞争优势提升的作用机制以后，本研究以建筑企业为例，详细探讨了企业标准化战略的选择、实施和评价问题，得出的主要结论如下：

第一，企业实施标准化战略对改善企业经营管理水平和提高竞争能力助力极大。

第二，企业标准化战略的可选模式和工具较多。从外部环境分析，影响企业标准化战略选择的主要因素有企业所在行业的背景、行业技术特性、法律政策、相关产业支持程度、竞争对手情况等因素。从内部因素分析，企业内部资源和能力是影响企业标准化战略策略和路径的关键因素。企业标准化的发展过程可分为入门、起步、跟进、发展、赶超五个阶段。

第三，应有效测度企业标准化战略实施绩效。本研究中按照绩效评价的基本原理，借鉴了多个方面的学科和知识体系，包括标准化基本理论、项目管理、战略管理、企业标准体系、标准化良好行为企业、质量管理与卓越绩效管理、企业成熟度、平衡计分卡等诸多领域的原理和知识，根据多目标综合评价理论开发了相应企业标准化战略绩效评价体系，并通过案例的评价过程验证了该评价体系的科学性和可行性。

第四，企业标准化战略实施应采用过程方法并持续改进。应强调标准化战略实施的领导作用、全员参与、系统方法等特点，需要具备良好的标准化氛围和意识的组织文化。

从企业标准化战略实施和评价相关文献研究及结论分析，作为企业标准化战略实施及其绩效评价的有益探索，本研究的主要创新点体现在：较详细分析了标准和标准化对企业竞争能力提升的作用机制；研究了基于企业内外部环境多变量因素影响下企业标准化战略可选模式及其演化路径及其在战略实施中的可选工具；构建了基于多学科融合的企业标准化战略绩效评价体系，并通过具体企业实证检验了该评价体系的科学性、合理性和标准化战略绩效评价的可行性。

最后，为提高企业标准化战略绩效，研究也从政府和企业两方面给出了相应的政策建议。从政府层面分析，政府要完善标准化运行机制和标准化体系并严格执行，制定完善的标准化战略体系和相关的技术法规及知识产权法规，并优先保证完善工程建设安全、劳动保护、环境保护、劳动者权益保护等方面的标准体系，同时使得标准化建设公开化和信息化。从企业层面分析，企业应首先具备标准化战略的意识，并逐步建立合理的企业标准体系，参与到国内国际各层面标准的制定工作之中，同时企业应协调各标准体系之间的关系，注重标准化战略相关方面尤其是知识产权保护、信息化建设等工作，选择合适的标准化战略工具并实时监控和持续改进。

目　　录

第一章

绪　　论

第一节

研究的背景与问题的提出

一、研究的背景

在如今的管理学界和管理实践中，标准和标准化是一个非常时尚的话题。翻开报纸，网上搜索，收看电视等，有关标准和标准化的信息层出不穷。有关 ISO 标准及其相关的 ISO 9000 体系认证、ISO 14000 体系认证等，其术语在企业界和管理学界得到了广泛应用，这些方面的质量认证体系也得到了社会各方面的高度认可。在百度（www. baidu. com）上以"标准化"为主题进行搜索，收集到的词条超过 1 亿条。"四流的企业卖苦力，三流的企业卖产品，二流的企业卖服务，一流的企业卖标准"，这句流行语表明了标准以及标准化在促进社会发展、提升企业和国家核心竞争力等方面所具有的重要作用。

在中国，对标准的重视和研究很早就已开始。1978 年就成立了国家标准总局①，省级人民政府也都建立了相应的地方标准管理部门。历经多次政府机构改革，现在标准和标准化管理工作主要合并到各级质量监督检验部门之中，如国家质量监督检验检疫总局（简称国家质检总局）对中国国家标准化管理委员会（中华人民共和国国家标准化管理局）（简称国家标准委）实施管理。

---

① 中央政府门户网站综合. 新中国成立以来历次政府机构改革 [EB/OL]. (2009 - 01 - 16). http：//www. gov. cn/test/2009 - 01/16/content_ 1206928. htm.

国家标准委（副部级）是国务院授权的履行行政管理职能、统一管理全国标准化工作的主管机构。[①]

中国的企业也很早就开始了标准的研究，但是真正对标准予以重视并形成管理热潮则始于 20 世纪 90 年代。其时，由于自改革开放以来国力大幅提升、人民群众生活水平快速提高，消费者不再仅仅着眼于商品的数量，更在意商品的质量。在这种情况下，那些重视产品质量并不断满足消费者需求的厂家在激烈的市场竞争中脱颖而出，成为市场中的赢家，如海尔、长虹、TCL 等中国家电企业巨头，即是在当时完成了对市场的圈占而发展成为如今规模的。而那些主要生产、提供中低端甚至劣质产品的"水货"厂家，则在 20 世纪 80 年代因为市场供给不足、消费者多少有些饥不择食而火了一阵以后，即一蹶不振，再也没有重现往日产品销售的火爆场面。一些长期经营低端产品的集市、商品集散中心、物流中心，由于被打上了"水货"的标签，再也不复以前的地位，这方面的典型代表就是汉正街。[②]

如今，似乎人人都知道，标准和标准化工作很重要，对企业如此，对一个行业和国家也都如此，否则我国不会成立国家标准局这样一个全国性的标准管理机构。但在实践中，很多企业对实施标准化工作认识不足，以为标准化就是制定一些规章制度，能够管管人和事就行。在中国现阶段，急躁是一种社会生态[③]，某些企业也难以免俗，这些企业实施标准化是有选择的：对加强企业决策者控制的或者能够促进现金快速回收的标准制度、规章程序是需要制定且必须执行的，而其他的一些标准化管理措施如涉及企业战略和长期利润方面的决策，因时间太长，不可控制因素太多，标准化工作就可以缓缓了。这样根据需要而标准化的企业，其标准化管理的效果可想而知。对各种标准包括国家强制性标准的执行也存在问题，在这些企业各种标准能否真正得到实施可疑。很多企业很强调标准化管理，但要说到是否执行这些标准则是另外一回事了。相当部分企业寻求一种急剧暴富的心态，为达目的而放弃了各种原则，也包括国家和地区的强制性标准的执行，以至于社会生活中毒奶粉、毒家具等有害人民群众生命健康的假冒伪劣商品泛滥。

---

① 国家质检总局．总局机构概况［EB/OL］.（2007 – 10 – 18）. http：//www. aqsiq. gov. cn/xxgk_13386/jgzn/zjjs/201210/t20121015_ 235103. htm.

② 曾建元．汉正街：日化市场的兴衰［EB/OL］.（2008 – 7 – 8）. 中国日化网．http：//www. c2cc. cn/news/Manager/2008/7/8/44330. htm.

③ 唐今．急躁的中国人——中国社会情绪之"急"［EB/OL］.（2013 – 07 – 18）. 大公网．http：//news. takungpao. com/mainland/yangguang/q/2013/0718/1771845. html.

因此，现阶段在中国真正实施标准化管理、严格标准化工作和程序的企业实际上是比较少的。中国的企业管理总体上仍处于较落后的状态，标准化管理工作在企业中和社会经济生活中仍远未达到其应有的地位。

具体到一个行业，如建筑业，在国家层面制定了非常多的标准和规范。据统计，截至 2007 年底我国工程建设标准总数达到 4950 项[①]，约占我国当年各类标准总数 21569 项的四分之一[②]。尽管我国已经建立了相对完善的工程建设标准体系，但是在我国工程建设中频频见诸报端的质量事故和人身伤亡事故，甚至国家体育馆"鸟巢"也在奥运会后出现了质量问题[③]，说明我国工程标准建设的目的迄今并没有完全有效达成。一些建筑如"楼塌塌"[④]、大桥垮塌事件[⑤]常有发生，一些城市在夏季经常可在大雨后观看"海景"[⑥]。这些情况说明了工程建设技术和管理等方面的标准仍远未得到执行和实施。可见，在实践中，具体到建筑行业，企业实施标准化管理工作仍任重道远。

标准化管理工作没有得到重视反映了企业对标准和标准化工作的认识出现了偏差。毫无疑问，标准化管理有助于提升企业管理水平和竞争实力。但是天底下没有免费的午餐。标准化对企业来说也可能是一项成本高昂的投资行动。从企业经营者的理性选择来说，如果不遵守有关标准是可行的并且被发现以后受到惩处所造成的可能损失的期望值小于遵守标准的成本，则企业就可能从事冒险行动，不遵守有关标准而选择尽可能降低成本的行为如粗制滥造、偷工减料等。[⑦] 另外，标准作为一项必须遵守的规则，它也约束了人们尤其是企业决策者的行动及其选择。因此，并非所有企业，也并非企业中的所有人员都希望本企业进行标准化。有必要分析标准和标准化管理在提升企业竞争力中的机理

---

① 中华人民共和国住房和城乡建设部. 全国工程建设标准定额工作会议新闻通稿 [R/OL]. (2007 - 12 - 03). http: //www. mohurd. gov. cn/hydt/200804/t20080424_162659. htm.

② 中国标准化研究院. 中国标准化发展研究报告 [M]. 北京：中国标准出版社，2010：15 - 17.

③ 刘洪波. 鸟巢的质量就"不容置疑"吗？[N/OL]. (2008 - 12 - 25). http: //news. xinhuanet. com/comments/2008 - 12/25/content_ 10555505. htm.

④ "楼塌塌"最早是指上海市莲花南路莲花河畔景苑一幢在建 13 层楼房整体倒塌事件，后来多指楼房倒塌事件。详见：乔礼，毛丽君，曹磊. 目击者讲述震惊一幕：大楼瞬间倒覆 就像地震一样 [N/OL]. (2009 - 06 - 27). 东方网新闻（http: //sh. eastday. com/qtmt/20090627/u1a591799. html）.

⑤ 汲东野，闫格. 中国桥梁"垮掉的一代"事故分析报告 [N/OL]. (2012 - 09 - 12). http: //www. legalweekly. cn/index. php/Index/article/id/917.

⑥ 一些城市在夏季雨后经常满城被淹没成汪洋一片，因此被人们戏称为"海景"。最近的报道之一是沈阳大雨全城被淹的报道，详见沈阳网新闻（http: //epaper. syd. com. cn/sywb/html/2013 - 08/17/node_130. htm）。

⑦ 关于标准对企业影响的探讨详见附录一"政府管制标准与企业之应对措施"中的相关分析。

并予以充分说明。

相比世界发达国家，我国企业标准化工作差距较大。具体表现在：第一，企业缺乏标准化管理和竞争的意识，不能将标准化作为一种提升企业竞争优势的战略工具。第二，相当部分企业缺乏健全的标准体系，甚至根本没有自己的标准。第三，企业标准体系之间不协调，往往只重视其中某一方面例如产品标准而忽视相关的配套标准。第四，标准落后，不能适应市场需要，且采用先进标准的比率低。第五，企业科技创新能力低，缺少标准化方面的科研成果和管理人才。第六，企业搞认证形式主义，为认证而认证，将质量认证作为企业一种营销策略，缺乏从战略高度改善企业管理和产品质量的意识和行动，从而造成质量认证成本高、认证效果不理想。①

市场竞争的白热化使得标准竞争成为越来越多企业的一项根本性竞争战略。企业需要从战略高度进行规划，根据自身特点和环境制定合理而恰当的标准竞争战略以积极参与标准竞争②，把标准化真正作为提高企业（产业）核心竞争力的主要手段之一③。

此外，对企业来说，鉴于实施标准化管理和标准化战略的多样性，还存在一个战略选择和实施的问题，更存在对企业标准化战略实施绩效的评价和改进问题。企业战略包括标准化战略的一个完整流程包括战略的制定过程、实施过程和评价过程。通过实施和监控、反馈和评估，最后总结经验、加以改进，是各项计划工作包括战略绩效得到持续提升的基础。因此，如何实施企业标准化战略及其实施，并在战略实施以后进行评估和改进，是值得建筑企业也包括其他各类企业认真思索的大课题。

二、问题的提出

我国企业在经营管理中对待标准化中的现实情况，说明了企业经营者对实施标准化管理认识不足的问题，这也反映了在学界的研究中尚未涉及的一些领域或者需要探讨的方向，这些问题表现在：

第一，在企业管理中，那些可以作为企业的标准？为什么标准化可以促进企业的竞争优势的形成？是什么机制在其中发挥了作用？

① 中国标准化研究院. 国家标准体系建设研究 [M]. 北京：中国标准出版社，2007：440 – 442.
② 张泳，郭炜. 标准竞争与企业的标准竞争战略研究 [J]. 科技进步与对策，2006 (6)：49 – 51.
③ 傅世勤. 标准化战略——企业发展的必由之路 [J]. 中国标准化，2004 (11)：53 – 54.

第二，标准在企业管理中是一个工具，一个方法，还是什么其他因素？为什么要提出企业标准化战略管理？如何实施标准化战略管理？

第三，一个完整的计划工作和战略管理过程，最后需要对企业业绩和战略绩效进行评价，总结经验并提升管理水平。企业标准化管理应如何开展？如何上升为企业战略逐步推进？如何评价其绩效并提升战略层次？

第四，如何结合具体的企业和行业，如建筑业企业，分析其标准化战略的选择，以及企业标准化战略的实施和评价？如何实证分析标准化战略的应用效果，评价其战略实施绩效，并进而改进标准化战略制定和实施？

我国对这些问题的研究比较少，也没有完整的分析。理论研究的不足和现实中存在的问题都说明，需要对企业标准化战略进行详细探讨和分析。

第二节
研究的目标与意义

一、研究的目标

本研究主要立论于经济理论和管理理论，探讨企业标准化战略选择及其评价，并以正式成文并由政府相关机构发布的标准较多的一个行业即建筑业企业为例，说明其标准化战略选择及其绩效评价。主要研究目标如下：

第一，分析标准和标准化管理对社会经济发展的促进作用，尤其是对企业管理水平提升方面的作用和意义，探讨标准化管理和标准化战略在提升企业核心竞争力方面的影响机制。

第二，作为企业一项战略决策行为，从战略高度探讨企业标准化管理的制定、实施和评价过程，建立企业标准化战略管理一般模型，以及标准化战略绩效评价的一般分析框架。具体以建筑企业为例，探讨建筑企业标准化战略的具体选择、实施及其战略绩效评价问题。

第三，建立建筑企业标准化战略绩效评价体系，探讨绩效评价体系应用的具体方法和步骤，以及战略绩效改进措施。

因此，本研究并非探讨企业实施标准化的程序、方法和方式，并非探讨企业如何通过"贯标（企业通过 ISO 质量体系认证或者其他质量认证体系的认证）"，也不是探讨企业一般的标准化管理问题，如研究企业标准体系建立、企业标准制定程序、确立企业标准实施和监控的原则等问题①，而是从战略高度研究各类企业如何根据企业内外部环境和资源安排，利用企业标准这一工具，通过目标确定、战略评估与选择、战略实施及其绩效评价、战略改进，以标准化及其相关活动提升企业竞争能力，从而创造和保持企业竞争优势。通过选择特定行业的企业即建筑业企业，说明这种战略选择过程，并进一步说明该战略实施的评价和改进问题，以促进企业标准化战略的提升和完善。

二、研究的意义

本研究具有较强的理论意义和实践意义。从理论研究角度分析，目前在学术界对企业战略和战略选择的研究相当多，但是对企业标准化战略研究较少，且研究更多侧重于标准化战略的选择等问题。本研究不仅研究企业标准化战略选择，更侧重于企业标准化战略实施的绩效评价和改进问题，这也是目前中国学术界研究较少的领域。研究侧重于标准化战略绩效评价，这样可以更加丰富中国企业战略管理研究和认识。

本研究更具有现实意义。目前中国社会经济生活中，尽管在国家和行业层面建立了相对完善的技术标准体系和比较完善的行业质量管理措施，可是现实中各种有害消费品如毒奶品等仍很多，各种假冒伪劣商品还充斥市场。这充分说明，无论是哪一种层次的标准，相当部分企业连最基本的要求都没有遵守，更遑论实施标准化战略。因此，本研究对企业来说，具有如下方面的管理实践意义：

第一，研究将再次促使企业尤其是建筑企业认真思考实施标准化战略的各种优点，以及相应的战略实施成本。企业实施标准化战略确实会产生各种成本，但是相应的收益将远远大于实施成本。企业不应只将目光盯住短期利益，或者只是做成一次生意，而应将创业视为一种事业，将企业做成百年老店，从企业基础工作做起，以标准化管理促进企业管理水平提升，增加企业竞争力和市场开拓能力。本研究将具体分析标准对企业的经济促进作用及其影响机制，阐述企业内各类标准是如何促进企业核心竞争能力形成的机制，以阐明标准在企业价值链中的重要作用，增强企业对标准及标准化管理的认识和重视。

第二，尽管标准化管理可以提升企业的管理水平，但如何通过实施标准化

---

① 沈同，姚晓静，王长林. 企业标准化基础知识［M］. 北京：中国计量出版社，2007：30-44.

管理、从战略上重视和选择标准化策略从而使得企业达成一流的绩效，则远非一件简单的事情。事实上，标准绝非简单的一个技术性或者管理性的文件，标准如何与企业各种资源相结合，从而在企业价值形成过程中发挥作用，是需要探讨的重要课题。本研究将分析企业标准化管理和标准化战略实施的途径和层次，并尤其侧重分析标准化战略实施的绩效评价及其改进问题，从而给企业一种标准化战略实施和评价的指导。

第三，标准化管理涉及企业管理理念的根本性转变和流程重组，耗资巨大且需要得到高层的高度支持，因而是企业的一项重大战略决策行为。事实上，只有从战略层面研究企业标准及标准化管理，标准和标准化对企业的促进作用才能得到完全发挥。本研究所分析的标准化对企业的竞争力影响机制分析和企业标准化战略选择及其实施的绩效评价评估问题，将对企业决策者分析、选择和实施标准化战略提供一种新的思路。

根本上说，研究标准化是提升我国产品质量、增强企业竞争优势、加强职业健康和劳动场所安全等方面的必要。在建筑业中我国在这些事务方面制定了非常多的国家强制性标准，建筑企业不仅要重视这些方面的国家强制性标准、模范遵守这些标准，主动承担相应的社会责任，还要通过标准化传递企业良好的形象和声誉，进而通过标准化战略在研发、国际市场开拓等方面保持全球领先地位。此外，建筑业中有大量农民工就业，目前中国正处于传统农耕文明向工业文明转型过程中，这也应包括人的思想、意识等方面的转型。标准化战略的提出有助于建筑企业克服组织效率较低、员工质量和安全意识不高等不利现象，从而促进员工意识转换、实施企业战略转型，为全方位提高企业竞争能力奠定良好基础。

第三节

主要研究方法

本研究严格遵循科学的定性和定量分析相结合、理论与实践相结合、实证分析与规范分析相结合的研究方法，以求取得较好的研究效果。研究中所采用的研究方法比较多，主要体现在如下几个方面：

第一，文献研究（literature review）。文献包括各种权威统计资料、已有的公开发表的研究成果等，以从中分析和找出现存的问题。[①] 不同的学科从不同

---

① 袁方. 社会研究方法教程 ［M］. 北京：北京大学出版社，2004：392－398.

的研究视角出发，对企业标准化管理及企业标准化战略进行了分析，尤其需要研究战略管理、知识产权法学、运营管理等方面关于标准和标准化管理的最新发展成果，以及企业标准化战略实施评估及其改进等方面的研究。

第二，定性分析（qualitative analysis）与定量分析（quantitative analysis）相结合。定性分析可用来定义问题或提出研究框架，提供了关于问题背景的看法与理解，主要构成了探索性研究的内容。定量分析则通常采用一些量化的数据进行统计分析，主要构成了结论性研究的内容。[1] 研究中将进行问卷调查以确定主观评价，并进行访谈、专家座谈等以确定调查数据和评价体系的可靠性。[2] 定量方法包括数理分析、统计分析、财务分析等[3]，研究中将采用企业的客观数据如财务报表资料分析、统计分析等。

第三，多学科融合的交叉视角（multiple disciplinary perspectives）。帕森斯认为，按照某种科学目标，人们可采用多种图式解释同样一些事实，这些图式之间的关系不仅意味着一个图式是另一个图式比较狭隘的事例，而且意味着它们是相互交叉的。[4] 后文将分析说明标准的性质本质上是一个综合性文件，涉及技术、经济、管理和法律等方面的诸多课题。因此，在本研究中需要采用多学科交叉的研究方法，主要采用经济学、法学、管理学、工程技术等学科进行学科交叉研究，分析具体问题时将根据需要选定分析视角和分析工具，以利于从多方面认识事物的本质和发展方向。

第四，案例分析（case study）。案例研究是探索难于从所处情境中分离出来的现象时采用的研究方法[5]，作为一种非常完整的研究方法，其同时包含了特有的设计逻辑、特定的资料搜集及独特的资料分析方法三者合一的研究策略[6]，一般可以分为探索性（exploratory）、描述性（descriptive）以及因果性（causal）案例研究三大类[7]。

---

[1] 纳雷希·K. 马尔霍特拉. 市场营销研究 [M]. 北京：电子工业出版社，2002：103 - 105.

[2] 陈向明. 质的研究方法与社会科学研究 [M]. 北京：教育科学出版社，2000：5 - 6.

[3] Andrew Sayer. Method in Social Science. A realist approach [M]. Second Edition. London and New York：Routledge，1992：175 - 200.

[4] T. 帕森斯. 社会行动的结构 [M]. 北京：译林出版社，2008：31 - 33.

[5] 罗伯特·K. 殷. 案例研究方法的应用 [M]. 2 版. 周海涛，等译. 重庆：重庆大学出版社，2009：11 - 15.

[6] 郑伯埙，黄敏萍. 实地研究中的案例研究 [M]. 陈晓萍，徐淑英，樊景立. 组织与管理研究的实证方法. 北京：北京大学出版社，2008：200 - 203.

[7] R. K. Yin. Case Study Research：Design and Method [M]. 3rd ed. London：Sage Publications, Inc.，1994：11 - 15.

本研究将通过具体案例说明企业标准化战略的选择、实施的程序和评价过程，分析其直接效果和间接效果，并主要采用建筑业中的企业为例进行说明和分析，因而主要采用描述性的案例研究。建筑业是正式标准（包括国家标准、行业标准和地区标准）颁布和实施较多的一个行业，标准尤其是其中的技术标准在建筑行业中作用巨大。以该行业中的企业为例说明企业标准化战略的选择、实施、评估及其改进，更能够说明企业标准化战略的选择和实施层次问题。

第五，实证分析（positive analysis）与规范分析（normative analysis）相结合。实证分析描述世界是什么样子的，因此也称为描述性分析（descriptive analysis）。规范分析陈述世界应该是什么样子的，因此也称为诊断性分析（prescriptive analysis）。① 实证分析本质上独立于伦理和道德评判，是"是什么"；规范分析反过来不能独立于实证经济学，解决"应该是什么"问题。② 探讨企业标准战略的形成、实施和评估需要数据、事实进行说明，因此需要采用实证分析以深化研究和探讨企业标准化战略的本质。同时，标准的形成是一个各方利益相互妥协的过程，因此要根据现阶段我国实际和人民群众普遍的价值观对企业标准的形成及其战略化管理的实施效果进行价值评判，也就是采用规范分析方法。研究中需要进行在此基础上，对企业标准化战略选择、实施及其评估做出客观、准确地分析。因此，研究时将进行实地调查和问卷分析，通过数据说明企业管理和标准化战略实施现状，并将人们的主观感受通过数据表达予以分析，从而达到实证分析和规范分析相结合。

一项科学研究一般包括如下一些要素：实证方法、观察、质问、假设、实验、分析、结论和重复（replication）等。③ 作为一个绩效评价体系，在开发一个可信的评价中，其研究准则主要考虑两方面：测度问题，即信度（reliability）、效度（validity）和研究的宽度（breadth）和深度（depth）问题；属性问题，即因果关系可靠性问题。这些原则在后文的评价体系中得到应用。④ 第五章、第六章进行案例研究、访谈和调查等过程中将继续探讨这些问题。

---

① N. Gregory Mankiw. Principles of Economics [M]. 4th Edition. OH, Mason: South-Western Cengage Learning Pub., 2007: 30 – 40.

② Milton Friedman. Essays in Positive Economics [M]. Chicago: University of Chicago Press, 1953: 3 – 43.

③ Geoffrey Marczyk, David DeMatteo, David Festinger. Essentials of Research Design and Methodology [M]. Hoboken, New Jersey: John Wiley & Sons, Inc., 2005: 4 – 5.

④ Minister of Public Works and Government Services. Program Evaluation Methods: Measurement and Attribution of Program Results [M]. 3rd Edition. Public Affairs Branch Treasury Board of Canada, Secretariat: 1999: 22 – 23.

第四节

研究的主要内容与范围

一、研究的主要内容

本研究着重于企业标准化战略的选择及其实施绩效评价，并以建筑业企业为例进行说明和分析。研究主要内容如下：

第一，分析、探讨和说明标准化对企业竞争力形成的机制。有必要较详细分析标准在社会经济和企业经营中的重要作用，说明标准化为什么可促进企业运营能力，标准化提升企业竞争能力的途径等。

第二，建筑企业标准化战略选择和实施。作为一个重要的产业门类，建筑业是国民经济中的一个支柱产业，但是建筑企业也亟须实施标准化战略以增强企业竞争力。作为一项战略行动，建筑企业标准化有多种可供选择的策略和多个侧面，企业需要有所选择和行动。建筑企业标准化战略存在何种路径？应采用何种工具选择适合自己的标准化战略？这是需要认真探讨的问题。

第三，分析建筑企业标准化战略实施的绩效评价及其改进。相当多文献在探讨企业战略管理时，一般只说明战略选择和实施的问题，但是一个重要的方面即战略实施的评价和改进则很少有研究。本研究主要目的之一即说明建筑企业标准化战略实施的绩效评价及其改进措施，并结合具体案例予以说明。将建立企业标准化战略评价体系，并选择具体建筑企业为例对所构建的模型予以检验，确定评价体系的科学性、合理性和可行性。

选择建筑企业作为企业标准化战略选择和绩效评价的具体行业，主要是因为建筑业行业属性和管理体制等原因确定的。建筑业是国民经济的支柱产业，产业关联度高，属于技术较成熟行业，技术变化较缓慢，且行业管理较严格，行业中正式成文的标准较多，分析建筑企业可以对更多其他行业和企业起到示范作用。

二、技术路线

本研究主要按照如下技术路线予以分析：

第一，在文献分析等基础上，说明既有文献中尚待解决的问题，提出本研究要解决的课题，说明研究的侧重点。

第二，分析、探讨标准的本质属性，说明标准化的原理和理论基础，探索标准化对社会经济发展等方面的重要作用，说明标准和标准化对企业竞争能力形成的机制。说明建筑企业标准化战略现状及实施标准化战略的重要意义。

第三，根据企业标准化战略管理基本模式，探讨基于企业外部环境评估和内部因素分析基础上的建筑企业标准化战略的选择及制定。

第四，构建建筑企业标准化战略实施绩效评价的体系和模型，探讨绩效评价的具体方法，并以具体案例验证所构建模型的科学性和可行性。

具体技术路线见图1-1。

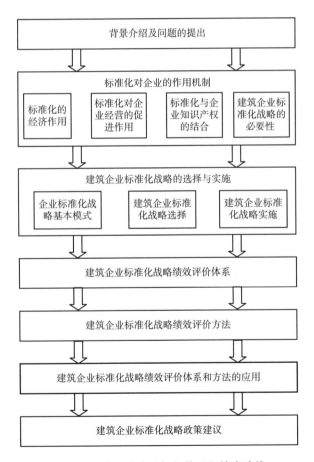

图1-1 本研究主要框架体系和技术路线

第五节

研究难点与主要创新点

一、本研究的重点与主要难点

本研究中主要研究重点在于如下几点：

第一，探讨标准和标准化对企业竞争能力形成的重要作用，从战略高度探讨和分析标准化战略对企业竞争能力的重要影响。分析企业标准化促进企业竞争能力形成的机制，阐明企业标准与知识产权之间的关系。辨析技术标准与知识产权包括专利、商标、版权和企业技术秘密之间的关联性，作为准公共产品的技术标准是如何与具有私权性质的知识产权相结合的。

第二，企业标准化战略的选择和实施的基本框架，以及几种比较典型的企业标准战略选择模式和管理过程。探讨建筑企业基于外部环境分析和内部因素分析基础上的标准化战略选择方式，以及在标准化战略实施中建筑企业的可供选择的工具和策略。

第三，构建建筑企业标准化战略实施绩效评价的体系和方法，并以具体企业为例，验证该评价模型和方法的可行性。建筑企业标准化战略绩效评价模型和体系的构建包括指标体系选择、指标权重的确定、问卷调查、数据分析和最终结果的确定等，需要在所选择企业进行实地调查。

研究中的主要难点在于以下几点：

（1）限于资金和精力等因素，不可能作大规模实地调查，难以通过大规模调查证明企业标准化战略的适配性。如何收集足够的、全面的、正确的资料以客观分析标准和标准化对企业和产业的影响，难度较大。不仅资料的客观性和公正性、全面性不容易保证，而且真正做好定量化分析也存在较大的难度。

（2）企业战略评价包括战略绩效评价是一个人云亦云之课题，难以设计一套合理的评价体系以满足利益相关各方不同的利益诉求。由于企业战略实施涉及面很广，因此一些根本性的问题难以解决，例如，合理的评价体系如何设计？应该分配哪些指标？权重如何确定？事实上，不同的评价标准和权重反映了设计者不同的价值观和所处的立场。因此最后对企业战略实施绩效评价将非常困难，指标体系的设计难以量化且不可避免包含大量主观成分。

（3）企业标准化战略中的特殊课题仍有很多，限于篇幅、研究视角等原因，很多相关课题将难以彻底探讨，例如标准化对企业促进作用在企业不同发展阶段的具体效果评价等。

二、主要创新点

本研究的主要创新点在于以下几个方面：

第一，详细分析了标准和标准化对企业竞争能力提升的作用机制。由于标准具有技术的、经济的、管理的、法律的等多方面功能和属性，标准和标准化对企业竞争能力提升的作用机制是多方面的。研究中将详细分析标准化的经济作用、对企业经营的促进作用、标准与企业知识产权的结合等方面的内容，探索标准和标准化对企业运营、价值链、研发和企业知识产权保护等方面的重要影响。

第二，分析了多因素影响下建筑企业标准化战略评估和选择方式。不同于既往单变量因素影响下企业标准化战略评估和选择的分析，本研究将阐述基于企业内外部环境多变量因素影响下建筑企业标准化战略可选模式及其演化路径。企业标准化战略方式选择是从一些基本模式发展出来的，包括领先标准化、追随标准化、自主研发、兼容标准化、技术联盟等。研究中详细分析了这些基本模式的优缺点和适用范围，并专门探索了建筑企业在标准化战略实施中的可选工具。此外，企业标准化战略是随着自身资源和能力的提升而不断发展变化的。

第三，构建了建筑企业标准化战略绩效评价体系。本研究的核心任务之一即为从多学科综合视角，构建了同时基于过程和最终结果的建筑企业标准化战略实施绩效评价体系，并通过具体建筑企业为例实证检验了该评价体系的科学性、合理性和标准化战略绩效评价的可行性。可以采用该评价体系对标准化战略实施过程进行监控、对绩效进行分析，以完善企业运营和标准化战略的实施；同时，该评价体系也可对多个建筑企业标准化战略实施绩效进行比较和研究，以说明每个企业标准化战略运行态势和优缺点。

第二章

文献综述

第一节
标准化战略文献综述

作为一种提升产业和区域经济竞争力的重要工具，对标准和标准化战略的研究近年来是经济学等学科领域研究的热门课题之一。标准化战略研究近年来集中于以下几个方面：

第一层面是国家标准战略。

第二层面是区域标准和产业标准战略，以及标准化对地区经济增长和产业发展的实证研究。

第三层面是企业标准战略研究，以企业标准化管理等为研究对象较多。[①]

一、国家标准化战略

(一) 主要发达国家标准化战略综述

以标准和标准化作为一种战略工具为本国赢得产业竞争力和国家竞争优势，这方面的研究受到了许多国家尤其是发达国家的高度重视。美国国家标准研究院 (American National Standards Institute，ANSI) 于 2010 年发布了新修订的国家标准战略 (The United States Standards Strategy，USSS)，提出了美国国家标准设立的原则，如透明 (transparency)、公开 (openness)、无偏 (impartiality)、有效和相关 (effectiveness and relevance)、一致同意 (consensus)、绩

---

① 杨超培. 企业标准化理论、方法和实例 [M]. 广州：广东经济出版社，2006：1-20.

效导向（performance based）、一致（coherence）、基于过程（due process）、技术支持（technical assistance）以及弹性（flexible）、及时性（timely）和平衡性（balanced）等，以及国家标准战略愿景及未来应采取的行动等。①

该标准战略分国际和国内两个层面，制定了多项远期目标和近期目标，核心就是如何协同众多的民间标准化机构，强化政府对民间机构的影响力，保证在国际标准化活动中以一种声音代表美国，主导国际标准化活动，确保美国的战略利益。

德国 2004 年发布的德国国家标准战略，共有 5 大目标和 23 项措施，开篇即说明标准化战略要保证德国成为一个领先的工业国家，标准化要作为一项工具支持社会和经济成功并减少政府管制措施，标准化和标准机构要促进技术趋同性，要为企业提供有效的程序和工具。② 标准化可帮助德国维持商业和社会优势，开拓和打开区域及世界市场。

日本工业标准调查会［日本工業標準調査会，The Japanese Industrial Standards Committee（JISC）］针对全球化、政府管制改革、消费者细分等背景，发布国家标准战略包括两部分：通用标准化战略和特定部门标准化战略。通用战略需要关注世界标准化战略的发展尤其是欧盟和美国标准化战略，并反映市场和社会需求，通过加强国际合作等发展国际标准化战略，并整合研发（R&D）和标准化。特定部门标准化战略主要包括信息技术（IT）、环境保护和循环经济、反映消费者和弱势群体、促进产业发展和安全等。③

虽然美国、德国、日本三国的标准战略内容互有差别，但共同点却十分显著，如强调标准的市场适应性、十分重视国际标准化活动、强化标准和技术研发的统一协调、高度重视环保、安全、健康等公共领域的标准化、重视面向全社会的标准化宣传等。④

欧洲标准化委员会（The European Standardization Organizations，ESOs）于 2010 年发表了欧盟（European Union）标准化战略报告，报告中指出了标准化有助于提升创新能力并培育全球竞争力，欧盟仍应在全球市场保持领先地位，因此，应建立一个覆盖欧盟 31 国及其他国家的相互协调的欧洲标准化网络，

---

① ANSI. United States Standards Strategy［R］. Washington，DC：American National Standards Institute，2010.

② DIN. German Standardization Strategy［R］. Berlin：DIN，2004.

③ JISC. Japanese Standardization Strategy［R］. Tokyo：Japanese Industrial Standards Committee，September 2001.

④ 张明兰. 德美日三国标准化战略的对比研究及启示［J］. 上海标准化，2006（7）：35 - 36.

并反映出社会相关者的声音，刺激中小企业（small & medium enterprises，SMEs）参与标准化进程并采用合适的标准化战略。①

（二）中国国家标准化战略综述

对于我国来说，在经济全球化和信息技术发展的背景下，技术标准已经成为高技术产业市场竞争的战略工具，我国产业标准战略的核心问题是要建立起基于企业联盟的技术标准形成机制②，而国家标准战略则应采用后发优势策略，通过政府和企业的密切配合以建立自主知识产权标准体系③。2002 年启动并由中国标准化研究院组织完成的中国技术标准发展战略研究报告认为，中国国家技术标准有四大战略取向，其中关键的是注重自主创新能力、以自愿性标准为基础等，并应积极参与国际竞争、完善标准化法律法规及政策环境等④，即在技术标准的发展方向上要向注重制定具有自主创新成果的技术标准转变；在国际标准化工作方面要向有效采用国际标准、实质参与国际标准化活动、重点制定国际标准转变；在标准体制方面要向建立以自愿性标准为基础的标准体制转变；在发展重点上要向支持建立和谐社会的标准转变。

该报告还认为，主导制定国际标准已成为国际经济竞争的重要策略，融入经济全球化必须参与技术标准竞争。为此，研究中确立中国技术标准中长期总体战略目标是：到 2010 年前，基本建成重点突出、结构合理、适应市场经济发展的技术标准体系；到 2020 年前，中国成为区域乃至国际标准化活动的重要力量，实现技术标准对国民经济和社会发展强有力的支撑。报告建议中国的标准化发展重点应该是农业、制造业、现代服务业和高技术产业等产业中的重要技术标准以及基础公益、安全、健康、环保、资源和能源等社会公益类技术标准。最后报告建议采取五项措施：创建提升技术标准自主技术含量的机制；建立参与国际标准竞争的机制；建设以自愿性标准为基础的标准化模式；完善标准化法律法规及政策环境；加强基础条件建设。⑤

中国技术标准发展战略的出台，为各地方标准化和各产业标准化战略的制

---

① CEN, CENELEC. European Standardization and the EU 2020 Strategy ［R］. Brussels: European Committee for Standardization & European Committee for Electrotechnical Standardization, 5 October 2010.

② 吕铁. 论技术标准化与产业标准战略 ［J］. 中国工业经济, 2005 (7): 43 – 49.

③ 徐家新, 赵媲. 标准战略研究 ［J］. 兰州学刊, 2006 (6): 125 – 127.

④ 中国标准化研究院. 2006 中国标准化发展研究报告 ［M］. 北京: 中国标准出版社, 2007: 98 – 103.

⑤ 中国标准化研究院. 中国标准化战略研究 ［M］. 北京: 中国标准出版社, 2007: 1 – 50.

定提供了重要的指导思想和理论原则。然而，尽管中国标准化战略整体实力得到极大增强，在支持行业发展和自主创新方面作用明显，且在国际标准化组织中地位得到极大提高，但是也存在标准化法律法规需要加强、需要建立适应市场经济体制的标准模式等挑战，标准化管理模式需要创新。[①]

二、产业和地区标准化战略

在政府层面，除中央政府通过发布正式的技术标准、阐述国家标准发展战略以外，各级地方政府也努力推出地方特色的技术标准和出台相关的标准发展战略和政策等。地方标准战略应支持城市农村建设和地方产业发展，地方标准应是中国标准体系中的重要环节。在这种背景下，各省市纷纷把推进本行政区域内标准化战略的制定与实施作为了一项推动地区科技和经济发展的重要手段。

以云南省为例，2009 年 8 月云南省政府召开了首次全省标准化工作大会，会后发布了《云南省人民政府关于实施标准化发展战略的意见》，提出了云南标准化发展战略的工作思路、基本原则和工作目标，并提出了实施标准化发展战略的保障措施，以突出重点领域的标准化工作。[②] 这是根据国家对标准化工作的总体规划，为全面推进标准化工作，增强自主创新能力，提升云南产品和产业综合竞争力的一次重大战略行动。同时奖励企事业单位承担国家标准甚至参与国际标准的修订工作、承担全国性标准化组织的各类职务，并进行标准化科研等。2010 年 8 月，云南针对本省中国名牌产品较少（17 项，全国倒数第二）的实际，提出了在两年内大力提升云南产品质量的"质量兴省"战略，其中首要任务就是"以促进自主创新、节能减排、环境保护和农产品、食品药品安全为重点，建立云南省科学、统一、规范的企业技术、农业、环境保护、食品、服务业等技术标准体系"[③]。

在地区标准化战略绩效评价的实证研究方面也有一定的进展。钱进（2008）从标准化战略的基础水平、建设水平、实施程度、经济效益四个截面构建可操

---

① 王平，王益谊，约翰·希尔（John Hill）. 中国的标准化战略——成就与挑战 ［J］. 标准科学，2010（5）：4 - 9.

② 吴清泉. 云南省标准化工作会议提出夯实基础健全体系——理顺机制强化监督 ［N］. 云南日报，2009 - 08 - 22（1）.

③ 张子卓，万涛. 我省召开工作会议 部署全面实施质量兴省战略 ［N］. 云南日报，2010 - 08 - 24（1）.

作性的标准化战略实施效果评价指标，以我国 19 个副省级以上城市为研究对象，采用因子分析法确定指标权重，并利用因子综合评分的结果对各城市进行了排序，不仅剖析了各城市标准化战略的实施效果，也说明了我国当前标准化战略还处于起步阶段，只有较早实施标准化战略的北京、深圳等城市才表现出较好的竞争优势。①

此外，标准还应在支持行业的发展和自主创新起到重要作用，如在高新技术领域以及在建筑、钢铁、交通等基础工业标准化进展很大。截至 2007 年底，184 项国家标准由自主创新技术转化而来，主要分布于高新技术、交通、装备制造、材料等领域。截至 2007 年底，我国有 16 项国家标准涉及专利，包括 5 项数字音视频编解码技术（AVS）标准、1 项数字电视标准、1 项用于工业测量与控制系统的 EPA 系统结构与通信标准、3 项农业食品标准、5 项无线局域网（WAPI）标准和 1 项中文办公软件文档格式规范（UOF）标准。截至 2008 年底，中国国家标准的总数为 22931 项。其中，强制性标准 3111 项，占 13.56%；推荐性标准 19675 项，占 85.8%；国家标准化指导性技术文件 145 项，占 0.63%。截至 2008 年底，国家标准样品总数为 1491 项。2008 年备案行业标准 3097 项，截至 2008 年底累计备案行业标准 39686 项；2008 年备案的地方标准 2139 项，截至 2008 年底累计备案地方标准 14142 项。②

实证分析文献证明了标准在促进产业发展和提升经济绩效方面的作用。布林德（Blind，2008）对欧洲 4 国 12 部门采用柯布—道格拉斯（Cobb-Douglas）生产函数的面板数据研究，证明专利和技术标准存量在 20 世纪 90 年代对经济增长具有显著影响，研发程度较高的国家更加显著。③ 英国贸易和工业部（DTI，2004）发布《标准实证经济学》，阐述技术标准对英国长期经济增长和创新的重要贡献。④ 弗雷德里克（Frederick，2004）等则对标准化促进芬兰林业机械产业的经济贡献做了研究。⑤

① 钱进. 标准化战略实施效果评价指标体系设计及评价方法研究 [D]. 南京：南京理工大学，2008.

② 王平，王益谊，约翰·希尔（John Hill）. 中国的标准战略——成就与挑战 [J]. 标准科学，2010（5）：4-9.

③ K. Blind & Andre Jungmittag. The impact of patents and standards on macroeconomic growth: a panel approach covering four countries and 12 sectors [J]. J Prod Anal, 2008, 29: 51-60.

④ DTI. The Empirical Economics of Standards [R]. London: the Department of Trade and Industry (DTI), 2004.

⑤ Teye Frederick, et al. Benefits of Agricultural and Forestry Machinery Standardization in Finland [R]. Vakola: MTT Agrifood Research Finland, 2004.

国内最早由赵景柱[①]（2005）、于欣丽[②]（2008）等实证分析了标准化对产业发展和经济增长的贡献，上海标准化研究院（2007）则通过翻译部分文献阐述了标准对经济增长、技术创新和企业经营绩效的贡献[③]。

毋庸置疑，标准对促进经济发展很重要。但是，产业发展应当采取何种标准战略，地区经济发展应当采取何种标准战略，企业经营中应当采取何种标准战略等，这些目前都是研究较少的，相关文献也比较少。不同层面的组织和机构，如企业、地区和产业等分别应采取何种标准战略以促进绩效提高或经济发展等，都是亟待解决的课题。本研究主要就企业标准战略进行探讨，因此研究视角是基于企业层面的，研究目标为通过标准战略以提高企业竞争能力。

三、企业标准化战略

（一）国外文献综述

国外学者首先提出了企业标准战略。戴维（David，1985）在研究计算机键盘时，提出了"QWERT经济学"，即消费者的路径依赖（Path Dependency）问题。[④] 消费者之所以会路径依赖，主要是因为其转换成本（switching cost）高昂，因此消费者被技术锁定（locked-in）。所谓的转换成本，即消费者从一项依据某种技术标准的产品转换到另一项依据其他技术标准的产品时所必须承担的成本。计算机键盘的转换即为明显的一类转换成本，当消费者已经适应了原有的QWERT键盘时，如果采用一个技术上认为或许更合适的新排列结构键盘，消费者必须重新学习和适应这种键盘。

此后，随着网络经济的兴起，一些学者又注意到标准在网络外部性（network externalities）问题研究中的重要作用。网络外部性也称为网络效应（network effect），是外部性经济（positive externalities）的一种，即单个消费者对

---

① 赵景柱，董仁才，邓红兵，等. 技术标准对我国综合国力贡献率的初步研究［J］. 科技进步与对策，2005（2）：5－7.

② 于欣丽. 标准化与经济增长：理论、实证与案例［M］. 北京：中国标准出版社，2008：96－150.

③ 上海市标准化研究院. 标准化效益评价及案例［M］. 北京：中国标准出版社，2007：105－146.

④ P. David. CLIO and the Economics of QWERTY［J］. American Economic Review，1985（75）：332－337.

一项服务或者商品的消费获利的同时也能给其他用户带来益处。① 网络外部性又可分为直接网络外部性（direct network externalities）和间接网络外部性（indirect or complementary network externalities）。直接网络外部性是指消费者在产品消费中所获得的价值或者效用（utility）大小随着消费者或用户人数的增加而增加，例如电话网络用户，更多电话用户加入该网络将会使得现有用户受益，这样现有用户可以和新用户进行沟通。② 语言也具有典型的网络外部性。当规模收益导致了互补产品多样性增加或者价格下降时，就产生了间接网络外部性。③ 例如，随着更多的人使用特定的操作系统，便会有更多的专为该系统设计的特定软件。间接网络外部性也产生于消费过程中的产品之间技术上的辅助性和需求上的相互依赖，例如 DVD 播放机和 DVD 碟片。④

在外国学者研究中，标准战略一般被"标准战争（standard war）"所取代。由于消费者的路径依赖和网络外部性，标准问题对企业非常重要。在标准竞争（standard war）中脱颖而出的企业，将会"赢者通吃（winner-take-all）"。在这样的行业中，建立自己的标准使之成为行业标准对企业赢得长期竞争成功极为关键，如微软和因特尔（Microsoft and Intel），其技术定义了个人计算机行业标准，从而成为一种"Win-Tel"事实标准，为其取得长久成功发挥了极大作用。⑤ 尤其在高新技术产业，由于具有网络外部性⑥（network externalities），企业在标准战略中，通过与专利等知识产权的结合将发挥阻隔作用⑦，这可使企业竞争优势得到保持⑧。标准与企业知识产权如专利等的结合才能使

① M. L. Katz & C. Shapiro. Network Externalities, Competition, and Compatibility [J]. Economic Review, 1985, 75 (3): 424 – 440.

② Stanley M. Besen and J. Farrell. Choosing How to Compete: Strategies and Tactics in Standardization [J]. The Journal of Economic Perspectives, 1994, Vol. 8: 117 – 131.

③ 尼斯·W. 卡尔顿，杰弗里·M. 佩洛夫. 现代产业组织 [M]. 4 版. 胡汉辉，等译. 北京：经济科学出版社，2009: 370 – 371.

④ C. Chou and O. Shy. Network Effects without Network Externalities [J]. International Journal of Industrial Organization, 1991, Vol. 8: 259 – 270.

⑤ Charles W. L. Hill. Establishing a Standard: Competitive Strategy and Technological Standards in Winner-Take-All Industries [J]. The Academy of Management Executive, 1997, Vol. 11, No. 2 (May): 7 – 25.

⑥ M. Katz & C. Shapiro. Technology Adoption in the Presence of Network Externalities [J]. Journal of Political Economy, 1986, 94 (4): 822 – 841.

⑦ C. Shapiro. Injunctions, Hold – Up, and Patent Royalties [J]. American Law and Economics Review, October, 2010: 280 – 318.

⑧ M. L. Katz & C. Shapiro. Network Externalities, Competition, and Compatibility [J]. Economic Review, 1985, 75 (3): 424 – 440.

得这种优势得到发挥。①

网络外部性问题将在附录二"几种重要标准的经济分析及其对企业经营的启示"中进一步分析。

（二）国内文献综述

很显然，在企业的标准化战略中，仅仅推行 ISO 9000 体系、实施标准化管理，甚至为"贯标"而"贯标"等行为或是一种被迫的被动战略，或是由于越来越多的企业采用这种策略而使得企业只能具有平均成本，因此这种耗资巨大的"战略行动"并不能真正形成企业独特的竞争优势。标准本身并不能让制定或参与制定的企业取得垄断地位或者竞争优势②，标准能够成为企业竞争利器，是因为拥有新标准的企业，能够利用市场地位引诱或者强迫其他企业接受对其有利的标准。标准的公共品属性决定了其收益具有非排他性，因此，一流的企业如何才能做到"卖标准"而提高竞争力水准呢？最重要的方面在于将标准或者技术标准与具有私权性质的知识产权相结合，使得收益具有排他性而获利。③随着科技的发展、技术扩散程度的加快和知识产权保护的不断完善，技术标准和知识产权关系越来越密切。技术法规和技术标准中的一些内容可能涉及版权、商业秘密和专利等，知识产权保护中比如强制公开专利作为技术标准的推广、驰名商标中的原产地标识中的统一商品和服务标准等也涉及技术标准。④有关标准和知识产权之间的关系将在第三章继续探讨。

在企业标准中，技术标准是企业之间竞争的高级形式，标准战略也是优秀企业、特别是大型跨国公司目前最愿意采用的竞争手段。但对中国企业来说，信息化与工业化同步、技术禀赋落后、技术轨迹缺乏连续性、企业联盟松散是中国企业技术标准战略环境的鲜明特点，技术标准战略的要素应该包括用户基础、制造能力、互补潜力、专利开放度、产品成熟度、技术规模性和国内市场独立性。根据各个行业的不同情况，企业可以采取的战略措施包括创造标准、

---

① J. Farrell, J. Hayes, C. Shapiro & T. Sullivan. Standard Setting, Patents, and Hold-Up [J]. Antitrust Law Journal, 2007 (3)：603 – 670.

② 马忠法. 标准与知识产权之关系：兼谈在企业战略中的应用 [J]. 知识产权，2007 (1)：37 – 41.

③ 张建华，吴立建. 关于技术标准的法律思考 [J]. 山西大学学报（哲学社会科学版），2004 (5)：80 – 83.

④ 王成昌. 企业技术标准竞争与标准战略研究 [D]. 武汉：武汉理工大学，2004.

引进标准、改进标准和释放标准。① 由于技术标准管理和战略的落后，我国企业在国际竞争中处于不利的地位。为了推动企业发展，必须将技术标准战略与企业和国家的技术创新体制相结合，将技术标准战略的制定与管理纳入企业的技术创新管理体制。② 根据技术标准和用户安装基础两个基本维度，在企业技术标准战略中，可以分为如图 2－1 所示的四种竞争形态。

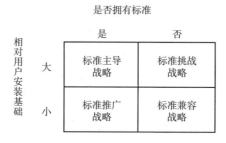

图 2－1　四种基本技术标准战略

资料来源：黄璐. 企业技术标准战略的基本框架 [J]. 经济管理·新管理, 2003 (24)：18－24.

以标准竞争的目标和标准的使用方式作为两个维度，可以将标准竞争战略划分成四种，即开放性标准战略、限制性标准战略、标准转换战略、差别化专用战略，如图 2－2 所示。

图 2－2　企业的标准竞争战略分类

资料来源：张泳，郭炜. 从企业战略角度看标准竞争 [J]. 经济管理, 2005 (23)：17－19.

具体的技术标准战略选择模式，可以根据技术标准发展阶段分别选择，包括技术标准形成初期的收购、参与制定标准、技术输出和战略联盟，以及技术

---

① 邓洲. 中国企业技术标准战略研究 [J]. 南京大学学报（哲学·人文科学·社会科学版），2010 (2)：113－123.

② 杨武，申长江. 我国企业技术标准战略研究 [J]. 管理现代化，2005 (6)：28－31.

标准形成以后的市场扩张、追随、引进和研发替代等。[①] 对于企业竞争力的表现，技术标准战略可以理解为三个阶段：第一阶段为"我有技术你没有"；第二阶段为"用我的技术要付出代价"；第三阶段为"别人都用我的技术"。从而技术标准构成了企业核心竞争力的重要组成部分。[②]

因此，中国企业应对国际标准战略选择为如下几个方面：（1）认真研究、了解国际标准。（2）严格执行国际标准。（3）积极实施绿色战略。（4）技术创新策略。（5）技术开放策略。（6）组建联盟策略。（7）标准竞争策略。[③]

可见，企业通过积极参与地方标准和国家标准的制定，通过标准规制过程将企业的竞争优势得以体现才是一种主动和有效的战略过程。更进一步地，通过国际竞争并积极参与国际标准的制定工作，将本企业各种具有知识产权的技术形成一种事实标准，如同微软公司的软件（具有版权）一样，才能真正塑造具有国际竞争力水平的企业。

四、国际标准化战略发展趋势

纵观全球标准化发展趋势，有几个方面的变化尤其引人关注。标准化逐渐消除各国的差异性而呈现国际化、区域化发展趋势，并从生产技术工具向贸易竞争工具深化，其功能从事后规范向事前引导发展，从一种单纯的企业决策上升为国家战略，标准的结构出现整合发展。[④] 标准强调市场适应性，更多从技术保障向社会公益方向发展，其中健康、安全、环保、节能、信息、贸易、服务等领域将成为标准化的战略重点。[⑤] 不同的发达国家，由于社会经济环境的不同，标准化战略应对策略各不相同。如图 2-3 所示，美国、日本、欧盟在国家标准化（ISO/TEC）战略中主要实施"控制、争夺"战略，而对于中国（以及其他发展中国家）来说，由于经济实力差、技术能力弱，实施以跟踪、采用国际标准为主，实质参与为辅的策略，以积极争取发言权和实质参与权，因此适宜制定"追赶"战略。[⑥]

① 叶林威，戚昌文. 技术标准战略在企业中的运用 [J]. 商业研究，2003（18）：79-84.

② 夏清华. 中国企业自主知识产权能力建设研究 [M]. 武汉：武汉大学出版社，2010：59-60.

③ 陈志宏. 中国企业国际标准竞争的战略与策略（下）[J]. 中国高新区，2008（7）：90-93.

④ 杨晶晶. 晚近时期标准化发展趋势 [J]. 科技管理研究，2009（1）：199-202.

⑤ 刘琦，石建莹. 国际标准化发展趋势及我国标准化发展思路 [J]. 陕西省行政学院陕西省经济管理干部学院学报，2006，20（1）：82-84.

⑥ 孙敬水. 发达国家标准化战略及其对我国的启示 [J]. 科研管理，2005，26（1）：1-8.

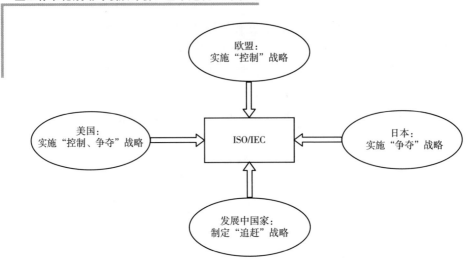

图 2 – 3　标准化战略的国际动向

资料来源：孙敬水. 发达国家标准化战略及其对我国的启示 [J]. 科研管理, 2005, 26 (1): 1 – 8.

　　对企业来说，以上标准化变化趋势如标准化活动领域和范围向服务业转移、标准化重点在于信息技术和其他高新技术产业、标准化核心领域在于消费者健康、职业场所安全、环境保护（即所谓的 HSE 范式，health-safety-environ-ment）等方面都对企业运营和管理造成了较大影响。因此，管理和开发程序的标准化将在标准化工作中占据突出地位，而质量体系认证（以及其他国际化认证体系）将为企业在国际市场竞争中保持优势提供保障。①

　　国际标准化组织（ISO）网站主页页面的内容即可说明这种趋势。在该主页右侧列示着最流行的几种标准（popular standards），最前面的仍然是 ISO 9000 质量管理（quality management）标准，然后依次是 ISO 14000 环境管理（envi-ronment management）标准、ISO 3166 国家代码（country codes）、ISO 26000 社会责任（Social Responsibility）、ISO 50001 能源管理（energy management）、ISO 31000 风险管理（risk management）、ISO 22000 食品安全（food safety man-agement）、ISO 4217 货币代码（currency codes）、ISO 639 语言代码（language codes）等 [详见国际标准化组织网站主页（http：//www. iso. org/iso/home. html）] 方面的标准。标准正从技术型向社会公益转型，并突出了管理标准和工作标准的重要性等。

　　此外，标准化不仅仅是营利组织的事情，越来越多的非营利机构也将实

　　① 梁燕君. 未来标准化发展的方向 [J]. 质量探索, 2011 (6): 1 – 3.

施、贯彻 ISO 9000 体系等标准作为一种战略予以实施。从公共事业组织来说，良好的治理需要多方参与（participation）、一致同意（consensus oriented）、可测度的绩效评价（accountability）、透明（transparency）、快速反应（responsiveness）、有效（效率和效果，effectiveness and efficiency）、平等和包容（equity and inclusiveness）、法治（rule of law）等。这些原则与标准化制定和实施的原则相一致。① ISO 9000 标准要求的基本原则即顾客导向（customer focus）、领导作用（leadership）、全员参与（involvement of people）、过程方法（process approach）、系统管理（system approach to management）、持续改进（continual improvement）、基于事实的决策（factual approach to decision making）、互利的供方关系（mutually beneficial supplier relationships）等，对于改进非营利机构的管理也是非常有利。

总的来说，国外标准化的发展趋势体现在标准化战略中为"一个突出、一个重点、一个强调、四个突破"，即突出国际标准战略，将信息、环保、制造技术等领域标准化作为战略重点，强调标准研制和科技发展的协调发展，寻求在标准化概念、标准化体系、法律法规和经费等方面的突破。而我国在标准化工作中，则需要建立规范、透明、高效的运行机制，确立自愿性原则，更加适应市场并反映我国科技发展水平，标准化法律法规进一步完善，高度信息化，从而使得我国成为为国际标准做出较大贡献的国家等。②

第二节

企业战略绩效评价文献综述

一、企业战略

所谓战略（strategy），或者战略计划（strategic plan），是指应用于整体组织的，为组织设立总体目标和寻求组织在环境中的地位的计划。③ 战略是确定

---

① UNIDO. USE of ISO 9000 IN GOVERNANCE ［R］. New York：The United Nations Industrial Development Organization，8 August 2005（http：//www. unece. org/trade/ctied/wp6/document% ）.

② 国家标准化管理委员会. 标准化基础知识培训教材 ［M］. 北京：中国标准出版社，2004：158 – 162.

③ 斯蒂芬·P. 罗宾斯. 管理学 ［M］. 4 版. 黄卫伟，等译. 北京：中国人民大学出版社，1997：152 – 154.

企业的目标或使命，以及企业的长期基本目标，并采取行动、分配必要资源以实现这些目标。①

战略管理（strategic management）可以被定义为制定、实施和评估是组织能够达到其目标的、跨职能决策的艺术与科学。战略管理因此包括战略制定、战略实施和战略评估三个阶段。尽管开发了很多战略管理工具，但是在战略管理中将直觉和分析相结合是必不可少的。② 战略管理过程本质上是动态的，这一过程必须符合企业的约定、政策和行为准则。而且，战略管理也必须适应当今世界所面临的超级竞争环境，尤其是经济全球化和技术的快速发展。③

一个经典的战略管理综合性分析框架如图 2-4 所示。战略管理包括制定目标和陈述任务、内部和外部环境分析、建立长期目标、选择战略、战略实施和战略评价等几个小的阶段。这是基于其将战略管理过程划分为战略制定、战

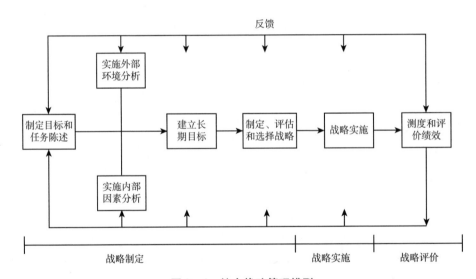

图 2-4　综合战略管理模型

注：本图根据以下内容修改而成：［美］弗雷德·戴维. 战略管理［M］. 李克宁，译. 北京：经济科学出版社，2004：72.

① 哈罗德·孔茨，海因茨·韦里克. 管理学［M］. 张晓君，等译. 北京：经济科学出版社，1998：107-108.

② Fred R. David. Strategic Management：Concepts and Cases［M］. 8th ed. Englewood Cliffs, New Jersey：Prentice Hall Inc. , 2001：18-20.

③ 迈克尔·希特，R. 杜安·爱尔兰，罗伯特·霍斯基森. 战略管理：竞争与全球化（概念）［M］. 6 版. 吕巍，等译. 北京：机械工业出版社，2005：5-6.

略实施和战略评估三阶段模型而做的分析。与之类似，罗宾斯（1997）认为战略管理过程包括 9 个步骤[①]，即：（1）确定组织的宗旨、目标和战略；（2）分析组织环境；（3）发现机会和威胁；（4）分析组织资源；（5）识别优势和劣势；（6）重新评估组织的宗旨和目标；（7）制定战略；（8）实施战略；（9）评价结果。

因此，战略管理过程包括战略目标制定、内部和外部环境分析、选择战略、战略实施及评价等必要步骤。

从经济学观点看，战略可以视为企业根据自身实力并基于竞争对手行动而采取的博弈行为。波特（1980）根据传统的产业组织哈佛学派"结构（structure）—行为（conduct）—绩效（performance）"分析范式，提出了著名的"五力模型"竞争观，对识别行业中企业竞争环境具有很强的指导作用。[②] 新实证产业组织理论（the new empirical industrial organization）将其整合为一个综合分析框架，如下面的推测变量模型所示[③]：

$$L = \theta \frac{H}{\varepsilon}$$

式中，L 为勒纳指数（the lerner index），用以表示市场势力（market power）程度；H 为赫芬达尔指数（the herfindahl index），用以表示市场集中程度；ε 为需求的价格弹性（the price elasticity of demand）；θ 为推测变量，可用于反映市场竞争激烈程度。从该式可知，市场势力程度取决于需求弹性（购买者的讨价还价能力及替代品的威胁程度）、市场集中度（行业内现有竞争者竞争力）、勾结行为（collusive behavior）三个方面。

在新产业组织理论中，企业间不仅仅存在竞争关系，在这种情况下，在位厂商将采取各种措施威慑（deterrence）潜在竞争者，以阻止其进入市场。而且企业间还采取明示或者暗示的合谋（explicit & implicit collusion）现象，以瓜分市场，防止"囚徒困境（prisoner dilemma）"的出现。[④] 企业间的关系因

① 斯蒂芬·P. 罗宾斯. 管理学 [M]. 4 版. 黄卫伟，等译. 北京：中国人民大学出版社，1997：171 – 175.

② Michael E. Porter. Competitive Atrategy：technique for analyzing industries and competitors：with a new introduction [M]. New York：Free Press，1980：3 – 5.

③ L. M. B. CABRAL. Introduction to Industrial Organization [M]. Cambridge，MA：The MIT Press，2000：159 – 162.

④ 丹尼斯·W. 卡尔顿，杰弗里·M. 佩洛夫. 现代产业组织 [M]. 4 版. 胡汉辉，等译. 北京：经济科学出版社，2009：334 – 366.

此远较传统的 S—C—P 分析范式复杂和动态。

二、企业战略绩效评价

（一）战略评价的层次和原则

战略制定和实施中的一个重要步骤是战略评估，这其实包括两方面的内容：一是战略选择评估，即根据企业内外部环境分析结果，评估战略与内外部环境匹配的程度，包括目标、主要政策和计划的合适性，结果与假设等的匹配程度等；二是战略实施的绩效评价，包括经济盈利性、绩效的会计和市场测度等。如果从管理控制角度分析，则战略评估可分为事前的战略分析评估、事中的战略选择评估、事后的战略绩效评估三个层次。①

战略评价的原则是一致性（目标和政策一致）、适应性（适应环境变化）、提供竞争优势、可行性等。② 企业战略评价必须有效，即战略评价是经济且有意义的，即与企业特定目标相关；评价必须及时，真实；战略评价过程应培养相互的理解、信任和共同愿景；评价过程应简单实用，并最好有一个结构化的系统。③ 企业战略评价可分为三个主要步骤④：（1）设定目标；（2）根据目标对实际绩效予以评价；（3）根据评价结果，采取必要行动。具体行动步骤如图 2－5 所示。其中目标的确定原则为 SMART，即目标特定（specific）、可测度指标（measurable）、责任分配（assignable）、现实（realistic）、限时（time-related）。

在本研究中，研究的重点在于确定企业（尤其是建筑企业）标准化战略选择问题，以及企业标准化战略实施的绩效评价问题。

---

① 邓小军，韩惠丽，邵建平. 战略评估探析 [J]. 现代管理科学，2006（12）：26－27.

② Carl R. Gwin. A Guide for Strategy Evaluation [EB/OL]. (2000). (http://faculty.babson.edu/gwin/indstudy/strategy.html).

③ Fred R. David. Strategic Management: Concepts and Cases [M]. 8th ed. Englewood Cliffs, New Jersey: Prentice Hall Inc., 2001: 313－314.

④ J. R. Montanari, C. P. Morgan, and J. Bracker. Strategic Management: A Choice Approach [M]. Chicago: The Dryden Press, 1990: 263－293.

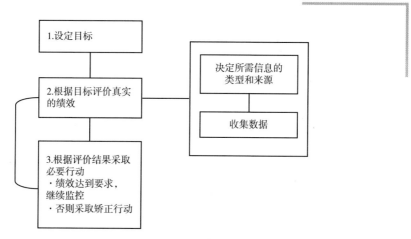

图 2 - 5 战略管理评估和控制过程

资料来源：J. R. Montanari，C. P. Morgan，and J. Bracker. Strategic Management：A Choice Approach ［M］. Chicago：The Dryden Press，1990：263 - 293.

（二）企业战略绩效评价体系

对企业战略绩效评价采用最多的是采用平衡计分卡（the balanced score-card，BSC）工具，将企业绩效按照战略目标从企业财务绩效、客户、内部流程控制和学习成长性四个维度构建指标体系。[①] 目前我国已经有较多的文献利用该技术进行企业战略绩效评价[②]，且大多是基于案例的实证研究[③]。

在战略绩效评价体系方面的研究中，除了采用平衡计分卡的工具进行评价体系设计以外[④]，也有采用企业价值增长[⑤]、企业价值最大化为导向的绩效评估体系[⑥]、企业利益相关者要求[⑦]、企业生命周期[⑧]等方面的战略绩效指标评价

① Robert S. Kaplan，David P. Norton. The Balanced Scorecard：Measures That Drive Performance ［J］. Harvard Business Review，January-February 1992：70 - 80.

② 吴革，易晓伟. 平衡计分卡的应用研究与分析——基于平衡计分卡的战略执行案例［J］. 财会通讯（综合版），2006（4）：26 - 28.

③ 丁晓峰. 基于平衡计分卡建立公司战略绩效评价体系及拓展研究［D］. 上海：上海交通大学，2007.

④ 张焱. 基于平衡计分卡的战略执行模型及其应用研究［D］. 广州：暨南大学，2011.

⑤ 张悦玫. 基于价值增长的企业绩效评价体系研究［D］. 大连：大连理工大学，2004.

⑥ 赵彬，闫守常. 构建以企业价值最大化为导向的绩效评估体系［J］. 经营与管理，2009（8）：59 - 61.

⑦ 张玉香. 基于利益相关者要求的企业战略绩效评价创新研究［D］. 济南：山东大学，2008.

⑧ 薛琳. 基于生命周期的企业战略业绩评价研究［D］. 北京：首都经济贸易大学，2011.

体系，还有基于产业价值链的企业战略评价体系设计①，此外还有基于战略审计理论的企业财务绩效、顾客绩效、内部运营绩效、人力资源绩效和社会责任绩效5种绩效评价指标体系②。

平衡计分卡战略评价体系的最新进展是战略准备度（strategic readiness），这种方法借用平衡计分卡中的概念和工具，系统地评估组织中的无形资本即人力、信息和组织三种资本与公司战略的协调一致程度。该理论认为，如果这些资本与公司战略不能协调一致，再好的战略也不可能获得成功。③ 在该方法应用于企业战略绩效评价体系研究方面，我国已有一些相关研究。④

就建筑企业战略绩效评价而言，国内也有基于平衡计分基础上的评价体系。相比一般的平衡计分卡战略评价体系，考虑到建筑企业益相关者众多、市场环境更加复杂等特点，另外增加了供应商这个维度。⑤

（三）企业战略绩效评价方法

由于战略系统的复杂性，因此对其评价一般为一个综合性的体系，在定量分析时构建该体系可以分为几个阶段：（1）评价体系指标遴选；（2）评价指标量化；（3）评价指标权重的确定；（4）指标定量分析。各阶段的评价方法都比较多，如图2-6所示。

目前这几种方法在国内学者中基本上都有研究。如采用层次分析法构建企业战略评价体系⑥，或者以层次分析法（analytic hierarchy process，AHP）将关键因素筛选、战略态势评价、战略方案匹配、战略方案评价等战略评价过程贯穿起来联结为前后一致的企业战略评价整合模型体系⑦。

在企业战略评价方法中还有一些其他的方法，如基于数据包络分析（data

---

① 李强，石红红，赵颖奇，等. 基于产业价值链的企业战略评价 [J]. 山西财经大学学报，2009，31（1）：56-57.

② 邓人芬. 企业战略绩效评价体系研究 [D]. 重庆：重庆大学，2006.

③ Robert S. Kaplan, David P. Norton. Measuring the Strategic Readiness of Intangible Assets [J]. Harvard Business Review，2004（2）：1-15.

④ 王佳，郑立群. 战略准备度——公司战略评价的新视角 [J]. 科学技术与工程，2005，5（12）：1984-1988.

⑤ 朱丽梅. 施工企业战略绩效评价与影响因素分析 [D]. 哈尔滨：哈尔滨工业大学，2011.

⑥ 张博，顾雨佳，李婵媛. 运用层次分析法构建战略评价体系 [J]. 企业管理，2011（5）：90-91.

⑦ 饶志明. 企业战略评价整合体系及其过程 [J]. 华侨大学学报（哲学社会科学版），2006（1）：34-40.

envelopment analysis，DEA）的方法构建企业战略选择、评价与控制体系等①也是可行的。

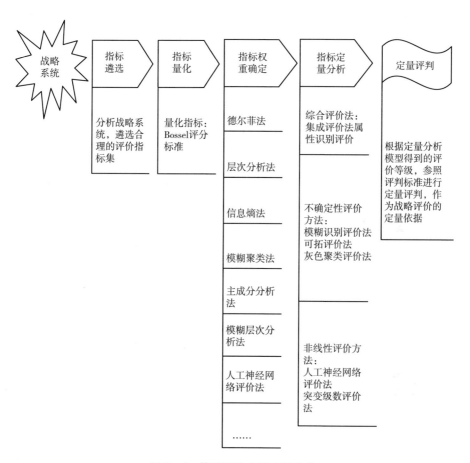

图2－6　战略评价中的定量方法

注：本图根据以下内容修改而成：胡光宇. 战略定量研究基础：预测与决策［M］. 北京：清华大学出版社，2010：259.

一项成功的战略评价是一项复杂的项目系统，应具有调控性、指导性，并需要具备组织保障、使用机制保障、法律/政策保障等保障机制。②

①　刘建旭. 基于DEA方法的企业战略选择评价与控制研究——以铜鑫矿业开发有限公司发展战略为例［D］. 昆明：昆明理工大学，2009.

②　胡光宇. 战略定量研究基础：预测与决策［M］. 北京：清华大学出版社，2010：273－276.

第三节

企业标准化绩效和建筑企业标准化战略文献综述

一、企业标准化绩效的评价

（一）早期的标准化绩效评价

早期我国对标准化研究中关于标准化绩效的评价指标构建时，注重于标准化经济效果方面的评价。我国于 1983 年和 1984 年连续颁布了三个有关评价、论证、计算标准化经济效果的标准，即 GB 3533.1—83《标准化经济效果的评价原则和计算方法》、GB 3533.2—84《标准化经济效果的论证方法》和 GB 3533.3—84《评价和计算标准化经济效果数据资料的收集和处理方法》。

标准化经济效果的评价可以用"标准化经济效果"和"标准化经济效益"两项指标进行衡量。其中"标准化经济效果"是标准化有用效果与标准化劳动耗费的比值，而标准化经济效果评价的指标体系则有标准化经济效益、标准化投资回收期、标准化经济效果系数等指标。[①] 部分企业在标准化管理中根据该指标体系对企业的标准化管理进行评价，认为标准化的经济效益明显，认为加强企业标准化工作，是提高企业经济效益的有效途径。[②]

但是这种评价体系也存在着很大的缺陷，最主要的问题有如下几点：第一，该评价体系比较静态，缺乏动态性，且重叠度高，难以优选方案。第二，主要反映宏观层面的一些指标。第三，难以反映标准化活动的增量成本和收益。当然标准化活动中各个成本和收益是相互关联和促进的，难以真正做到分割开来。第四，该指标体系主要注重于经济效益一个方面，企业其他方面的重要指标如内部流程改善、市场拓展等难以体现，且一些重要的定性指标缺失，如标准化活动对企业标准文化培养、良好思维和习惯形成、企业的战略支持等方面的指标缺乏，而这些是企业经营和竞争中都是非常关键的指标。因此，这套评价体系在现实中并没有引起足够的重视。[③]

[①] GB/T 3533.1—2009《标准化经济效果评价——第 1 部分：原则和计算方法》［S］.

[②] 王敏. 企业标准化经济效果的评价与略算［J］. 交通标准化，2003（Z1）：50－51.

[③] 孙春雷，戚永连. 标准化经济效果评价方法探讨［J］. 企业标准化，1999（1）：9－11.

（二）"标准化良好行为企业"中的标准化绩效评价

2003 年我国发布了国家标准《企业标准体系》系列文件，以替代 GB/T 15496—1995《企业标准化工作指南》标准，该系列标准结构如下：

——GB/T 15496—2003《企业标准体系——要求》；

——GB/T 15497—2003《企业标准体系——技术标准体系》；

——GB/T 15498—2003《企业标准体系——管理标准和工作标准体系》；

——GB/T 19273—2003《企业标准体系——评价与改进》。

同时该系列标准在修订过程中考虑了与 GB/T 19001—2000《质量管理体系——要求》、GB/T 24001—1996《环境管理体系规范及使用指南》和 GB/T 28001—2001《职业健康安全管理体系规范》等标准的有关要求，以便企业在建立和实施企业标准体系时能够更好地与这些管理体系相结合。[①]

在该系列标准文件中，GB/T 19273—2003《企业标准体系——评价与改进》规定了企业标准体系的评价原则和依据、评价条件、评价方法和程序、评价内容和要求以及评价、确认后的改进等，内容较全面，管理思想较先进。但是该评价体系内容主要适用于对建立标准体系的企业进行标准符合性和有效性的评价[②]，不符合企业战略管理评价的需要。

为此，国家标准委发布了《关于开展"标准化良好行为企业"试点工作的通知》，为加强企业标准化工作、提高企业市场竞争力，决定在贯彻实施《企业标准体系》系列国家标准的基础上，在全国开展创建"标准化良好行为企业"活动。"标准化良好行为企业"是指按照《企业标准体系》系列国家标准的要求，运用标准化原理或方法，建立健全以技术标准为主体，包括管理标准、工作标准在内的企业标准体系，并有效运行；生产、经营等各个环节已实行标准化管理，且取得了良好的经济效益和社会效益的企业。

其后国家标准委根据该文件又发布了文件《关于做好"标准化良好行为"试点确认工作的通知》，在 GB/T 19273《企业标准体系——评价与改进》的基础上，制定了《标准化良好行为企业试点确认工作细则（试行）》和《标准化良好行为确认评分表（试行）》两个文件以便于企业标准化良好行为的评价工作。该评价体系主要分为 5 个部分，分别为企业标准化工作的基本要求（60分）、技术标准体系要求（120 分）、管理标准体系要求（80 分）、工作标准体系

---

① GB/T 15496—2003《企业标准体系要求》[S].

② GB/T 19273—2003《企业标准体系评价与改进》[S].

要求（40 分）、标准的实施监督与持续改进（100 分），基本分为 400 分，加分为 100 分，总分为 500 分。通过这一系列的评定准则，企业标准化良好行为评价体系趋于完善。目前部分省份已经根据该文件组织申报到了第三批企业。[①]

但是该文件和相关的评定其重点仍然是检查企业建立的标准体系的符合性和有效性。标准化良好行为企业评定的主要内容包括：

（1）标准体系是否满足企业生产、经营和管理的实际需要，是否满足《企业标准体系》系列国家标准的要求；

（2）标准体系是否有效运行以及运行的效果；

（3）各项标准化工作是否开展，并切实有效。

（三）《卓越绩效评价准则》中标准化绩效评价

2004 年，我国出台了两项国家标准 GB/T 19580 - 2004《卓越绩效评价准则》、GB/T 19579 - 2004《卓越绩效评价准则实施指南》，这是为了引导组织追求卓越绩效，提高产品、服务和经营质量，增强竞争优势，促进经济持续快速健康发展而制定的，主要依据了《中华人民共和国产品质量法》、国务院《质量振兴纲要》等文件，并参照国外质量奖的评价准则，结合我国质量管理的实际情况，从领导、战略、顾客与市场、资源、过程管理、测量、分析与改进以及经营结果等七个方面规定了组织绩效的评价要求，为组织追求卓越绩效提供了自我评价的准则，也为各种质量奖（包括国家质量奖）提供评价标准。[②]

而 GB/T 19579—2004《卓越绩效评价准则实施指南》作为指导性技术文件对 GB/T 19580—2004《卓越绩效评价准则》的内容做了详细的说明，为组织追求卓越绩效提供了实施指南。[③]

企业卓越绩效评价的两个国家标准糅合了全面质量管理、平衡计分卡、可持续发展、战略管理、风险管理等理论，并借鉴了国外先进质量管理评价准则尤其是美国波多里奇国家质量奖标准的一些理念。该标准与质量管理体系最大的区别在于 GB/T 19001 - 2000 是质量管理体系符合性评价的依据，而 GB/T 19580《卓越绩效评价准则》为组织提供追求卓越绩效的经营管理模式，强调战略、绩效结果和社会责任，用于管理成熟度评价。ISO 9001 旨在使

---

① 河北省质量技术监督局. 关于组织申报省级第三批"标准化良好行为企业"试点的通知 [EB/OL]. (2012 - 09 - 03). http://www.hebqts.gov.cn/bzhgl/68223005.shtml.

② GB/T 19580—2004《卓越绩效评价准则》[S].

③ GB/T 19579—2004《卓越绩效评价准则实施指南》[S].

顾客满意,而卓越绩效模式旨在使所有利益相关方获得综合的满意。①

但是中国的《卓越绩效评价准则》与美国《卓越绩效评价准则》相比,仍存在很大缺陷。美国的卓越模式当今世界最先进的管理理念和企业最佳管理实践完美结合,是一种事实标准。美国的波多里奇国家质量奖提出来 11 条核心价值观作为基础和灵魂,是指导制定卓越绩效标准条款的准则,并在该价值观指导下,有一个系统的标准框架,体现了一个企业如何"正确地做正确的事"的系统思维。而中国《卓越绩效评价准则》对核心价值观解释欠缺,感觉是凌乱的堆砌,是对美国波多里奇国家质量奖框架的变异。而且在标准条款设置上,《卓越绩效评价准则》明显低于波多里奇国家质量奖标准,这可以从许多细节体现出来,使得原本指导企业追求卓越的标准变成指导企业实现优秀的标准。② 波多里奇国家质量奖标准相对于中国来说仍是一种超前标准。

美国波多里奇国家质量奖共 7 个类目,17 个评分条款,33 个方面③,其具体框架体系如图 2 - 7 所示。7 个类目分别是领导,战略策划,以顾客为中心,测量、分析与知识管理,以人为本,过程管理和经营结果,其考核分值分别为120、85、85、90、85、85 和 450 分,满分 1000 分。

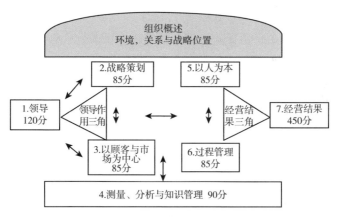

图 2 - 7　美国波多里奇国家质量奖评价框架

资料来源:NIST. 2011 - 2012 Criteria for Performance Excellence [S]. http://www.nist.gov/baldrige.

---

①　刘源张,陈志田. GB/T 19580 - 2004《卓越绩效评价准则》宣贯教材:《卓越绩效评价准则》解析与实施安全案例 [M]. 北京:中国计量出版社,2006:70 - 90.

②　冯树玉. 中国《卓越绩效评价准则》PK 美国波多里奇奖标准 [EB/OL]. (2009 - 2 - 18). http://www.globrand.com/2009/153833.shtml.

③　NIST. 2011 - 2012 Criteria for Performance Excellence [S]. National Institute of Standards and Technology · U. S. Department of Commerce. http://www.nist.gov/baldrige/enter/self_started.cfm.

卓越绩效评价准则对于企业标准化行动来说评价当然较好，但很明显该准则主要是关于企业产品和服务质量方面的评价准则。根本一点的是，质量尽管与标准高度相关，但是仍有所区别。

二、企业标准化战略评价

目前我国从战略管理角度评价企业标准化管理方面的文献非常少。李成珠（2010）构建了企业标准化良好行为的修正评估体系，从工业企业管理的全过程出发研究了工业企业标准化良好行为。① 白晓霞（2006）则根据我国卓越绩效评价准则国家标准采用系统的方法建立了卓越绩效测评体系，使用改进的层次分析法计算指标权重，并构建了逐步提升企业成熟度的卓越绩效成熟度评价模型。② 魏浩义（2009）将卓越绩效评价准则引入到我国企业的项目管理绩效评价中，构建起基于卓越绩效评价准则的项目管理绩效评价指标体系和具体的评价方法、路径与实施保障策略。③ 但是企业管理一般假定永续经营（perpetuality），而项目则具有一次性（temporary）和唯一性（unique）④，能否将企业卓越绩效管理准则应用于所有的项目值得探讨。李美婷（2011）则结合制造企业自身的特点，结合卓越绩效评价准则构建了权重与企业相关的制造企业绩效评价体系。⑤

王九云等（2006）从制造业技术标准战略意识倾向、制造业技术标准战略的制定、制造业技术标准战略的实施、制造业技术标准战略的实施效果以及制造业技术标准战略监督等五方面对制造业中的技术标准战略进行了综合评价。⑥

因此，我国学术界目前对企业标准化战略评价相关研究非常少。这是一个较新颖的研究领域。

---

① 李成珠. 工业企业标准化良好行为绩效评估方法研究 [M]. 广州：华南理工大学出版社，2010.
② 白晓霞. 卓越绩效测评体系与成熟度评价研究 [M]. 北京：北京工业大学，2006.
③ 魏浩义. 基于卓越绩效准则的项目管理绩效评价体系研究 [D]. 北京：北京交通大学，2009.
④ ANSI/PMI 99 - 001 - 2008. PMI. A Guide to the Project Management Body of Knowledge（PMBOK® Guide）[S]. 4ᵗʰ. Project Management Institute, Inc., Atlanta, 2008：1 - 2.
⑤ 李美婷. 基于特征类型的制造企业卓越绩效评价研究 [D]. 哈尔滨：哈尔滨理工大学，2011.
⑥ 王九云，张健，金占勇，等. 制造业中的技术标准战略评价 [J]. 学习与探索，2006（2）：253 - 255.

三、建筑企业标准化战略

通过截至 2013 年 7 月底在中国知网（http：//www.cnki.com.cn/index.htm）上对本研究中的一些关键词如战略评价/评估、标准化战略等为主题进行精确检索结果，显示如表 2－1 所示。更加限定范围进行次级主题词如建筑企业战略评价、建筑企业标准化战略等搜索显示无结果。截至 2013 年底，搜索结果表明，我国在这些方面的研究较少，很有加强的必要。

表 2－1　　　　　　　　　　本研究中相关主题搜索数据

类别	类似主题词			类似主题词			次级主题词		
搜索主题	标准化战略	标准战略	合计	战略评价	战略评估	合计	企业标准化战略	企业标准战略	建筑企业战略
显示文献篇数	2931	1381	4312	701	454	1155	148	23	85

由于建筑企业是项目导向型企业，以项目为中心配置资源和组织生产，项目是其成本考核中心和利润中心，因此对我国建筑企业发展战略的研究文献一个方面集中于借鉴美国项目管理协会（PMI）等开发的连接企业和项目管理的所谓建筑企业成熟度模型（Building Enterprise Maturity，BEM）①，以及进一步细分的项目管理成熟度②、环境管理成熟度③等。其他还有关于建筑企业竞争力提升等方面的研究④等。

我国建筑企业在标准化建设方面存在的问题较多，如标准化管理意识不强、建设缺乏总体规划、缺乏监督管理、层次等级偏低等⑤，这导致建筑企业在质量管理薄弱、施工现场安全管理缺乏⑥，安全事故较多、质量问题丛生，

---

① 李涵. 建筑企业成熟度的理论研究与应用［D］. 济南：山东科技大学，2002.

② 覃丽贞. 建筑企业项目管理成熟度评价研究——基于北京中外建建筑设计有限公司案例研究［D］. 北京：北京交通大学，2010.

③ 陈昆鹏. 建筑企业环境管理成熟度模型研究［D］. 武汉：华中科技大学，2007.

④ 陈列伟. 面向建筑企业竞争力提升的竞争模式与竞争战略研究［D］. 天津：天津大学，2006.

⑤ 杨枫. 浅析公路施工企业标准化建设存在的问题及对策［J］. 交通标准化，2003（7）：18－19.

⑥ 张海库. 论建筑企业管理中存在的问题及解决对策［J］. 经营管理者，2012（15）：97.

因此，导致了如第一章中所述的尽管我国建筑业中标准和规范很多但是执行不太给力的局面。例如，2013 年 8 月许昌市住房和城乡建设局在全市主城区的安全检查中，共考核施工企业 34 家，项目部 53 个，单体工程 111 项，其中下发隐患整改通知书达到 34 份，停工整改通知书 1 份，查出各类安全事故隐患170 处。[①] 下发的高比例整改通知说明，在建筑企业中即便是国家强制标准也存在执行不力的问题，各种施工和建设隐患较多。

目前，国内很多建筑企业进行了质量标准体系和管理标准体系的认证。然而，部分企业在实践中却陷入了认证管理体系与企业内部管理体系脱节的困境。加强合约管理、质量管理、安全管理以及物资管理等方面的标准化并建立具体的管理标准体系对提升建筑企业提升管理能力是重要的。[②] 为增强建筑企业竞争优势和参与国际竞争，建筑企业以标准为工具实施标准化战略是重要的。

第四节

文献评述

对标准化战略的研究有国家标准化战略、行业和地区标准化战略以及企业标准化战略三个层次。企业标准化战略有多种选择，对企业标准化行动和管理进行评估也有较多的方法和评估体系。通过以上文献搜索，可见对企业标准化绩效评价的体系和方法各有特点且适用范围各不相同。

但是，既有文献在如下几个方面尚未涉及或者研究较少，表现在：

第一，关于标准化对企业竞争优势的形成的探讨尚处于比较粗浅的阶段，尚无文献认真分析标准化对企业价值形成、研发和竞争优势等方面的影响过程和作用机制。既有文献研究集中于技术标准对企业竞争能力的促进作用，而对管理标准和工作标准对企业竞争能力形成的促进作用研究很少。管理标准和工作标准是否促进企业竞争能力提升值得研究。这也是为什么要将标准化作为企业一种战略予以实施的原因，而这恰恰是企业最为关心的环节。

第二，企业如何选择、实施标准化战略既有文献研究较少。既有文献一方面集中于企业技术标准的选择和实施，但是这些文献在分析时一般只有 1 ~ 2

---

① 中华人民共和国住房和城乡建设部 . 许昌通报二季度建筑施工现场质量安全标准化考核情况［N/OL］. (2013 - 08 - 08). http：//www. mohurd. gov. cn/dfxx/201308/t20130808_214675. html.

② 魏元新 . 建筑施工企业管理标准化研究［D］. 天津：天津大学，2012.

个变量，如对竞争对手的分析等，缺少对企业复杂环境多变量情况下分析企业标准化战略选择的方法和模式；另一方面，也缺少包括技术标准、管理标准和工作标准等各类企业标准化战略中的可选工具分析。在多变量情况下企业如何选择、实施标准战略有待进一步探讨和分析。

第三，既有文献对战略绩效评价研究较少，对企业标准化战略绩效的评价更是一个新领域。标准化战略对企业竞争优势的促进作用和影响过程是否如同理论所分析的一样，尚需进行实证研究，包括具体案例的探讨和分析。企业战略包括标准化战略需要评价，并认真总结经验，才能进一步提升企业的管理水平和综合实力。

第四，具体到建筑业企业，缺乏将标准化作为企业一项战略行动进行研究的文献。标准化建设对建筑企业安全生产、质量保证等意义重大，形成一种标准化的战略意识，在管理实践中切实加强标准化战略的实施，并对战略绩效评价和总结，是建筑企业增强竞争能力的重要途径。

综上所述，通过对既有研究的搜索显示，需要在探讨标准化的一些基础理论基础上，探讨企业标准化战略中标准化对企业竞争优势形成等方面的影响机理、多变量情况下标准化战略的选择和实施、标准化战略绩效评价等问题，而这也是本研究中主要探讨的课题。

第三章

标准化对企业的作用机制分析

本章首先简要介绍企业标准和标准化基本知识，然后主要分析标准化对社会经济发展的影响和功能，以及对企业竞争能力提升的作用机制。由于标准具有经济的、管理的、法律的等多方面功能和属性，本章的分析是基于一个多学科交叉融合的视角。

第一节
标准与企业标准化

一、标准和标准化

（一）标准

人类认识标准（standard）并进行标准化（standardization）的历史非常久远。原始社会随着生产规模的扩大和人与人之间社会交往的加深，人们开始创造的符号、记号、象形文字和语言以及随后创造的计量器具、文字、青铜器、钱币等就是一种有意识的标准化行为。秦始皇统一度量衡，规定"车同轨，书同文"，这种大规模的标准化行为为统一的中央集权制国家的形成做出了重要贡献。近代真正意义上的技术标准则始于 18 世纪末英国的纺织工业革命。蒸汽机和纺织机的发明带动了大机器工业生产，促使标准化发展成有明确目标和系统组织的社会性活动。①

---

① 王忠敏. 中国标准化的历史地位及未来 ［J］. 中国标准化，2003（12）：6–10.

对标准作一个普遍适用的定义非常困难。国际标准化组织（International Standards Organization，ISO）提出的定义被认为比较完善，并被广泛接受："标准是被作为规则、指南或特性界定反复使用，包含有技术性细节规定和其他精确规范的成文协议，以确保材料、产品、过程与服务符合特定的目的。"[①]不过经济学家更愿意把标准看成是在用户需求、生产者技术可能性与相关成本以及政府为社会利益所强加的各种约束之间实现的平衡。[②]

在我国，标准为一定的范围内获得最佳秩序，对活动或其结果规定共同的和重复使用的规则、导则或特性的文件，该文件经协商一致制定并经一个公认机构批准，以科学、技术和实践经验的综合成果为基础，以促进最佳社会效益为目的。[③] 标准具有前瞻性、科学性、民主性和权威性四种特性。[④] 其中，前瞻性即标准的制定既反映了制定标准的前提也反映了其目的；科学性即标准是"以科学、技术和实践经验的综合成果为基础"制定出来的，具有严谨性和科学性；民主性即标准要"经协商一致制定"，因此在标准制定过程中需要权衡、谈判、协商和妥协；权威性即标准制定经过一个公认机构即社会公认的或由国家授权的、有特定任务的、法定的组织机构或管理机构的批准。

与国外通用的一些标准定义相比，我国对标准的定义中最大的区别之一就是关于标准的强制性问题。国外尤其是发达国家对标准的定义中在强调标准的一致性（on the consensus）时一般说明标准的非强制性，如英国标准协会（British Standards Institution，BSI）定义标准时说明标准为自愿采用，并不施加任何强制措施。[⑤] 德国的正式标准（一般由政府及其机构提供）没有直接的法律效应，即不具有强制性，尽管这些标准具有影响深远的间接法律含义。[⑥]

---

① ISO. "What are Standards?"［DB/OL］.（2006 - 03 - 26）. http：//www. iso. org//iso/en/aboutiso/introduction/index. htm/.

② 李保红，吕廷杰. 技术标准的经济学属性及有效形成模式分析［J］. 北京邮电大学学报（社会科学版），2005，7（2）：25 - 28.

③ GB/T 3935. 1—1996《标准化和有关领域的通用术语——第一部分：基本术语》［S］.

④ 国家工程建设标准化信息网. 标准有哪些特性［DB/OL］.（2008 - 09 - 10）. http：//www. risn. org. cn/News/ShowInfo. aspx？Guid =4549.

⑤ BSI. Know about BSI［EB/OL］. London，British Standards Institution，2002. http：//www. bsieducation. org/.

⑥ 克努特·布林德. 标准经济学：理论、证据与政策［M］. 高鹤，等译. 北京：中国标准出版社，2006：62 - 64.

　　而在中国正式颁布的标准中，根据《中华人民共和国标准化法》第七条规定，正式的标准即国家标准、行业标准分为强制性标准和推荐性标准。根据这种规定，强制性标准（mandatory standard）必须强制执行，具有直接的法律效应，应视为法律体系中的一部分；而推荐性标准（voluntary standard）则自愿执行。

　　这种对标准规定的不一致体现了政府在经济活动中的作用。中国作为一个具有长期中央计划经济（centrally planned economy）传统的国家，政府在经济活动中仍处于主导地位。正式成文的标准、规范等技术性文件一般被视为准公共物品，在我国是由国家机关颁布实施的，体现了政府的权威性和强制性，反映了政府对宏观经济的调控和微观经济的管制思想和政策，是法律法规的细化、补充、完善和实施的技术基准①，同时在实施中强调政府集中控制和行政主导除企业标准外各类标准的申报、立项、备案、审批及修订等工作②。这种与国外发达国家不相一致的体制所颁布的文件不仅仅对工程质量具有影响（通过影响产品质量将直接影响到产品成本和商品价格），而且对产品的工艺流程、生产方式等都具有影响。

（二）标准的分类

　　标准按照不同的方法有多种分类。

　　按照标准的属性可以将标准划分为强制性标准和推荐性标准。根据《中华人民共和国标准化法》（以下简称《标准化法》）规定，保障人体健康，人身、财产安全的标准和法律、行政法规规定强制执行的标准是强制性标准，其他标准是推荐性标准。省、自治区、直辖市标准化行政主管部门制定的工业产品的安全、卫生要求的地方标准，在本行政区域内是强制性标准。推荐性标准则通过市场机制、政府引导和法规的引用等措施得到广泛实施。

　　按照标准涉及的内容可分为产品标准、过程标准、服务标准、接口标准、信息技术标准等。按照其适用范围可分为国际标准、区域标准、国外标准、国家标准、行业标准、地区标准和企业标准。按照标准的对象分类可分为产品标准、工程建设标准、方法标准、工艺标准、环境保护标准、过程标准、数据标准等。按照标准的性质可分为基础标准、技术标准、管理标准和工作标准等。

---

① 李庆荣. 标准化在现代市场经济中的地位和作用 [J]. 中国标准化，2003（1）：30 – 31.
② 王忠敏. 论标准的价值 [J]. 中国标准化，2003（9）：25 – 28.

根据标准化方式可将标准分为法定标准、自愿标准与事实标准。

此外，标准还可以分为正式标准和事实标准、超前标准等。正式标准是相对于事实标准而言的，经公开征求意见和完整协商一致程序而制定，由公认的标准机构批准发布。事实标准是由市场驱动且已被市场广泛接受的由一个公司或一组具有共同利益的公司制定的标准（称为论坛、财团、联盟等）。事实标准的制定周期相对较短且灵活，更能及时适应市场和技术快速变化。事实标准更多代表了主要生产商的意见，往往涉及企业内部的技术秘密或者专利等其他知识产权，其开放性受到限制，如微软操作系统。超前标准即将标准化对象规定出高于目前实际水平的定额和要求。①

与标准相联系的两个术语是规范性文件和技术法规。规范性文件是一个通用术语，包括如标准、技术规范、操作规程、定额等文件，但不能混同为行政规范性文件。规定技术要求的法规是技术法规，可直接规定技术要求或者通过引用标准或规程来规定技术要求，或者将标准、技术规范或规程的内容纳入法规之中。② 根据我国《标准化法》规定，强制性标准应视为技术法规。

（三）标准化

我国国家标准 GB/T 20000. 1—2002《标准化工作指南——第 1 部分：标准化和相关活动的通用词汇》将标准化表述为"为了在一定范围内获得最佳秩序，对现实问题或潜在问题制定共同使用和重复使用的条款的活动"。上述活动主要包括编制、发布和实施标准的过程，这是一项有组织的活动过程。通俗讲，将标准大而化之、广而化之的行动就是标准化，其对象和领域随时间推移而不断扩展和深化。③

标准化的活动是有目的的，即在一定范围内获得最佳秩序，这是一项建立规范的活动。④ 因此标准化的主要形式有简化、统一化、系列化、通用化、组合化。⑤

---

① 李学京. 标准与标准化教程［M］. 北京：中国标准出版社，2010：20 – 26.
② 洪生伟. 标准化工程［M］. 北京：中国标准出版社，2008：32 – 33.
③ 张荣. 计量与标准化基础知识［M］. 北京：化学工业出版社，2006：61 – 62.
④ 李春田. 标准化概论［M］. 第 5 版. 北京：中国人民大学出版社，2010：10 – 11.
⑤ 国家工程建设标准化信息网. 标准化的形式［DB/OL］.（2008 – 09 – 07）. http：//www.
risn. org. cn/News/ShowInfo. aspx? Guid = 5288&TPSecNotice.

（四） 标准体系

与实现某一特定的标准化目的有关的标准按其内在联系形成一个科学的有机整体，即"为了达到最佳的标准化效果，在一定范围内建立的、具有内在联系及特定功能的、协调配套的标准有机整体"称之为标准体系。[①]

一般来说，一个国家的标准体系包括国家标准体系、行业标准体系、专业标准体系与企业标准体系四个层次。与实现一个国家的标准化目的有关的所有标准，则形成这个国家的标准体系，其以国家标准为基础，行业标准和地方标准为补充企业标准为主体，反映了一国标准化水平。[②] 标准的层次结构，是指标准按照标准涉及的对象或标准的效力，将标准进行分层，不同层次的标准具有不同的性质和特征，同一层次的标准具有一定的共同性质与特征。其实，这就是标准系统的层次性特征具体表现。我国标准体系的层次结构如图 3 - 1 所示。

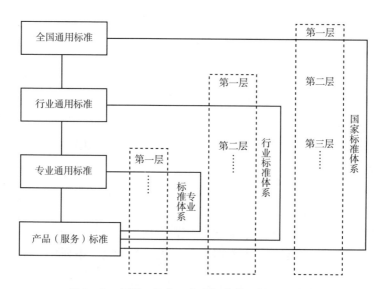

图 3 - 1　全国、行业、专业标准体系的层次结构

资料来源：GB/T 13016—2009《标准体系表 编制原则和要求》［S］.

标准体系一般以按一定规则排列起来的标准体系框图、标准体系表、项目

---

①　GB/T 13016—2009《标准体系表——编制原则和要求》［S］.
②　洪生伟. 标准化工程［M］. 北京：中国标准出版社，2008：33 - 36.

说明来表达。一个行业如建筑行业,其工程建设标准体系可分为综合标准、基础标准、通用标准和专用标准等四个层次。① 如图 3 - 2 所示。

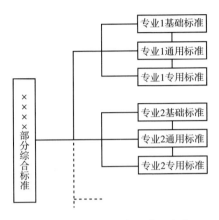

图 3 - 2　工程建设标准体系框架

二、企业标准化和标准体系

(一) 企业标准和企业标准化

企业标准是正式标准中的一种,成为国家标准体系中的一部分。企业标准是指企业所制定的产品标准和企业内需要协调、统一的技术要求和管理、工作要求所制定的标准。企业标准是企业组织生产经营活动的依据。按照企业标准化对象,一般分为技术标准 (technical standard)、管理标准 (administrative standard)、工作标准 (duty standard) 三大类。技术标准是指对标准化领域中需要协调统一的技术事项所制定的标准。② 技术标准包括基础技术标准、产品标准、工艺标准、检测试验方法标准,及安全、卫生、环保标准等。管理标准是指对标准化领域中需要协调统一的管理事项所制定的标准。管理标准包括管理基础标准、技术管理标准、经济管理标准、行政管理标准、生产经营管理标准等。工作标准是指对工作的责任、权利、范围、质量要求、程序、效果、检

---

① 陈国义.中国工程建设标准体系概述 [R/OL]. (2008 - 12 - 08). http: //www.ccsn.gov.cn/Norm/Flfg/ShowInfo.aspx? ID = 4947.

② GB/T 15497—2003《企业标准体系——技术标准体系》[S].

查方法、考核办法所制定的标准。工作标准一般包括部门工作标准和岗位（个人）工作标准。[1]

按照我国《标准化法》，企业标准处于标准层级的最基础层，其不仅是企业的私有资源，而且在企业内部具有强制力。

企业标准化是在企业内为获得最佳秩序，对实际的或潜在的问题制定共同的和重复使用的规则的活动[2]。"企业标准化"与"标准化"的区别在于将标准化的范围限定在企业内，并将具体工作内容规定于生产、经营和管理之中。这里有两点需要说明：

第一，上述活动尤其要包括建立和实施企业标准体系，制定、发布企业标准和贯彻实施各级标准的过程。

第二，标准化的显著好处，是改进产品、过程和服务的适用性，使企业获得更大成功。[3]

企业标准化的对象不仅包括产品和生产过程，也包括技术引进、服务和产品开拓等工作，因此不仅需要技术标准，也同样需要管理标准和工作标准。

企业标准化工作在我国的开展情况并不平衡，无标生产的企业仍很多，更多企业是有标准而难以执行。分析企业对标准化工作的不重视原因，主要有企业对标准化认识得不全面，缺乏专业人才，将标准化和质量管理的作用割裂开来等。[4]

（二）企业标准体系

企业标准体系系列标准为各种类型、不同规模的企业的生产（服务）、技术、经营和管理活动全过程提供了全面、系统的标准化管理的指导和要求，运用这些标准，可以帮助企业建立和实施一套适合企业需要的，持续有效的协调统一的企业标准体系。企业标准体系（enterprise standard system）是企业内的标准按其内在联系形成的科学的有机整体，而企业标准体系表则是企业标准体系的标准按一定形式排列起来的图表。[5]企业标准体系组成如图 3-3 所示。

企业标准体系可以进一步划分为技术标准体系、管理标准体系、工作标准

---

① GB/T 15498—2003《企业标准体系——管理标准和工作标准体系》［S］.
②⑤ GB/T 15496—2003《企业标准体系——要求》［S］.
③ 沈同，姚晓静，王长林. 企业标准化基础知识［M］. 北京：中国计量出版社，2007：30-31.
④ 沈同，邢造宇，张丽虹. 标准化理论与实践［M］. 2 版. 北京：中国计量出版社，2010：402-403.

体系。当企业生产两个以上类型的产品时，企业技术标准体系可用层次结构表示，见图 3－4 所示。

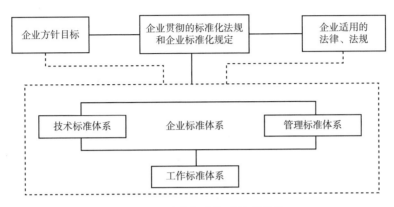

图 3－3　企业标准体系组成形式

注：上面虚线表示上排方框中的内容对企业标准体系的指导关系，虚线方框表示完整的企业标准体系，实线连线表示相关关系。

资料来源：GB/T 15496—2003《企业标准体系——要求》[S].

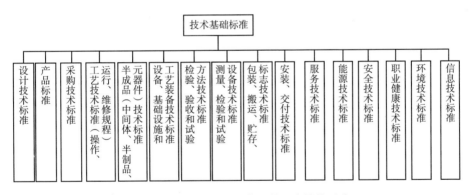

图 3－4　企业技术标准体系的层次结构形式

资料来源：GB/T 15497—2003《企业标准体系——技术标准体系》[S].

　　企业管理标准体系也可采用层次结构表示。当企业管理层次较多时，可采用多层结构。上一管理层次的管理标准与下一层次标准体系的标准，应确保相互协调，还应注意同层次的技术标准与管理标准应确保相互协调，如图 3－5 所示。

　　构成工作标准体系的工作标准可根据行业不同选择不同内容，一般包括岗位工作标准或岗位责任制等。其结构形式如图 3－6 所示。

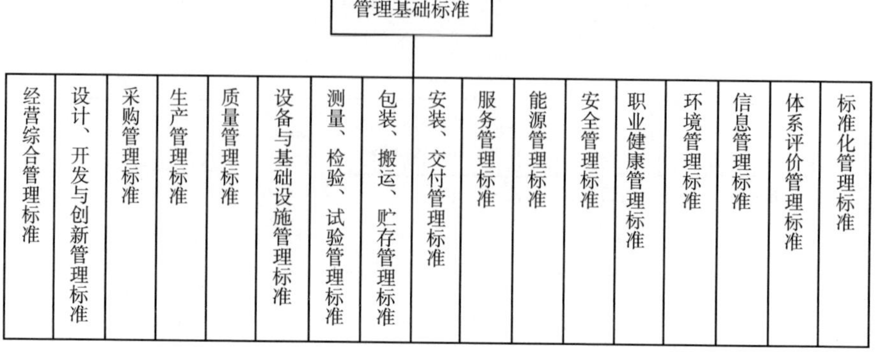

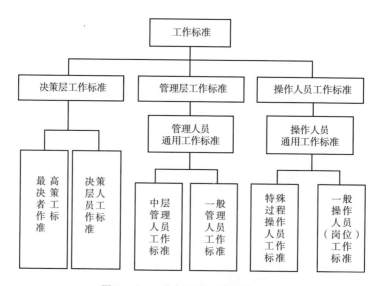

图 3 – 5　管理标准体系的结构形式

资料来源：GB/T 15498—2003《企业标准体系——管理标准和工作标准体系》[S].

图 3 – 6　工作标准体系的结构形式

资料来源：GB/T 15498—2003《企业标准体系——管理标准和工作标准体系》[S].

第二节

标准化的经济作用分析

本部分主要是从社会福利最大化的视角研究标准对社会经济的影响的。当然，本研究主要从企业战略管理的视角分析标准和标准化，在分析标准化的经济作用时，应当说明标准和标准化的这些作用在企业生产经营中的重要意义。

一、标准的经济属性

人们在对标准本质属性的认识上仍存误区。例如，在工程建设实践中，工程技术标准的应用非常广泛，建筑企业工程技术人员往往以为各类标准是一个纯技术文件，因此在标准应用中只是从技术上考虑问题而很少从管理等其他角度考虑问题；而在企业管理实践中，标准又往往被仅仅视为一种管理文件并作为管理人员的一种管理工具，而很少从其他视角分析标准的属性。因此，认清标准的本质属性是企业进行标准化管理和实施标准化战略的基础。其实，标准兼具技术性、经济性、法律性等，是一个具有综合属性的文件。

毫无疑问，标准首先具有明显的技术属性。在企业中，无论是管理标准、技术标准还是工作标准，都必须建立在科学技术的基础上，对特定对象的特定事物做出规定。对管理标准来说，必须考虑在既有技术条件下各种物品的最佳位置、各种事物的最佳安排和协调等。对工作标准来说，必须考虑人因工程，考虑到人在管理环境中的互动性、能动性和创造性。对技术标准来说，必须考虑现有技术条件、要达到的目的，最终在技术性和经济性之间达到均衡。

标准规定了企业的工艺流程、工时、质量验收准则、计划工作安排等技术性工作，对企业的各项技术参数确定和运营管理具有重要作用。因此标准在制定过程和实施过程中总是需要技术人员参与合作、提供评估结果、确定完成情况。

同时标准也具有重要的经济属性。从宏观角度分析，标准体现了政府对经济的调控作用，影响产业结构的变动和产业发展方向的变化，并最终通过产业内企业间竞争影响到一国内的产业竞争力水平。从微观角度分析，不论是产品标准还是质量标准都为企业的材料定额、人工消耗、原材料使用、工序、需要达到的技术水平等提供相应的依据，影响企业的成本和机会选择，最终影响企业核心能力构建。某些行业尤其是具有网络外部性的行业，在其标准形成过程中存在着路径依赖和标准锁定两个重要特征。[①]

以建筑业为例，在工程建设领域，一些经济性标准比如最低工资标准、建

---

① 郭斌. 产业标准竞争及其在产业政策中的现实意义 [J]. 中国工业经济，2000（1）：41－44.

设工程投资评价准则、定额等，其经济性超过了技术性，主要影响企业的造价、经济评价等。

基于标准的经济性，可以将标准根据其公共品属性强弱进一步分类。有些标准具有纯公共物品（pure public goods）特性，质量标准、强制性标准、法定标准、综合标准、基础标准是这一类标准的典型代表。还有一些技术标准的公共物品属性则相对较弱，可以认为是属于俱乐部物品（club goods），兼容性标准、通用标准、自愿标准就经常表现出这样一种特性，对于非俱乐部成员这类标准的形成和使用具有一定的排他性。① 还有一些标准则基本属于私有物品（private goods），这类标准突出表现在企业标准、某些事实标准和产品标准上。

二、标准对经济发展的促进作用

标准在我国社会经济生活中的重要作用主要表现在如下几个方面：

第一，解决人类生产生活中的协调问题②，为工业化大规模生产节约交易成本。基础标准和通用标准中关于术语、符号、计量单位、图形、模数、通用的验收方法等就属于此类。

标准在社会经济生活中的一个重要作用是作为一种协调机制以消除和减少社会交易成本。一个简单的事例即靠右行驶的规定。如果没有这项规定，马路上行驶将会增加很多麻烦和车祸。语言文字、统一的度量衡和计量单位、相同的法律体系等都是标准协调机制的广泛应用的实例。

假定某行业存在一个双寡头垄断市场（duopoly），企业 A 和企业 B，他们生产某种商品并以两种标准 α 和 β 运行。采用不同的标准企业在博弈中的得益矩阵如图 3 - 7 所示：

Firm B

		α	β
Firm A	α	a, b	c, d
	β	d, c	b, a

图 3 - 7　博弈中的矩阵示意

---

① 吕铁. 论技术标准化与产业标准战略 [J]. 中国工业经济, 2005 (7)：43 - 49.

② J. Tirole. The Theory of Industrial Organization [M]. Cambridge, MA：The MIT Press, 1988：405 - 406.

在该模型中博弈的解如下：

（1）如果 a，$b > \max\{c, d\}$，则（α，α）或者（β，β）为纳什均衡（Nash Equilibrium，NE），即最终市场会选择其中的一种标准。如现代银行体系，全世界基本一致。

（2）如果 c，$d > \max\{a, b\}$，则（α，β）或者（β，α）为纳什均衡，即最终市场会同时保留这两种标准。如计算机行业的操作系统现在主要有 MS 操作系统、Linux 操作系统两种。

在企业经营中，标准的协调机制得到经常和充分的应用。如会计记账系统、管理制度的统一等，都是利用标准的协调机制解决企业经营中的问题。

第二，传递信息解决信息不对称的问题，解决"柠檬市场"困境。标准可为消费者提供产品功能、性能变化、安全性等方面的相关信息，减少搜寻成本和交易成本，降低产品购买风险，以利于交易的达成①。如通用标准对质量的最低要求规定、综合标准和强制性标准对涉及人身安全等方面的强制性规定等。标准的此类功能一般需要第三方机构予以保证和确认，如 ISO 系列标准、国家机构的检查和认证等。企业自行实施的标准则需要良好的声誉，如麦当劳的标准化作业程序等。这方面作用机制的进一步分析详见附录二中有关最低质量标准的探讨。

第三，为相关各方提供一种考核、衡量的尺度。社会生产生活是人类有意识的活动，需要进行计划和控制，如果没有相应的尺度就难以实行大规模社会化生产。标准为全社会各种社会生产生活提供了衡量的尺度。

第四，在我国由于标准都是政府相关部门制定的，因此标准反映了政府对宏观经济的调控和微观经济的管制思想和政策。中国的标准从一开始就是作为政府管理经济、指挥生产的行政手段出现的，强调政府集中控制和行政主导，除了企业标准之外，国家标准、行业标准和地方标准的申报、立项、备案、审批及修订等经费投入由政府主管部门确定。这种状况延续至今，近年来虽然也做了一些改革尝试，但是基本格局并没有改变。②

因此，标准是现代市场经济及其构成基本要素，是法律法规的细化、补充手段和法规实施的技术基准，对规范市场秩序、优化竞争环境、促进对外贸

---

① P. Jones，J. Hudson. Standardization and the Costs of Assessing Quality [J]. European Journal of Political Economy，1996，12（2）：355 - 361.

② 王忠敏. 论标准的价值 [J]. 中国标准化，2003（9）：25 - 28.

易、提高企业管理水平、保护生态环境、维护人民生命财产安全等方面作用巨大。①

建筑业中的工程建设标准，按照住房和城乡建设部标准定额司的总结，其地位和作用如下②：贯彻落实国家技术经济政策；政府规范市场秩序的手段；确保建设工程质量安全；促进建设工程技术进步、科研成果转化；保护生态环境、维护人民群众的生命财产安全和人身健康权益；推动能源、资源的节约和合理利用；促进建设工程的社会效益和经济效益；推动开展国际贸易和国际交流合作。

由于以上一些原因，标准尤其是国家标准、行业标准和地区标准，一般被认为是一种"准公共产品"，一般由政府有关部门（如我国住房和城乡建设部建设标准定额司等）进行提供。

三、标准促进经济发展的实证研究

标准对宏观经济的促进作用目前已有较多实证研究文献。这种作用和影响体现在很多方面，如兼容标准可以使产品或者部件无交易成本或者转换成本即可一起运行，最低质量标准限定了产品质量和过程质量以使用户接受产品并降低使用风险，产品标准可导致规模经济并降低成产成本和价格③等，前文已有较多说明。

分析标准对技术进步的经济作用一般采用传统的柯布—道格拉斯生产函数：

$$Y_t = A \cdot K_t^{\alpha} \cdot L_t^{\beta} \cdot e^{\lambda \cdot t} \qquad (3-1)$$

式中，Y_t、K_t、L_t 分别代表国民经济产出、资本量、劳动量，指数 α、β 分别代表资本要素和劳动因素的价格弹性，两者之和即为生产函数的规模弹性。参数 A 为效率参数，技术进步一般以一种外生变量（exogenous variable）被纳入生产函数中，其形式可采用等式 $A(t) = A \cdot e^{\lambda \cdot t}$ 表示，式中 t 是一个线性时间趋势。上式采用对数形式表示为

---

① 李庆荣. 标准化在现代市场经济中的地位和作用 [J]. 中国标准化，2003（1）：30-31.

② 陈国义. 中国工程建设标准体系概述 [R/OL]. (2008-12-08). http：//www.ccsn.gov.cn/Norm/Flfg/ShowInfo.aspx? ID=4947.

③ 克努特·布林德. 标准经济学 [M]. 高鹤，等译. 北京：中国标准出版社，2006：16-23.

$$y_t = a + \alpha \cdot k_t + \beta \cdot l_t + \lambda \cdot t \qquad\qquad (3-2)$$

将标准化和技术创新的作用纳入生产函数，得到扩展后的柯布—道格拉斯生产函数为

$$y_t = a + \alpha \cdot k_t + \beta \cdot l_t + \gamma \cdot pat_t + \delta \cdot lex_t + \varepsilon \cdot std_t + u_t \qquad (3-3)$$

式中，pat_t、lex_t、std_t 分别代表第 t 期的专利储量、从国外引进技术额、标准储量。

对我国的实证研究表明，1997～2006 年技术标准对高技术产业增加值的影响为 10%[1]，1991～2000 年间技术标准对我国综合国力的贡献率（促进 GDP 增长）约为 1.5%[2]。

四、标准在促进国际贸易中的作用

在国际贸易中，标准的应用越来越多，且在双边贸易和多边贸易中的影响越来越明显。越来越多的标准化活动反映了消费者对更健康和更高品质的产品、技术创新、环境保护等商业和社会性事物方面的需求。标准在满足这些需求方面可以发挥重要作用。但是，标准也是国际贸易中隐形保护机制，设计和应用不良的标准对贸易伙伴带来高度歧视性后果。因此，毫不奇怪的是，尽管在国际贸易中对关税和贸易数量的直接限制有许多限制，但是其他限制手段如在劳动保护、产品性能等方面的更高标准限制了进出口。[3]

具有网络外部性、自愿标准在促进贸易方面具有正面影响，且促进市场商品种类增加。严厉的环境保护等强制性标准对进口商也适用时则减少贸易。实证研究表明，国际标准与进出口贸易一般正相关，但是国家标准则往往是贸易的一种障碍。[4] 国际贸易中标准化有助于增加产品销售额，由于具有更大的市场规模，发展中国家的企业也倾向于标准化程度较高的产品市场，但这样的行

① 胡彩梅，韦福雷，肖昆. 标准化经济影响的若干问题研究 [M]. 吉林：吉林大学出版社，2010：130－133.

② 赵景柱，董仁才，邓红兵，等. 技术标准对我国综合国力贡献率的初步研究 [J]. 科技进步与对策，2005（2）：5－7.

③ WTO. World Trade Report 2005：Exploring the links between trade, standards and the WTO [R]. The WTO Secretariat, 2005：31－77.

④ G. M. P. Swann. International Standards and Trade：A Review of the Empirical Literature [W]. OECD Trade Policy Working Papers No. 97, 02－Jun－2010（http：//www. oecd. org/trade）.

动又往往导致价格竞争。①

标准与贸易的密切关系已被人类社会经济和贸易发展实践反复证明并越来越密不可分。总的来说，标准化在国际贸易中具有推动作用、协调作用、保护作用、仲裁作用，标准已经影响到国际贸易的各个方面，成为人类共同的行为准则。② 技术性贸易壁垒是新贸易保护主义的具体体现之一，世界贸易组织（WTO）通过签署《技术性贸易壁垒协定（TBT 协定）》和《实施卫生与植物卫生措施协定（SPS 协定）》对各缔约国的标准化行为和技术性贸易措施进行了必要规范。标准已成为技术性贸易措施的基础，国际市场的竞争某种意义上已经演变为标准的竞争，标准化是企业开展国际贸易的前提。③ 以中国服务贸易来说，不能有效克服技术贸易壁垒是其国际竞争力较弱的一个重要原因。因此需要政府和企业共同努力，针对不同的标准采取具体策略，如引进技术、扩大开放、进行国际协调以制定共同的国际标准等积极应对技术性贸易壁垒。④

五、标准的负面影响

在运用标准和进行标准化管理时，应注意标准和标准化在经济发展和企业管理中所具有的负面效应和影响。

（一）过度标准化

第一章中已经说明我国工程建设标准定额体系基本形成，但是工程建设中质量事故和人身伤亡事件仍屡屡发生，可见标准化建设的目标固然在于制定良好的标准体系，更在于能否得到较为彻底的执行。

从社会整体福利角度分析，标准的实施是否有利于社会效率在于协调性和产品差异化给消费者所带来福利的权衡（附录二中有关最低质量标准讨论时将继续予以分析）。类似中国这样计划性较强的经济中，政府管制措施太多，作为管制工具之一的标准也就很多。这对经济发展有不利影响，因为标准太多将带来差异化的减少，而差异化具有两方面的优点：（1）可使消费者具有更

---

① Neil Gandal. Quantifying the Trade Impact of Compatibility Standards and Barriers：An Industrial Organization Perspective ［M］//K. E. Maskus，Wilson. Quantifying the Impact of Technical Barriers to Trade：Can It Be Done？. Michigan：University of Michigan Press，2001：137 – 153.

② 刘春青，薛学通，周珩. 企业标准化与贸易 ［M］. 北京：中国计量出版社，2007：37 – 51.

③ 沈同，邢造宇，张丽虹. 标准化理论与实践 ［M］. 北京：中国计量出版社，2010：110 – 128.

④ 俞灵燕. 服务贸易领域技术壁垒问题研究 ［D］. 上海：复旦大学博士论文，2005：130 – 149.

大范围的选择性；（2）差异性带来的竞争使得产品价格下降。①

在我国，标准是政府对经济宏观调控和微观管制的工具，更多体现了一种政府决策者的偏好和倾向。涉及范围过多、过宽的标准体现了政府对经济的过度控制，是一种计划经济的体现，这种现象对促进产业竞争是不利的。因此从产业动态竞争力角度考虑，过度的标准化可能使得产业内的企业创新动力机制缺乏，最终导致创新能力降低，竞争能力减弱。②

过度标准化可表现为两方面：

第一，标准水平过于严格，这可称之为水平过度标准化。如附录二图 B－3 中所示，当过度标准化时，即意味着标准化水平超过了 Q^M 点，此时企业由标准化带来的成本 $C(q)$ 超过了收益 $R(q)$，意味着企业的过度标准化是不理性的，此时企业应适当降低标准要求水平，以更好发挥标准化的作用。

第二，标准设置和执行中过于刚性而缺少变化，这可称为垂直过度标准化。解决此类问题可采用多重标准，从而使得企业经营管理在标准化战略实施中具有一定的柔性变化。

从企业层次来说，垂直过度标准化有可能降低企业活力，使得企业墨守成规，创新动力缺乏。缺乏刚性且执行严格的单一标准（尤其是管理标准和工作标准）可能使得企业在管理中缺乏选择、不能变通，从而打击员工士气、增加企业自我消耗。因此可能有必要在企业管理标准和工作标准中增加柔性条款或者设置多个标准管理措施，这也是管理控制的核心原则之一。③ 多重标准的探讨见附录二"几种重要标准的经济分析及其对企业经营的启示"中的相关分析。

（二）特定标准的负面影响

具体到某一类型的标准，都有特定的优点和负面影响。技术标准可以通过多种途径对技术变革造成重要影响，例如产品标准减少了产品种类、降低了差异化即限制了产品多样性，这降低了系统组件的数量，增加了接口兼容性和组合可能性，从而形成了专业化优势并使得大批量生产成为可能，导致成本和价格降

---

①　L. M. B. Cabral. Introduction to Industrial Organization ［M］. MA，Cambridge：The MIT Press，2000：326－328.

②　邓聿文. 政府管制过严约束中国民间活力 ［N/OL］. （2008－12－24）. http：//www. zaobao. com/special/china/reform/pages/reform081224. shtml.

③　小约翰·谢默霍恩. 管理学原理 ［M］. 甘亚平，译. 北京：人民邮电出版社，2005：99－101.

低、消费者增加，也使得研发活动集中于可控产品之中从而降低了市场风险。[①]
但是产品标准也限制了产品多样性，从而限定了消费者可选范围，排除了个人
偏好。品种减少将减少产品种类变化可能性，而这正是产品开发的基础，因此
产品标准对技术变革就具有负面影响，并进而对经济增长产生负面影响。[②] 产
品标准也减少了竞争，使得消费者具有路径依赖性。

兼容性标准能够降低网络产品和服务或多组件产品的市场进入壁垒，因为
公司可以集中精力降低成本或者致力于提高那些没有被标准界定属性的质量
（详见下一节的探讨）。这使得市场进入更容易，由此引起激烈的价格竞争。
但是如果已有技术专利权被融入标准之中，则竞争将遭到破坏[③]，因此需要在
法律和知识产权政策上对此进行详细规定（详见第四节的探讨）。其他类型的
标准如最低质量标准（Minimum Quality Standard，MQS）、安全和环境标准等
也会产生这种反竞争效应，比如一国生产厂商利用国家标准作为一种非关税壁
垒以限制来自国外竞争者产品的竞争。[④]

各类特定标准对企业竞争和研发等方面的正面和负面影响如表 3-1 所示。

表 3-1　　　　　　　　　　标准对技术变革和竞争的影响

标准类型	正面影响	负面影响
兼容性/接口标准	更多系统组件组合方式，形成网桥（network bridge）	阻碍旧技术向新技术转换阻碍竞争
最低限度质量/安全标准	降低信息不对称使市场更容易接受新产品	形成技术锁定阻碍竞争
品种简化标准	降低成本，使新产品达到临界容量	品种减少阻碍创新
信息标准	有关技术现状的信息；为技术创新提供来源（即产生想法）	增加信息处理成本和时间

注：本表根据如下资料修改而成：克努特·布林德. 标准经济学 ［M］. 高鹤，等译. 北京：中国
标准出版社，2006：28.

① K. Foss. A Transaction Cost Perspective on the Influence of Standards on Product Development：Examples from the Fruit and Vegetable Market ［W］. Copenhagen，Aalborg：DRUID Working Paper，1996，No. 96 - 99.

② P. P. Saviotti. The Role of Variety in Economic and Technological Development ［M］//P. P. Saviotti，J. S. Metcalfe. Evolutionary Theories of Economic and Technological Change. Chur and Philadelphia：Harwood，1991：172 - 208.

③ P. A. David，W. E. Steinmueller. Economics of compatibility standards and competition in telecommunications networks ［J］. Information Economics and Policy，1994，6：217 - 241.

④ 克努特·布林德. 标准经济学 ［M］. 高鹤，等译. 北京：中国标准出版社，2006：40 - 48.

（三） 标准竞争中的政治性

在标准竞争中还必须密切注意政治性和利益集团的重要影响。发布标准的管制机构或者标准制定组织可能会被较大的国内生产者所俘获，因为这些生产者往往拥有制定标准所需的技术专家。这种管制俘获不仅针对国外竞争者，也针对国内较弱的生产厂商，因而标准也具有政治属性，即个人或群体参与的，以追求和运用权力从而提升其利益的活动。[①] 这种政治性首先表现为国与国之间为争夺标准领导权而进行的争夺。由于标准的路径依赖性和技术锁定性，控制标准的技术发展方向可以为一国内的产业发展谋取巨大的利益，尤其是 ICT 内的技术发展方向，比如我国自主实行的通信技术 3G 国家标准 TD – SCDMA 等就有国家经济安全等各方面的考量。其次，标准的政治性也表现为一国内不同利益集团之间的博弈，这在 2008 年"三鹿毒奶粉"事件中我国政府决策者在国内外舆论和消费者的巨大压力下迅速通过了世界上最严厉的奶制品三聚氰胺含量标准这一案例中表现得非常明显。

从标准本身的属性上来说也体现了政治性。首先，标准中的经济性条文如拆迁补偿标准和最低工资标准等、各种技术参数和经济参数的设定、通过标准需要达到的管制水平等都体现了决策者的偏好，是各种利益集团共同参与博弈的结果。即便是企业层次的标准，这也放映了决策者的偏好和管理需要。其次，即便是一些所谓的纯粹的"技术标准"也可能具有利益的纠葛，而这往往通过学派、地盘、山头等形式表现出来，比如各种地震预报体系即为典型一例。[②]

因此，当企业企图将自己的标准专利化或者其他形式的知识产权，通过公共权力部门保护和强化企业的私有产权时，就可能存在标准设定不当、专利滥用等问题，从而侵害其他厂商或者公众利益，如对专利使用者设施障碍等。[③]

在中国，标准的政治性还表现为利益集团通过标准的实施为自己谋取利益。[④] 在工程建设领域，环保、水利、城建、规划、质检、安全等各种部门都

---

① J. A. Wagner, J. R. Hollenbeck. Organizational Behavior [M]. MO: Harcourt, Inc., 2001: 318 – 319.

② 马昌博. 地震预报的中国"江湖" [N]. 南方周末, 2008 – 10 – 30.

③ Daryl Lim. Misconduct in Standard Setting: The Case for Patent Misuse [J]. The Journal of Law and Technology, Vol. 51, No. 4, 2011: 557 – 580.

④ 高华云. 经济学视野下的利益集团理论研究 [M]. 武汉: 华中师范大学出版社, 2013: 204 – 208.

打着各种旗号收取种种费用，收费的依据就是相关法律法规规定和相应的各项标准，因此标准作为管制政策的具体化形式，在一些条件下也会如同权力一样可能自我膨胀，其表现为标准的种类和形式越来越多、管辖所涉及的范围越来越宽、为部门牟取的利益越来越多，最终权力部门化、部门利益化、利益法制化。①

第三节
标准化对企业经营的促进作用

本节主要探讨标准在促进企业管理水平提升、实现战略构想和维持核心竞争力等方面的关键作用，探讨各类标准尤其是企业标准的作用和影响，并说明企业标准化管理的基础性工作。标准化对企业经营的重要作用主要表现在如下几个方面。

一、企业内一种管理手段和考核衡量的尺度

标准化是实行科学管理和现代化管理的基础。泰勒在《科学管理原理》中指出，科学管理本质构成有四个要素。其中第一就是"每人每个动作的严格规则，以及所有工具和操作条件的完善化和标准化"②。各种标准为企业管理提供了目标和依据，如产品标准和质量标准使得企业在产品生产和质量管理方面的目标具体化、定量化；定额标准规定了生产经营中时间和数量之间的关系等。这些方面的标准为企业计划提供了具体目标，并作为管理控制等的基本依据。③

二、促进企业创新

标准化是技术积累的平台，标准化过程本身是科学技术和经验的积累过程，一项标准的产生需要将该领域的实践经验和科学成果加以总结和提炼。而在标准的实施过程中又会有新经验和技术的再创新从而形成技术的再积累。标

---

① 江涌. 警惕部门利益膨胀 [J]. 瞭望新闻周刊, 2006 (41)：33 - 35.
② F. W. 泰罗. 科学管理原理 [M]. 胡隆景, 冼子恩, 曹丽顺, 译. 北京：中国社会科学出版社, 1984：198 - 199.
③ 崔凤歧. 标准化管理教程 [M]. 天津：天津大学出版社, 2006：10 - 11.

准的"制定—实施—修订"过程也是经验和技术的"创新—普及—再创新"过程。有了标准化这个技术创新和产品创新的平台，创新活动才有了立足点和坚实基础，从而给创新带来了节约和效率。此外，将科技成果标准化，有利于传播和接受之间的匹配，增进协调和减少交易成本，并且标准作为一种消除信息不对称的工具也有利于消除人们对创新成果的怀疑，从而促进创新成果的扩散。①

此外，企业中的管理标准和工作标准也为管理创新打下基础。标准为企业的管理工作定下来基调，企业在运营过程中通过标准化作业程序和管理过程更能诊断企业运营中存在的弊端，发现自身的优势，从而为保持优势、克服弊端做出改进措施，为企业管理创新、组织变革等做好铺垫工作。

三、降低企业运营成本

标准具有协调作用，企业各子系统之间通过标准化建立技术和管理上的统一性，以保证整个管理系统的顺利运转。标准化对象重要特征之一是重复性，通过标准化对重复发生的事物减少浪费、产生节约、提高效率。标准化的技术和创新平台能够节约企业研发成本，减少投入和盲目性。②

标准在社会经济中的重要协调作用并非一开始就得到完整体现，而是随着工业革命的浪潮逐步得到发展的。可以借助图 3 – 8 说明标准在组织协调中的重要性。亚当·斯密最早说明了劳动分工（division of labor）对经济增长的重要作用，劳动分工的进步导致生产力的增加成为国民财富增长的主要源泉。③劳动分工带来了专业化（specialization），这使得生产效率增加，但同时又使得交易（transaction）增加，并使我们每个人都在社会中相互依赖（interdependent）。最终，专业化导致了对协调的需求：一种是交易发生在市场上的，另一种是交易发生在组织内部的。协调性的需求就导致了标准化。④ 组织外部的协调性需要标准化的问题前已做了分析，而组织内部的协调性需要标准化的问题则最早由泰勒在其名著《科学管理原理》中予以了分析。泰勒说明了工具、操作和程序、工人挑选、培训、工作、激励机制等方面都应标准化，这样组织

①　李学京．标准与标准化教程［M］．北京：中国标准出版社，2010：32 – 33.
②　沈同，邢造宇，张丽虹．标准化理论与实践［M］．北京：中国计量出版社，2010：110 – 128.
③　亚当·斯密．国富论［M］．唐日松，等译．北京：华夏出版社，2004：7 – 12.
④　塞特斯·杜玛，海因斯·赖德．组织经济学——经济学分析方法在组织管理上的应用［M］．3版．原磊，王磊，译．北京：华夏出版社，2006：2 – 15.

才能具有效率，企业内部才不会因为不协调等原因而出现磨洋工等现象。因此，泰勒指出，科学原理可概括如下：科学方法而非单凭经验、协调、合作以及效率。①

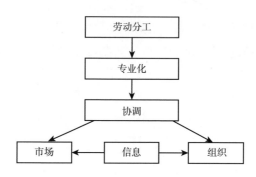

图3-8　组织经济学发展中的核心概念

资料来源：塞特斯·杜玛，海因斯·赖德. 组织经济学——经济学分析方法在组织管理上的应用 [M]. 3版. 原磊，王磊，译. 北京：华夏出版社，2006：3.

四、改善企业与外部的关系

前已论述，标准具有消除信息不对称的功能。标准化管理是企业获得信誉的方式之一。标准化有利于专业化协作生产的巩固和发展，使得企业管理系统与外部约束条件相协调，不仅有利于解决原材料等的供应问题，也可使得企业具备适应市场变化的能力。因此，标准化具有改善供应商、消费者及其他重要外部利益相关者关系功能。②

五、获得竞争优势

标准化是企业运营能力提升的基础。标准化使企业管理秩序、管理业务和生产经营过程规范化，并约束所有人的行为，从而保证企业各项管理活动合理高效，并围绕企业战略而协调行动，因而增强了企业组织能力和经营能力。标准化的制定、实施和修订过程既是企业技术和管理水平积累和提升的过程，也

---

① F. W. 泰罗. 科学管理原理 [M]. 胡隆昶，冼子恩，曹丽顺，译. 北京：中国社会科学出版社，1984：198-223.

② 崔凤歧. 标准化管理教程 [M]. 天津：天津大学出版社，2006：10-11.

是企业竞争能力得到深化的过程。①

德国的实证分析表明，企业标准能改善流程和供需关系，因而对商业活动具有促进作用，而行业标准则是降低交易成本、克服市场势力的有力工具。德国有85%的被调查企业采用欧盟和国际标准作为其出口战略的一部分，以适应外国标准。②

从企业价值链创造的角度分析，按照迈克尔·波特的价值链模型③，如图3－9所示，企业的价值活动分为基本活动和支持性活动两大类。基本活动是涉及产品的物质创造及其销售、转移买方和售后服务的各种活动。支持性活动是辅助基本活动，并通过提供采购投入、技术、人力资源以及各种公司范围的职能支持基本活动。在企业价值创造过程中，如果各环节之间相互不协调，即不存在标准化活动过程，则各过程之间交易成本过高，那么在这样的企业中价值创造过程是不存在的。例如，如果企业内部各子公司之间采用不同的会计体系，那么企业真正的利润、成本等各会计核算账户基本情况是很难掌握的。再比如对相同工作的人员采用不同标准的激励机制，那么在企业内部管理将会造成极大的混乱，不同的员工之间会互相猜忌和提防，企业绩效可想而知。

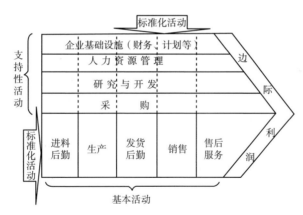

图3－9　迈克尔·波特的价值链分析及标准化的促进作用

注：本图根据如下资料修改而成：Michael Porter. Competitive Advantage：Creating and Sustaining Superior performance［M］. New York：Free Press，1985：34－61.

---

① 李春田. 标准化概论［M］. 5 版. 北京：中国人民大学出版社，2010：302－303.

② Hans KNOOP. Economic Benefits of Standardization：Result of a German Scientific Study［R］. Munich，Germany，October 8－13，2006.

③ Michael Porter. Competitive Advantage：Creating and Sustaining Superior performance［M］. New York：Free Press，1985：34－61.

在现代社会竞争激烈、技术变革迅速、消费者越来越挑剔和缺乏耐心等急剧变革环境下，企业经营中要想达到较好的经营绩效，还必须突破局限于本企业的"围墙内"的局限，运用综合标准化的方法建立标准综合体把上下游的企业结成一个利益共同体，为企业的长远发展奠定基础。为解决企业产品的动态适应力问题，还应建立一个标准化战略平台。① 企业在运营和管理中必须有一个平台和支撑体系以支持企业竞争和参与市场运作，通过这个平台和支撑体系（包括企业内部和外部的）使得企业各种投入转化为产出和结果。这个使得企业顺利运作的平台体系就是标准化管理的作业平台，它从各方面对企业的运营起到支撑作用。这样，才能形成一个连接多个特定群体并提供互动机制、满足各方需求的平台商业模式，形成一种平台战略。②

第四节
标准与企业知识产权的结合

一、标准的法律属性

标准具有明显的法律属性。从实体法角度分析，标准是许多行政法主体中必不可少的法律依据，比如我国《产品质量法》《计量法》《标准化法》《建筑法》《劳动保护法》《环境保护法》《海洋环境保护法》《食品卫生法》《防洪法》《安全生产法》等各类部门法中都有关于标准的适用范围和法律依据等方面的规定。标准不仅表现在公法领域，而且也表现在私法领域。我国《合同法》《物权法》等法律中都有关于标准作为法律依据的内容。我国的《合同法》第六十二条第一款规定："质量要求不明确的，按照国家标准、行业标准履行；没有国家标准、行业标准的，按照通常标准或者符合合同目的的特定标准履行。"合同法分则中的承揽合同、建设工程合同等对标准的法律适用条件做了进一步规定。我国《物权法》第八十九条规定："建造建筑物，不得违反国家有关工程建设标准，妨碍相邻建筑物的通风、采光和日照。"

---

① 李春田. 企业标准化的使命：培育企业的动态适应力［J］. 中国标准化，2012（9）：28－30.
② 陈威如，余卓轩. 平台战略：正在席卷全球的商业模式革命［M］. 北京：中信出版社，2012：7－11.

从程序法角度分析，除事实标准、自愿标准以外，标准的制定、实施都由政府部门或授权部门进行，以法令形式颁布而成为具有法律地位的正式文件。对于交易中的惯例、自愿标准等非法定授权标准，也可根据合同法等相关规定认为具有相应的法定效力。

在国际商务中，交易通常具有约定的惯例、通用格式合同、贸易公约等标准形式，通用的技术标准如 ISO、IEC 的系列标准都会得到广泛承认。工程建设领域内的 FIDIC 合同条件和 ISO 1400/ISO 9000 系列标准在全球范围内得到广泛认可。例如我国在尚是实行计划经济的 20 世纪 80 年代初开始在引进外资项目（如世界银行扶贫贷款项目等）等工程中采用 FIDIC 合同条件（Fédération Internationale Des Ingénieurs Conseils，国际咨询工程师联合会）。

在计划经济体制下大部分标准都可视为法规，具有强制性，是必须遵守的。而现代市场经济发达国家，则标准大部分是推荐性或自愿性的，标准本身不具有约束作用。[①] 我国《标准化法》第十四条规定："强制性标准，必须执行。不符合强制性标准的产品，禁止生产、销售和进口。推荐性标准，国家鼓励企业自愿采用。"因此，尽管在我国标准化实施中存在诸多问题，如强制性标准的法律性质、效力来源与法律位阶不明，范围与内容不合理，推荐性标准的合法性问题，标准冲突等[②]，但是根据该项条款的规定，在我国强制性标准应视为技术法规[③]。

根据我国《立法法》中法律体系效力的分类，我国现行的标准化法规体系由法律、行政法规、部门规章、地方性法规和地方政府规章构成。[④] 目前我国标准化工作实行"统一管理与分工负责相结合"的管理体制，国家标准化管理委员会是全国标准化管理机构，由国务院授权统一管理全国标准化工作。国务院有关行政主管部门和授权的有关行业协会设有标准化管理机构，主管各行业标准化工作。各省、自治区、直辖市及市、县标准化行政主管部门统一管理本行政区域内的标准化工作。[⑤]

伴随着我国经济体制转型和经济管理方式改革，我国在标准化工作和管理体制仍存在许多问题，如国家和行业标准老化现象严重、标准制修订周期过

---

① 陈春葆，杨为国. 标准与法律的关系探讨［J］. 信息技术与标准化，2006（1－2）：46－48.

② 任端平，吴鹏，陈光辉. 标准问题的法律分析［J］. 世界标准化与质量管理，2007（3）：10－13.

③ 洪生伟. 标准化工程［M］. 北京：中国标准出版社，2008：32－33.

④ 张国庆. 标准学［M］. 北京：科学出版社，2011：89.

⑤ 沈同，姚晓静，王长林. 企业标准化基础知识［M］. 北京：中国计量出版社，2007：18－20.

长、市场适应性较差、个别标准之间存在内容不协调、有些标准的内容和表现形式缺乏兼容性而不符合 WTO 规则的要求、国家标准、行业标准与地方标准相互之间存在着大量的交叉和重复现象、地方标准超范围且有地方贸易保护倾向、企业领导层的标准化意识和质量意识较差等。中国的标准化工作亟待改革也必须改革。[①]

二、标准与企业知识产权相结合的必然性

知识产权（intellectual properties，IP）是一种无形财产权，它涉及的是在智力创造活动中智力劳动者及智力成果所有人依法享有的权利，包括著作权、专利权、商标权等。在法律制度史上，知识产权本身是私权领域财产非物质化革命的结果，是对传统物化财产进行创新与变革的产物。[②] 知识产权是各国保护智力成果创造者和拥有者合法权益的重要制度。为了尊重和鼓励创新，同时推动知识产品的传播和应用，避免他人的重复性开发，法律赋予知识产权人一定期限的垄断利益，来换取权利人对其智力成果的公开，以期最终推动智力创新和社会发展。因此，在知识产权的有效期内，权利人享有独占的排他性权利，除非法律有特别规定，任何人未经其授权或许可均不得侵占、利用其智力成果。作为一种无形资产，知识产权成为一个国家、企业财富和竞争能力的重要标志，是一种十分重要的经济资源，其价值不仅可以用货币来衡量，而且比有形财产更重要。知识产权的创造、获取、收益、控制等各项工作因此成为企业战略抉择和日常管理的重要内容。

从一定意义上讲，标准与知识产权的作用是相反的。标准追求成熟性、兼容性、公开性、普遍适用性，强调市场统一和技术的行业推广应用，是一种"准公共产品"。而知识产权经合法授权后具有垄断性，有时还具有保密性（如专有技术），强调给企业带来的经济利益，属于权利人的一种私权。

知识产权的私权属性与标准的普适性产生了天然的冲突，以至于在传统观念中，标准与知识产权很少发生联系，而标准化组织在标准采集的过程中也会刻意地避免涉及知识产权。但是，随着社会生产技术的不断发展和知识产权保护的不断完善，知识产权成为标准化活动中无法回避的问题，其间的冲突与协

---

① 国家标准化管理委员会. 标准化基础知识培训教材［M］. 北京：中国标准出版社，2004：22－28.

② 吴汉东等. 走向知识经济时代的知识产权法［M］. 北京：法律出版社，2001.

调问题也日渐成为业界、学者研究探讨的热点问题之一。因此，不同的标准如法定标准和事实标准等，由于标准形成过程、在社会中的作用等存在差异，因而在处理知识产权问题上的特点各不相同，如表3–2所示。

表3–2　　　　　　　　纳入知识产权的两类标准异同点对比分析

标准种类	主要差别					共性特征
	态度	设计程度	政策	数量	作用	
法定标准：国际、区域和国家标准	尽量避免纳入知识产权	不涉足标准中知识产权许可工作	简明扼要	少	提高市场透明度，促进贸易和交流，降低生产成本和交易成本	1. 重点出现在信息、通信领域 2. 一般都有明确的知识产权政策
事实标准	积极纳入知识产权	完善的知识产权管理制度，加强管理	复杂	多	进一步占领市场，获取竞争优势，扩大知识产权许可范围，获取丰厚回报	

资料来源：中国标准化研究院.2006中国标准化发展研究报告［M］.北京：中国标准出版社，2006：131.

随着社会经济的发展，技术推广手段的日益丰富和知识产权保护的不断完善，技术标准和知识产权在越来越多的领域中发生了密切联系。知识产权包括专利（patent）、商标（trademark）、版权（copyright）和技术秘密（know-how）等，都与技术标准具有联系性。这种标准与知识产权相结合具有主观和客观必然性。

从主观上分析，标准与知识产权的结合是企业从经济理性角度追求利润最大化的结果。知识产权标准化有助于实现知识产权的效益。技术标准具有统一性，也即在某一领域内标准的接受者都必须遵守该标准的规定，按照其要求进行生产经营。知识产权更多的是一种被动的权利，其经济价值往往需要通过权利的许可、转让等方式来实现。当一项知识产权被纳入标准，则成为所有标准产品必须使用的对象，生产企业必须寻求权利人的授权；同时，技术标准，特别是国际标准、国家标准等层级较高的技术标准，都暗示着其中的技术方案是该技术领域中的最佳组合，也更容易被该领域内的生产者所选择。因此，知识产权标准化有力地保证了权利许可量的尽可能多和竞争对手的尽可能少，使知识产权的效益得到更便利的实现。

此外，技术标准的稳定性要求有助于在事实上延长知识产权的价值寿命。知识产权标准化也有助于放大知识产权效益，帮助企业掌握市场主动权和在国际贸易中抢占先机。[①]

　　知识产权与标准相结合也是客观使然。标准与知识产权日益结合的发展进程是有其社会、经济等方面的客观原因的，技术标准作为一定时期对某个行业技术、产品的统一要求，必然要反映一定的社会技术领域内科学技术的发展水平。

　　当前世界的标准化实践中，国际标准组织、企业标准联盟以及企业事实标准已经成为标准化的主要形式，当然政府的作用仍不可替代。在 ICT 标准"私有化"发展背景下，如何掌握标准的"公共性质"与"私有性质"的平衡，以及我国作为主要引进、使用 ITC 标准的国家如何实现技术创新、避免私有标准的不利影响[②]，都是标准与知识产权相结合的趋势中需要大力研究的课题。标准之争的实质是知识产权垄断，是企业通过知识产权垄断以达到经济利益的重大战略行动。

三、标准中的知识产权问题

　　技术法规和技术标准可能包含知识产权内容。所谓标准中的知识产权问题，主要是指标准内容中涉及了专利、版权以及商业秘密等知识产权法保护的对象而产生的问题，通常表现在以下这些方面。

（一）技术标准中的版权

　　标准是否享有版权法保护尚有争论，但 ISO 和 IEC 制定的 ISO/IEC 标准、技术报告、国际标准草案（DIS）、委员会草案（CD）等都享受版权保护。在我国版权法及相关法律法规并未对标准的版权问题做出规定，有研究认为强制性标准不宜享受版权法的保护，而企业标准可作版权保护（同时涉及企业标准的商业秘密保护问题）。[③] 标准中的版权问题最典型的是标准内容中所涉计算机软件的版权问题，这方面的代表就是以微软公司的 Windows 操作系统和 Intel 公司的 Intel 微处理器所形成的"WinTel 事实标准"中所涉计算机软件问

---

　　① 徐家力. 技术标准中的知识产权问题探究 [J/OL]. http：//www. china-lawyering. com/luntan7/post/530. asp.

　　② 朱彤. 标准的经济性质与功能及其对技术创新的影响 [J]. 经济理论与经济管理，2006（5）：54－59.

　　③ 王成昌. 企业技术标准竞争与标准战略研究 [D]. 武汉：武汉理工大学，2004：96－100.

题。对于计算机软件的知识产权保护方式一直颇有争议，但是目前，世界上大部分国家采纳了版权保护模式。作为信息技术产业的重大技术成果之一，计算机软件已经成为信息网络时代不可或缺的产品，并在信息高科技产品有着广泛应用，因此，关于此类产品的标准就极有可能采用他人仍在版权保护期内的计算机软件。

（二）标准中的专利

标准的内容主要涉及的是技术要求和技术方案，因此，其中涉及的大部分知识产权属于专利范畴。专利权也是标准涉及最多的一种知识产权，一些跨国公司利用其技术优势，将其拥有的专利技术纳入实施标准中，通过标准将知识产权向世界推广，如 6C、3C 等组织向我国企业征收高额 DVD 专利使用费事件。

（三）技术标准中的商业秘密

按照技术标准的适用层级，可以将其分为国际标准、区域标准、国家标准、行业标准和企业标准，企业标准并不具有普遍适用性，往往是在本企业内部协调技术要求、质量要求及管理要求，因而很可能包含本企业的商业秘密信息，这类标准在输出或推广中就会涉及商业秘密问题。

（四）标准中的商标权

标准化组织意识到综合运用知识产权政策对科学进行标准化管理的重要性，因此很多标准化组织都加强了对其标准的知识产权管理工作。对这些组织来说，与标准有关的知识产权主要包括标准本身涉及的、不属于标准化组织的专利权和软件版权、标准文件本身的版权以及标准体系的商标权等。标准本身的版权是指标准化组织对其制定和出版的各种标准文件享有版权，包括这些文件的电子版本。而标准体系的商标权是指标准化组织对其标准标识（表现为证明商标）的专有权。

加强对标准化组织颁布的各种文件的版权管理不仅有利于标准化组织以更多的行使（包括互联网）宣传其工作成果，更能获得一定的财政收入以支持标准化组织实现其各项目标。将标准化组织的标识注册为证明商标进行管理，就可以许可使用商标的方式来学科标识的使用，确保使用该标识者都是经过该标准化组织。

四、知识产权中标准问题

企业知识产权，包括专利、商标、版权和技术秘密等方面在操作中也必然涉及标准问题。

（一）专利中的标准问题

专利技术实施的前提则是获得许可，不允许未经授权的推广使用。因此，早期的标准化组织尽可能地避免将专利技术带入标准中。20 世纪 90 年代开始，一方面，由于新兴技术领域的专利数量巨大，专利对标准的影响越来越大；另一方面，专利技术的产业化速度加快，产品在国际间竞争加剧，使得技术标准的内容由原来的只是普通技术规范向包容一定的专有技术、专利技术方向发展，通过技术标准达到技术与产品垄断的趋势日益明显，技术标准迫切地需要专利技术的加入来实现标准垄断的目的，因此专利开始影响标准化组织的管理理念。在信息通信技术（ITC）产业技术标准化组织中，由于具有网络效应和技术锁定效应，专利技术是标准技术方案中必不可少的，如果没有这些专利，标准方案就是很不完备。基于自愿标准的"专利池（patent pool）"这种专利和标准相结合的新型知识产权正得到大力发展。[①] 所谓专利池，通常是指专利的集合，它最初是两个或两个以上的专利所有者达成的协议，通过该协议将一个或多个专利许可给一方或者第三方，后来发展成为"把作为交叉许可客体的多个知识产权——主要是专利权——放入一揽子许可中所形成的知识产权集合体"[②]。在专利池内部通常遵循平等原则，成员间一般相互交叉许可，对外许可收入则主要根据各成员所拥有的专利数量按比例分配。专利池的对外专利许可一般遵守"FRAND（fair, reasonable and non-discriminatory）原则"，即"公平、合理、非歧视原则"，这也是许多标准化组织与反垄断机关的原则要求。在处理技术标准与专利的关系时，一份经核心专利持有人起草并核准的技术许可，该许可至少应遵循合理且非歧视原则（即FRAND 原则）基础上。

---

① 张平，马骁. 技术标准战略与知识产权战略的结合（上）[J]. 研究与探讨，2003（1）：44 – 47.

② 徐建华. 鱼与熊掌能否兼得——标准中的知识产权备受关注 [N]. 中国质量报，2008 – 12 – 01（2）.

　　但是鉴于 FRAND 原则可操作性较差，且专利权人相对专利使用人处于绝对优势地位而违反公平原则，目前，技术标准研究制定机构不得不同专利权人谈判，并不断完善标准中的知识产权公开、收费、使用等原则。2006 年 VEM-bus 国际贸易协会起草了新的专利政策，在专利信息披露和专利许可授权原则的规定上都有较大突破，首次提出了事先披露原则。随后，国际贸易协会将草案提交美国司法部审查，2006 年 10 月该草案通过美国司法部的反垄断审查。因此国际贸易协会提出的新的专利政策引起了世界各大标准化组织和跨国企业的高度关注。

　　2007 年 3 月 19 日国际三大标准化组织 ISO、IEC 和 ITU 正式公布了统一的专利政策，其标准中的专利政策朝着更深、更细致的方向发展，标准中的知识产权原则展示出了从 RAND 公平合理无歧视向事前（ex ante）专利信息事前披露的原则演进的趋势。[①]

　　专利与标准从分离走向结合的标准专利化趋势通过两个途径表现出来：一是在标准化组织制定的正式标准中包含的专利技术越来越多；二是受专利保护的企业私有技术通过竞争获得市场主导地位并成为产业的事实标准。因此如何处理技术标准的开放性要求与知识产权保护之间具有矛盾。[②]

（二）商标中的标准问题

　　商标的价值体现在驰名商标和名牌产品上。在驰名商标中，原产地标识必须涉及标准问题。只有该地理区域内的某类产品的生产者在符合一定的条件、达到一定的标准后才能使用该地理标识。为此保护而制定的标准实际上只是适用于该地区的生产者，是一种自愿的地方标准。而一些名牌产品，则采用一定的工作标准或者管理标准，通过认证或者自我承诺，以向消费者传递市场信号（market signaling），以消除信息不对称现象，获得消费者对其名牌的身份认同。

（三）技术秘密中的标准问题

　　最著名的技术秘密可能是可口可乐公司的原液配方了。作为企业的技术秘

---

　　① 友喜国际高科技产业园. 以标准与知识产权构筑企业核心竞争力 ［EB/OL］. （2010 - 05 - 20）.（http：//www. zhaoshang-sh. com/zhuanti/dzjsjjd/2010/5 - 20/105201618213FHIIB3K2IGGI123K4A3. html）.
　　② 吕铁. 论技术标准化与产业标准战略 ［J］. 中国工业经济，2005（7）：43 - 49.

密，其中必然含有企业的技术能力、一定的工作标准和管理标准问题，是企业核心竞争能力的重要体现。在技术秘密中，一个重要方面是私有标准问题。私有标准的形成往往是由于产品和技术在市场上形成了垄断的地位，其最大的问题就是垄断，妨碍其他竞争者的发展。在软件领域最明显的就是 Windows、Office，目前都是事实标准，由于涉及很多私有标准，所以在这些领域很多企业很难和微软公司进行竞争。

采用私有标准有很多问题，首先私有标准不利于公平竞争，因为私有标准是不开放的，竞争者很难和它竞争，这样形成垄断很难打破。次之，私有标准可以使掌握标准的企业获得很高的垄断利润，对于用户要付出很大的代价。再就是安全性问题，有些用户有些特殊的要求，必须经过私有标准公司的数字认证才能进行。[①]

另外一个问题是专利联盟。它是一种"俱乐部商品"，具有两方面效果：一方面，联盟中的企业可低廉使用技术标准，因此对联盟内企业而言近似为一种公共物品；另一方面，对其他企业而言，使用其技术必须支付很高的费用，成本不菲，因而对联盟外企业而言则是一种"私有商品"，联盟内企业通过这种市场垄断地位攫取高额利润。

五、政府的作用

知识产权政策是很多标准制定团体需要考虑的非常关键的原则，如果政策过于偏向专利的持有者，那么有可能会达不到使用者和执行者的目的。如果标准过度的保护使用者，而没有照顾到专利的持有者，那么对技术的保护就不足。标准化中的知识产权问题就是协调标准化作为公共利益载体和知识产权作为私人权利之间的关系，在标准化对知识产权的需求和充分保护知识产权之间寻求平衡。为此，可有几个解决方案：第一，合理无歧视许可（RAND）原则。根据该原则，专利持有人应承诺在合理和非歧视的条款下与全球申请人谈判专利许可条款，并鼓励专利厂商采取免费进入标准的专利。如果相关方、特别是关键专利所有人不接受该原则，则相关标准将不会发布。该原则目前在标准化组织获得了普遍的认同，国际标准化组织如ISO、IEC、ITU 等制定了的"标准中的专利政策"，这些政策遵循 RAND 原

---

① 倪光南. 标准化中的知识产权和中国企业的对策 [J]. WTO 经济导刊，2007（5）：1-4.

则解决标准和专利的关系。第二，软件业的"开源"运动。一些强大网络效应产业标准化组织，仍然坚持标准化条件下免费出让专利的专利保护政策。目前，包括主要从事互联网标准制定工作的万维网联盟（World Wide Web Consortium，W3C）在内的众多标准化机构及其他机构正积极推动以免费许可为目标的"开源"运动。第三，政府反垄断立法框架下的基础设施原则（Essential Facilities Doctrine，EFD）解决方案。根据该原则，如果所涉及的设施不具备有经济意义的可复制性、对该设施的准入为公平竞争所必要且对社会利益有重大影响，那么该设施将被认定为基础设施。基础设施的所有人有义务在合理的许可条件的条件下向竞争方提供许可，否则将被认定是拒绝交易，并可援引强制许可条款强制权利人给予竞争对手相关基础设施的使用权。研究人员认为知识产权也可以成为一种基础设施，根据该原则知识产权所有人将被强制披露有关技术信息。[①]

在市场技术标准主导权的争夺中，各企业不仅在技术层面、商业层面展开，还通过政治层面施加压力和影响的情况也比比皆是。政府为了提高本国技术和产业的竞争力及标准的安全性，对标准的制定及管理常常会上升到政治的高度。政府在积极引导企业制定产品标准时，也在设法控制国际标准的制定，试图通过标准建立贸易技术壁垒，从而增强国际竞争力。

在标准战略中，政府须做好四个方面的工作：一是广泛参与国际贸易平台，利用我国已经加入WTO的优势，参与各种标准组织，学习国际标准、知识产权的规则，充分利用参与优势保障我国企业在国际标准制定过程中的地位。二是积极开展技术和标准的合作联盟，通过联盟突破国际垄断。政府应鼓励我国具有竞争力的企业参与各种技术标准的制定，通过国家与国家之间、区域与区域之间在标准技术研发上的合作，建立具有我国自主知识产权的国际标准。三是逐步建立完善我国知识产权和标准化政策，要将知识产权政策、产业研发政策和标准化政策协调起来[②]。四是大力推广开放技术标准（open standards）如开源软件等，使得用户能够对源代码进行修改，以满足特定的需求，并将开放标准贯穿管理、技术和信息系统的设计、招标/采购、实施、评价的全过程之中。[③]

---

① 安佰生. 标准化条件下的知识产权保护［J］. 国际贸易，2005（12）：51-55.

② 陈小燕. 简论我国标准战略法制保障体系的完善［N］. 光明日报，2009-06-11（09）.

③ 倪光南. 标准化中的知识产权和中国企业的对策［J］. WTO经济导刊，2007（5）：1-4.

第五节

建筑企业实施标准化战略的现状和意义

一、建筑企业标准化战略现状分析

（一）建筑企业生产经营特点

研究建筑企业标准化战略，应先要对建筑经济、建筑市场、建筑企业、建筑产品等特点有较好的了解。建筑业包括房屋建筑、土木工程等许多活动，但界线并不明显。建筑工程依据规模和类型种类众多，建造活动依据项目生命周期一般可分为概念（inception）、设计（design）、建造（construction）、使用（in use）和损毁（demolition）等几个阶段。由于具有较高的产业关联度，建筑业经常作为政府的一种管制工具（economic regulator）以干预宏观经济发展。[1]

建筑产品与一般商品相比具有固定性（solidity）、异质性（heterogeneity）、耐用性（durability）等特点，体积大、资本投入期长、生产周期较长，是一种耐用商品且具有美观性要求。[2] 由于建筑产品具有异质性，使得不同的建筑物难以比较其功能和价格，这使得建筑市场信息不充分，拥有信息优势的一方具有的信息租金为活跃的建筑业咨询活动以及建筑招投标中的合谋等提供了机会。对建筑产品和服务的需求多属于派生性的（或称引致需求，derived demand），即来自对可利用建成空间生产的产品或服务的需求。

建筑市场容量大、需求旺盛，例如 2011 年中国建筑业增加值 31942.66 亿元，占国内生产总值（GDP）473104.05 亿元比值为 6.75%。建筑业在国民经济中的重要性还表现为其对国民经济增长的拉动力和就业方面，2011 年的拉动力为 0.65%，建筑就业人口共 3852.47 万人。[3]

目前我国市场中建筑产品的主要交易方式可以概括为"预订建造（生

---

[1] Allan Ashworth. Cost Studies of Buildings [M]. 5th Edition. Harlow: Pearson Education Limited, 2010: 37 – 47.

[2] 邓卫. 建筑工程经济 [M]. 北京：清华大学出版社，2000：39 – 40.

[3] 国家统计局年度统计数据，http://data.stats.gov.cn/workspace/index? m = hgnd.

产)"模式，表现为先订立发承包合同、再履行合同内容，交易在先、生产在后，交易的完成过程与生产过程、履约过程同步。国际上目前主要有平行发包、施工总承包、项目总承包三种发承包模式。[①] 其他承包方式还包括联合承包、专业承包（外包）等。

伴随着中国改革开放的进程，我国建筑企业也快速走向国际化。2011 年建筑业企业 72280 家，外商直接投资金额 712.51 亿美元，对外直接投资净额1648.17 亿美元，对外直接投资存量 8051.10 亿美元。[②] 相关数据如表 3 - 3所示。

表 3 - 3　　　　　　　　我国对外经济合作历年数据

指　标	2007 年	2008 年	2009 年	2010 年	2011 年
对外承包工程合同数（份）	6282	5411	7280	9544	6381
对外承包工程合同金额（亿美元）	853.45	1130.15	1336.82	1430.92	1423.32
对外承包工程完成营业额（万美元）	4064300	5661200	7770600	9217000	10342400
对外承包工程年末在外人数（人）	236002	271613	326861	376510	324000

注：自 2009 年起商务部将对外设计咨询纳入对外承包工程合并统计。
资料来源：国家统计局年度统计数据（http：//data.stats.gov.cn/workspace/index？m = hgnd）。

从建筑业本身的活动过程、基本投入等方面分析，建筑业不论在发达国家或者是发展中国家都具有一些共同的特点，包括[③]：

第一，建筑业的基本投入近似，其基本投入可分为建筑材料、施工机械、劳动力、资金和管理人员等几大类。由于各国各地区的气候地理、风俗习惯、技术等方面不同，地方建筑材料差异极大，因此建筑材料国际贸易可行性较差。

第二，建筑业以项目为中心配置资源进行生产。在建筑活动中，业主根据建筑项目评估项目可行性并筹措资金、安排施工，施工企业则根据项目评估风险、安排人员、机械、设备等进场施工。为适应建筑项目的临时性变化，施工项目部的组织结构大多采用矩阵式。

第三，建筑业生产活动零散，难以形成规模化生产。这是由于建筑产品的

① 国家信息中心中国经济信息网. CEI 中国行业发展报告（2004）——建筑业 [M]. 北京：中国经济出版社，2005：14 - 15.
② 国家统计局年度统计数据，http：//data.stats.gov.cn/workspace/index？m = hgnd.
③ 卢有杰. 新建筑经济学 [M]. 2 版. 北京：水利电力出版社，2005：46 - 56.

异质性、建筑活动中涉及的投入品复杂繁多、工序零散等决定的。建筑产品功能的美观性等要求在客观上也使得建筑生产难以统一和规模化。由于建筑产品的异质性和建筑生产活动的零散性，随着建筑市场的完善和技术的进步，建筑市场的外包活动（outsourcing）日益盛行。在传统的交易型外包基础上，一些新兴的外包业务形式如离岸外包、金融服务、人力资源和技术外包、知识产权服务（专利权、企业形象策划等）等在建筑市场中方兴未艾。①

第四，建筑业属于劳动密集型产业，而且投资巨大、生产周期长。建筑业由于生产零散等原因，所需劳动力投入相比一般制造业等部门比重较大。建筑产品生产时一次性投入包括建筑材料、施工器械和人工等金额巨大，较长的生产周期使得建筑生产管理协调组织成本高，不确定性大，风险高。建筑企业往往采取缩小企业规模、减少固定人员、多层分包、负债经营、弹性组织等对策生产。为规避风险，建筑产品大多在建造之间就确定了买主，建筑公司按照建设单位的特定要求以销定产。因此建筑产品的生产经营方式大多采用承发包制，利用招投标的机制降低成本和确定生产单位。随着科技的发展，新兴技术和装备的使用极大地减少了人工适用范围和劳动强度，使得建筑业越来越具有资本密集型特征。

第五，传统建筑业进入壁垒较小、技术相对成熟稳定，技术变革不是十分迅速，产品更新换代较缓慢，因而是一个慢周期市场。② 但是在建筑业的一些细分市场和高新技术领域如绿色建筑、纳米建筑材料、3D 打印技术等方面各发达国家竞争激烈，技术变化非常快。这些领域代表了建筑业技术发展的最新前沿。中国企业亟须提高研发能力，在这些领域抢占行业制高点和标准发言权。

总之，建筑业是重要的产业门类且与其他各产业联系紧密。从技术特性、运作方式等方面分析，建筑企业也具有一般企业所不同的一些特征。

（二）我国建筑企业标准化管理现状

我国建筑企业在标准化管理和标准化战略实施方面存在很多问题亟须解决，说明如下。

第一，建筑企业管理水平仍然较低，标准化水平不高，具体表现为建造方式传统落后，粗放式经营，单纯追求数量增长，围绕发展目标的资源整合能力

① 蒋其发. 我国水电企业外包业务的发展 [J]. 水利经济，2008（9）：61 - 64.

② I. C. MacMillan. Controlling Competitive Dynamic by Taking Strategic Initiative [J]. Academic of Management Executive，1988，2（2）：111 - 118.

低,不同生产环节组织融合度低,因而效率低下。[①] 建筑业发展很大程度上仍依赖于高速增长的固定资产投资规模,尽管营业规模屡创新高,但是产值利润率始终停留在 3.5% 左右,产值利税率 7% 左右。表 3 - 4 为近几年建筑企业主要经济指标。

表 3 - 4   2008 ~ 2011 年建筑企业主要经济指标比较

类别	2008 年	2009 年	2010 年	2011 年
企业数量(个)	71095	70817	71863	72280
建筑业总产值(亿元)	62036.81	76807.74	96031.13	117734.16
建筑业增加值(亿元)	18743	22399	26661	32020
利润总额(亿元)	2201.84	2718.76	3409.07	4241
按总产值劳动生产率(元/人)	161805	185087	203962	229220
产值利润率(%)	3.5	3.5	3.5	3.6
产值利税率(%)	7.2	7.0	7.0	6.9

资料来源:国家统计局各年度统计数据(http://data.stats.gov.cn/workspace/index? m = hgnd)。

相比发达国家如英国,我国建筑企业劳动生产率仍很低下。表 3 - 5 为 2010 中英两国建筑业劳动生产率比较。按照 2010 年汇率计算,中国当年建筑业产值约为英国的 4.8 倍,但是增加值(economic value added,EVA)则仅约为 2.3 倍;英国当年人均产值约为中国的 4.8 倍,人均增加值则约为 9.8 倍。英国建筑企业在劳动生产率方面远远超过中国企业。

表 3 - 5   2010 年中国与英国建筑业劳动生产率比较

国家	劳动力(千人)	产值(百万)	增加值(百万)	人均产值	人均增加值
英国	2116	207863	83280	98234	39357
中国	41604	9603113	1898354	203962	40319

注:1. 数据采用现值计算,中国数据不包括个体营业者。
2. 中国采用人民币(RMB/CNY),英国采用英镑(£)。根据中国银行外汇牌价(中间价)2010 年 10RMB≈£1(http://www.boc.cn/sourcedb/whpj/)。
资料来源:中国国家统计局(http://www.stats.gov.cn/tjsj/ndsj/2011/indexch.htm);The Office for National Statistics. United Kingdom National Accounts:the Blue Book 2000 - 2012. London:The Stationery Office,2000 - 2012.

---

① 住房和城乡建设部建筑市场监管司,住房和城乡建设部政策研究中心. 中国建筑业改革与发展研究报告(2012)[M]. 北京:中国建筑工业出版社,2012:47 - 48.

第二，建筑企业施工产品质量虽然总体上在提高，但建筑产品质量不均衡、不稳定，仍存在一些阻碍工程质量提高的问题，包括质量意识不到位、一些工程甚至是重点工程脱离质量监管、市场竞争机制不健全、质量责任落实不到位等，严重影响到一些工程的质量水平并存在安全隐患。① 部分工程由于质量问题造成了重大的安全生产事故，从而形成了严重的社会问题，并被重点报道。

第三，建筑施工中安全形势总体上好转，但仍然事故较多，重大伤亡事件处于较高水平。仍以中英两国比较，2010 年英国建筑业重大伤亡事故 42 例②，同期中国在房屋市政工程中发生重大伤亡事件 627 起、死亡 772 人③，这个数据还不包括其他类型建筑企业如水利工程、交通工程中的数据，更不包括农村建筑市场中的数据。

第四，建筑企业技术创新能力，科技投入总量严重不足。表现在企业科技积累和科研拥有能力不足，动力装备率徘徊在 5kW/人，技术装备率 1 万元/人的水平，提高不明显，专利和专有技术拥有量少，转化效率低。④ 大型企业自身资金实力较弱，融资能力差，资本运作能力不强，施工领域单一，自主创新能力不强，科技含量低，品牌意识相对薄弱，注重数量扩张的粗放式增长。中小型企业专业、技术、管理素质低，专业定位不准，专业化程度不高，工人技术能力较差且培训少，严重缺乏经营管理人才和技术人才，科技含量很低。⑤

总之，我国建筑企业管理水平不高，标准化工作开展不足，企业在质量、安全、科技研发和企业经济效益等方面问题较多，迫切需要采取新的思路打开局面。根据企业内外部环境选择、实施适合的标准化战略和路径是一种现实且理性的选择。

---

① 住房和城乡建设部建筑市场监管司，住房和城乡建设部政策研究中心. 中国建筑业改革与发展研究报告（2010）[M]. 北京：中国建筑工业出版社，2010：55 – 56.
② The Office for National Statistics. United Kingdom National Accounts：the Blue Book 2011 [R]. London：The Stationery Office，2011.
③ 住房和城乡建设部建筑市场监管司，住房和城乡建设部政策研究中心. 中国建筑业改革与发展研究报告（2011）[M]. 北京：中国建筑工业出版社，2011：89 – 90.
④ 住房和城乡建设部建筑市场监管司，住房和城乡建设部政策研究中心. 中国建筑业改革与发展研究报告（2009）[M]. 北京：中国建筑工业出版社，建筑业发展报告 2009：66 – 69.
⑤ 住房和城乡建设部建筑市场监管司，住房和城乡建设部政策研究中心. 中国建筑业改革与发展研究报告（2006）[M]. 北京：中国建筑工业出版社，建筑业发展报告 2006：93 – 95.

二、建筑企业实施标准化战略的意义

2009 年我国已经开始启动了中国工程建设标准的英文版翻译工作和国际化战略，并加强了标准基础制度能力建设。而在企业管理制度创新方面，企业需要积极采用国际企业管理标准如 ISO 9000、ISO 14000、职业健康与安全管理 OHSAS 18000、社会责任管理 SA 8000 等，与企业现行的优秀管理制度、办法整合为企业综合管理体系，以推动制度化建设。[①] 建筑企业推行标准化管理乃至实施标准化战略可以较好地应对上文提到的各类困境，简要说明如下。

第一，这可帮助建筑企业切实提高企业管理水平，增强企业竞争能力。首先，遵守标准是建筑企业生存的必要条件。建筑业中有很多强制性管理措施和国家及行业标准，尤其在安全、质量、环境保护等方面的标准必须得到遵守。不遵守这些强制性标准企业可能面临行政警告、整改、罚款乃至吊销营业执照等处罚。其次，建筑企业通过标准化管理，可以协调企业内外部资源、知识和信息共享，减少企业经营中的交易成本。再次，建筑企业通过标准化管理可以减少企业在诸如民工工资拖欠、与外部关键利益相关者摩擦等不必要的负担，改善客户关系。又次，设计良好的标准体系可作为企业绩效考核和衡量的科学尺度，从而保持企业内员工之间的和谐关系及企业员工目标的一致性。最后，标准化是提高建筑企业声誉的重要手段，开拓市场的重要工具。

第二，标准化可以能帮助建筑企业打开国际市场，避免风险和潜在损失，打破贸易壁垒。了解国际上通行的标准合同文件如 FIDIC（Fédération Internationale Des Ingénieurs Conseils，国际咨询工程师联合会）条款以及事实国际标准如项目管理知识体系（PMBOK® Guide）等是建筑企业进行国际贸易的基础和先决条件。有报道称，中国铁建在沙特的项目巨亏 42 亿元即为未遵守标准合同的管理程序，不及时索赔等引起。[②] 据称，亏损最根本的原因是公司在与沙特方面当时签署合同时"非常草率，并没有进行全面调查，合同的细节都没有"。中铁建不根据国际上通用的标准合同文件进行管理是导致巨亏的

---

① 住房和城乡建设部建筑市场监管司，住房和城乡建设部政策研究中心.中国建筑业改革与发展研究报告（2005）［M］.北京：中国建筑工业出版社，建筑业发展报告 2005：162 – 163.

② 张伯玲，邱一洲，蒲俊.中国铁建麦加巨亏 41 亿始末［J］.财新新世纪，2010（44）：30 – 35.

根源。①

第三，提高建筑企业的创新能力。通过制定相互协调和科学的企业标准体系，建筑企业可以对本企业积累的技术和研究进行总结、归纳，作为企业的知识共享和管理平台，从而为下一步市场开发和研发提升打下基础。这不仅包括技术标准，也包括协调一致的管理标准和工作标准。

第四，可以帮助企业抢占产业发展的制高点，获得领先的技术和管理能力。目前，建筑业在3D打印技术、绿色建筑、绿色生态城建设、智能建筑、建筑材料尤其是纳米建筑材料等技术上飞速发展。以绿色建筑为例，这是一种在建筑的全寿命周期内，最大限度地节约资源（节能、节地、节水、节材）、保护环境和减少污染，为人们提供健康、适用和高效的使用空间，与自然和谐共生的建筑。② 截至2011年底，我国共有351个项目获评为绿色建筑项目③，建筑面积共3488万 m^2。相比美国相类似的认证即事实上的全球标准 LEED™ 认证体系，我国的绿色建筑标准在管理理念、标准体系合理性等方面仍落后较多。④ 中国的建筑企业实施标准化战略，即可获得产业制高点，从而获得较大的竞争优势。

此外，在经济学管理学研究中，应注意经济机制的刺激作用。人们对经济激励做出反应⑤，这种反映除了直接的经济激励效果，还产生间接的经济激励效果。建筑企业实施标准化战略也存在这些潜在的或者间接的经济效应。

第一，这可以在企业内部形成一种严格、准时、遵从的企业文化。尤其在中国特殊的文化背景下，人与人之间讲求基于亲缘关系的差序格局和人伦情谊关系⑥，在从传统农耕社会向工业文明转型的过程中⑦，中国传统文化直观实用等原则使中国文化具有急功近利的理论近视和极强的世俗功利心态⑧，很难

---

① 曹开虎，徐沛宇. 谁为央企海外投资亏损负责？［N］. 第一财经日，2011 - 06 - 29（2）.

② 建设部. GB/T 50378—2006，绿色建筑评价标准［S］. 中华人民共和国建设部，2006.

③ 住房和城乡建设部建筑市场监管司，住房和城乡建设部政策研究中心. 中国建筑业改革与发展研究报告（2012）［M］. 北京：中国建筑工业出版社，2012：11 - 21.

④ The U. S. Green Building Council. The Leadership in Energy and Environmental Design（LEED™）Green Building Rating System［S］. Version 2. 1. the U. S. Green Building Council, 2002.

⑤ N. Gregory Mankiw. Principles of Economics［M］. 5th Edition. Mason：South-Western College Publishing, 2008：7 - 10.

⑥ 费孝通. 乡土中国［M］. 北京：人民出版社，2008：13 - 18.

⑦ 许倬云. 中国古代文化的特质［M］. 北京：新星出版社，2006：21 - 33.

⑧ 徐行言. 中西文化比较［M］. 北京：北京大学出版社，2004：61 - 64.

融入思辨理性、注重科学思维和个体独立判断的西方工业文明核心体系之中①。因此，严格而准时、注重理性等标准文化的形成可以较为有效消除中国传统文化中不利于工业文明形成以及对企业管理的一些不利影响如不统一遵守制度、讲情面、散漫等问题。

第二，这可以帮助建筑企业从全公司角度分析企业各流程、各工序、各部分的整合性和协调性。

第三，产品标准等其实是对企业经营范围等的确认过程，通过产品标准的制定及其与其他标准相协调的过程，可以重新审视企业经营范围及其合理性。这是一种从企业内外部的协调性、企业能力与外部环境的适应性等角度分析企业经营业务范围和战略选择合理性的新方法。

在今天，建筑企业要再造建筑（refabricating architecture），就需要强大的研发力量、科研能力、信息管理系统、标准化的平台体系支撑。借助信息技术和标准化管理，可以对批量定制的场外制造过程实现可视化管理。在流程设计、建筑部件的重新组装（部件标准）、建筑信息管理（建筑材料条形码系统）等方面，以及批量定制、模块化施工等方面，标准化都可以提供强大的支撑。②

第六节

本章小结

人类使用和研究标准由来已久。标准为在一定的范围内获得最佳秩序，对活动或其结果规定共同的和重复使用的规则、导则或特性的文件，该文件经协商一致制定并经一个公认机构批准，以科学、技术和实践经验的综合成果为基础，以促进最佳社会效益为目的。标准可以按照不同的方法进行分类。企业标准则是企业所制定的产品标准和企业内需要协调、统一的技术要求和管理、工作要求所制定的标准，一般分为技术标准、管理标准、工作标准三大类。企业标准化是在企业内为获得最佳秩序，对实际的或潜在的问题制定共同的和重复使用的规则的活动。

标准不仅具有技术属性，也具有经济属性。标准的经济作用主要表现在增

---

① 何云波，彭亚静. 中西文化导论［M］. 北京：中国铁道出版社，2000：20 – 24.
② 斯蒂芬·基兰，詹姆斯·廷伯莱克. 再造建筑［M］. 何清华，祝迪飞，谢琳琳，等译. 北京：中国建筑工业出版社，2009：3 – 24.

进协调、降低交易费用、解决"柠檬市场"困境、提供绩效评价和考核的尺度、促进贸易等方面。

标准化对企业的重要作用表现在，标准是企业内一种管理手段和考核衡量的尺度，通过标准化可促进创新、降低成本、改善企业与外部的关系、帮助企业获得竞争优势等。

标准也具有法律属性。在我国，由于各种正式标准（除企业标准外）均由政府主导和监管，因此体现为法律法规的细化，反映了政府管制政策的实施。标准与知识产权包括专利权、版权、商标权和技术秘密等的融合是一个必然的趋势，标准需要与企业知识产权相结合，才能为企业垄断市场和攫取超额利润提供基础。企业应重视标准战略和知识产权战略，要注意二者的有机结合。当然这其中需要政府发挥作用。

建筑业和建筑企业具有自身的特点，尽管我国各类工程建设标准非常多，但存在标准实施中的不严格甚至有法不依现象。我国建筑企业管理水平不高，效率较低，在工程建设质量、安全和企业创新等方面问题突出，因而迫切需要实施标准化战略。实施标准化战略可为建筑企业较有效应对上文提到的各类困境提供答案。

第四章

建筑企业标准化战略的
选择与实施

本章主要介绍企业标准化战略的一些基本模式，在此基础上探讨企业根据内外部环境选择标准化战略的具体方式以及标准化战略的工具。建筑企业标准化战略的选择是在建筑业与建筑市场这个外部环境下选择、实施和开展的。

第一节
企业标准化战略的基本模式

本节主要探讨企业标准化战略的一些基本模式，包括标准的领先/跟随战略、自主开发战略、兼容标准战略以及标准联合开发战略等，这是其他标准化战略的组合基础。

一、基本的技术战略形式

技术是推动社会经济发展的主要因素，也是企业赖以生存和发展的基础。技术变革带来无数企业兴盛和衰退，推动产业结构不停地发生变化。作为企业标准化战略，类似于企业的技术战略。

技术主要有两个基本部分组成。[①] 一是有形产品，如机器、工具和设备等，其表征指标一般为设备生产率，即当年年末建筑业企业自有机械设备净值与年末全部职工或全部工人人数的比值。二是无形的技术知识，这是最重要的，包括企业各种技术、操作程序，以及各种知识产权等。

---

① J. M. Gould. Technology Change and Competition [J]. Journal of Business Strategy, 1983, 4 (2): 63 – 73.

技术战略的实施也需要分析企业内外部技术环境然后制定相应的策略。首先应评价企业的技术能力，通过收集企业相关的技术定位数据（即技术扫描）来分析该技术的定位（即技术评估)①，结果显示在图4-1中。

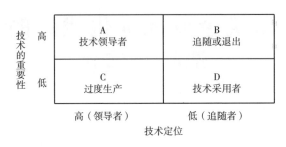

图4-1 技术评估矩阵

资料来源：A. J. Rowe，R. O. Mason，K. E. Dickel，et al. Strategic Management：A Methodological Approach [M]. 4th Edition. MA：Addison-Wesley，Reading，1994：116-121.

技术扫描（technology scanning）采用如下程序：

（1）将企业分为战略业务单位（strategic business unit，SBU）。

（2）对每一个战略业务单位，确定当前正在使用的技术和主要竞争者使用的技术。

（3）确定潜在的新技术。这对企业下一轮竞争非常重要。

（4）调查新技术的来源和对所有利益相关者的影响。

实施技术评估（technology assessment），应重点检查如下几个方面：

（1）技术对战略业务单位的重要性和价值增加性，市场开拓性等，以及成本结构的变化影响。

（2）企业目前的技术及将来技术方面的优势。通过对研发（R&D）费用、专利费、研发人员的数量和质量以及对变化的适应性等进行评估，从而确定企业的相关定位：是技术领导者还是技术追随者。

经过分析，可以确定战略业务单位（SBU）在技术评估矩阵中的位置，如图4-1所示。如果技术重要性和技术定位都处于高位，即位于A象限，表明企业处于优势地位，此时应积极追求高技术以维持竞争优势。

技术重要性较高，但企业处于追随者的定位，此时位于B象限。企业可有几种战略：第一，利用资源来加强企业技术力量，并试图获得竞争优势。第

---

① A. J. Rowe，R. O. Mason，K. E. Dickel，et al. Strategic Management：A Methodological Approach [M]. 4th Edition. MA：Addison-Wesley，Reading，1994：116-121.

二，企业可以放弃该业务，将撤出的研发资源投放到其他业务中。第三，利用足够的资源来维持一个充分跟随者的战略定位，同时寻找潜在的技术范式转移或者市场细分的机会。

C象限业务过度生产，表明现有资源的使用大大超过业务所需，企业应重新考虑资源的分配以提高其效率。在一些技术领域，发生的部分过度投资现象即所谓的"反公地悲剧"即属于此类业务。

D象限表明企业在以技术为主的产业中处于弱势地位，企业的业务需要仔细考量，可采用技术外包获取必要的技术支持。①

在技术战略中必须注意，仅仅依靠技术企业并不能保持长久的竞争优势。在产品的生命周期成熟阶段，市场细分和产品开发竞争加剧，技术需要在这些方面和成本结构转变中发挥作用。另外，产品到了其衰退阶段，技术到达其增长极限或者发生技术范式转移，此时企业也有可能由于原有的技术优势而造成沉重的转换成本，从而错失新一轮技术变革和创新的机会。② 在这方面，曾经辉煌的王安公司即为典型。③ 在20世纪80年代全球计算机企业致力于更廉价和更多功能的个人电脑之时，王安公司仍坚守于文字处理机及大型电脑技术，最后被个人电脑技术浪潮所抛弃而于1992年申请破产。

借鉴企业技术战略并结合前文分析，企业标准化战略选择中，几种最基本的标准化战略包括如下几种类型间的选择：

（1）标准的领先或者跟随战略；
（2）自主开发的标准化战略；
（3）兼容标准战略；
（4）标准联合开发战略。

二、标准的领先或者跟随战略

（一）先行者优势和劣势

企业竞争中有很多工具可以使用，根据这些工具可以改变的速度，可以分

---

① 德里克·钱农. 布莱克韦尔战略管理学百科辞典 ［M］. 范黎波，译. 北京：对外经济贸易大学出版社，2002：267 － 269.

② Charles W. L. Hill，Gareth R. Jones. Strategic Management：Theory & Cases：An Integrated Approach ［M］. Mason，OH：South-Western Cengage Learning，2001：330 － 335.

③ 姜坪. 王安公司缘何衰落 ［J］. 企业研究，1997（5）：26 － 28.

为短期的价格竞争、广告、促销等，中期的产品竞争和成本竞争等，以及长期的研发（R&D）竞争和标准竞争，这是为了促进企业的创新：过程创新（process innovation）改变企业技术生产可能性边界（technological production possibility），产品创新（product innovation）提供新产品的种类。① 因此企业竞争可以根据阶段划分为如图 4 - 2 所示。一般来说，价格竞争是充满血腥的红海，研发和标准化策略可以使得企业开拓新的市场、创造新的需求，使得企业在未开拓的蓝海经营。②

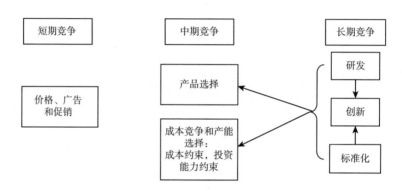

图 4 - 2　企业不同阶段的竞争

注：本表根据如下资料修改而成：J. Tirole. The Theory of Industrial Organization ［M］. Cambridge, MA：The MIT Press, 1988：205 - 206. Figure 1.

在管理学研究中，创新是展现企业家创业精神（entrepreneurship）的特定工具，是赋予资源一种新的能力并使之成为创造财富的活动。③ 而在经济学研究中，创新更多是一种生产函数的改变。根据其对生产函数改变程度可分为重大创新（drastic or major innovation）和微小创新（nondrastic or minor innovation）。标准化是与创新紧密相连。前已说明，标准化可以为创新提供平台和基础。在标准化战略中，首先发明标准并推广标准化行动的一方将获得先行者优势（first-mover advantage），尤其是重大创新活动。④ 此时，企业一旦获得了竞争优势，就会不断扩大其相对于竞争对手的这种优势地位。先行企业可以采

---

① J. Tirole. The Theory of Industrial Organization ［M］. Cambridge, MA：The MIT Press, 1988：205 - 206.

② W. 钱·金，勒妮·莫博涅. 蓝海战略 ［M］. 吉宓，译. 北京：商务印书馆，2005：1 - 26.

③ 彼得·F. 德鲁克. 创新与创业精神 ［M］. 张炜，译. 上海：上海人民出版社，2002：36 - 44.

④ J. Tirole. The Theory of Industrial Organization ［M］. Cambridge, MA：The MIT Press, 1988：391 - 392.

用阻隔机制（isolating mechanism）即适当的策略限制竞争对手的模仿和跟随以保持自己的竞争优势地位，这些策略包括运用学习曲线（learning curve）、利用网络外部性、打造声誉、增加消费者的转换成本等。[①]

学习曲线是一种随着累积产量增加而企业平均成本下降的曲线。[②] 在早期，先行创新的企业获得更大的销售量以后，可比竞争对手更早沿着学习曲线向下移动，生产成本更低，如图 4 - 3 所示。先发企业积累了更多丰富经验，能凭借价格策略等更多的竞争手段与对手竞争并获得更多的利润，从而进一步增加其累积产量并提高成本优势。

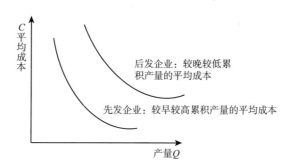

图 4 - 3　先发企业和后发企业的学习曲线

存在网络外部性时，先发厂家由于具有先发优势，早期销售量更大，因此形成了较大的顾客基数，即达到了形成网络外部性的安装基数 x_0，如本书附录二中图 B - 6 所示，则该企业在与顾客基数较小的企业竞争中处于有利地位，并进一步扩大了相对于竞争对手顾客基数的差距，使得竞争优势进一步扩大。

声誉对于消费者购买某种品牌产品非常重要。从信息经济学的角度可以将商品分为三类：第一类是搜寻商品（search goods），消费者在购买以前可以知道其品质，例如建筑标准件，企业在时间、搜寻成本、采购成本等方面综合考虑后采购；第二类是体验商品（experience goods），消费者需要在消费以后才知道其品质，例如食品的味道如何只有品尝以后才真正知道[③]；第三类是信誉

① 戴维·贝赞可，戴维·德雷诺夫，马克·尚利. 公司战略经济学 [M]. 武亚军，译. 北京：北京大学出版社，1999：465 - 476.

② A. Alchain. Cost and Outputs [M]//M. Abramovitz, etc. In the Allocation of Economic Resources. Palo Alto, CA：Stanford University Press, 1964：23 - 40.

③ Philip Nelson. Information and Consumer Behavior [J]. Journal of Political Economy, 1970, 78 (2)：311 - 329.

商品（credence goods），即使是消费以后也不知道品质如何，比如建筑产品中的梁、柱等隐蔽工程的质量是消费者购买住房以后也难以掌握的，还有医生对感冒等某些疾病的医疗服务等。① 尤其对体验商品和信誉商品，信息的不对称使得交易中存在大量的道德风险和逆向选择问题，因此顾客购买时根据自己对某种品牌的忠诚来决定购买。一旦厂商确定了其品牌声誉，则消费者将更能忠诚于该品牌产品，并获取新的消费者时具有优势，从而成功增加其产品消费者数量并进一步扩大其品牌声誉。标准化运营使得消费者在购买体验商品和信誉商品时，某一品牌的产品或者服务质量能够保持一致，从而维护了企业的品牌声誉。

转换成本使得消费者在更换某种品牌商品到另一种商品时增加很多成本。② 如果消费者购买另一种商品时其消费者剩余（consumer surplus）为其支付意愿（willingness to pay，WTP）减去机会成本（opportunity cost），则如果消费者转换商品品牌必须在其消费者剩余中减去转换成本 S。转换成本是先行者的巨大优势，当潜在进入者准备进入时，该厂商必须保证其产品的消费者剩余减去转换成本 S 应大于在位厂商产品的消费者剩余。

因此，对一个具有先行者优势的企业，标准化对企业的阻隔机制的形成机理和路径如图 4 - 4 所示。标准化作为企业创新的平台，通过标准化和创新活动提高产量，然后形成了学习曲线和网络效应。标准化也增加了企业产品的转换成本并提高了企业声誉，学习曲线、网络效应、转换成本和声誉等这些因素形成了阻隔机制，从而为企业提供了持续的竞争优势。企业获得了持续的竞争优势以后，更具盈利能力且经营中更加充满活力，也就更有能力进行创新并进行多种标准化战略的选择。这样，企业就进入了一种持续发展的良性循环轨道。

这样，作为先行者，通过阻隔机制，企业将保持其在行业中市场份额、相对认知质量、成本等方面的优势，这样就会在盈利能力、公司价值增值等方面得到更好的绩效，从而进一步保持企业的领先地位。③ 如图 4 - 5 所示，先行者在行业所有企业的利润中将保持很大一部分利润（至少在行业生命周期的

---

① Darby, Michael and Edi Karni. Free Competition and the Optimal Amount of Fraud [J]. Journal of Law and Economics, 1973, 16 (1): 67 – 88.

② J. Church, N. Gandal. Strategic Entry Deterrence: Complementary Products as Installed Base [J]. European Journal of Political Economy, 1996, 12 (2): 331 – 354.

③ 罗伯特·D. 巴泽尔，布拉德利·T. 盖尔. 战略与绩效——PIMS 原则 [M]. 北京：华夏出版社，2000：20 – 35.

前期阶段）。其他企业作为追随者，其利润占全行业的比例一般逐步缓慢上升，一直到行业发展比较成熟、市场细分以后才可能超过先行者的利润。

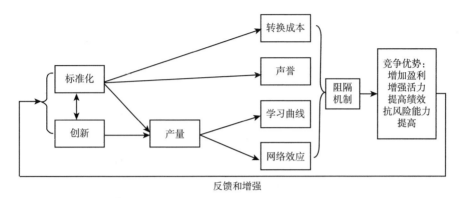

图4-4　先发优势企业标准化对持续竞争优势的作用机理与路径

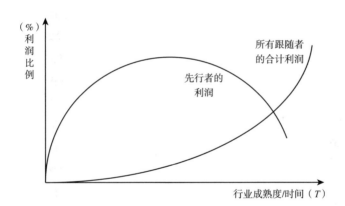

图4-5　先行者和追随者的利润变化

资料来源：Charles W. L. Hill, Gareth R. Jones. Strategic Management：Theory & Cases：An Integrated Approach［M］. Mason, OH：South-Western Cengage Learning, 2001：325.

因此，作为先行者具有如下优势[1]：

第一，先行者具有运用网络效应和正向回馈循环的机会，从而进一步加强其优势地位。

第二，先行者可相比竞争者提前建立起来其显著的品牌忠诚度。

---

　　[1]　Charles W. L. Hill, Gareth R. Jones. Strategic Management：Theory & Cases：An Integrated Approach ［M］. Mason, OH：South-Western Cengage Learning, 2001：330-340.

第三，可更早实现产品的规模经济和学习效果。

第四，可为顾客创造转换成本，阻隔顾客转换购买其他品牌的商品。

第五，可累积有价值的知识，为市场开拓、产品更新等创新活动积累经验和教训。

但是，天底下没有免费的午餐，先行者也具有一些不利方面需要克服：

第一，先行者往往需要负担较大的市场开拓成本。

第二，先行者由于是新开发产品或者新的市场，缺乏该领域的相关知识，更容易犯错误，而这些错误将成为追随者的一种后发优势。

第三，由于企业缺乏相关领域的知识，故更可能存在建立资源与能力的风险。

第四，企业可能在投资的优先次序上安排失当，或者采用了过时的技术。尤其是快周期市场，技术变化迅速，如果企业不能在竞争对手做出竞争性反应之前转向其另外的竞争优势，则企业将在新一轮竞争中败下阵来。这方面的典型事例是最先发明 VCD 技术的万燕电子，固然其最终衰败有各种原因，但是在产业技术快速升级、产品更新换代非常迅速的高新技术产业不能迅速转换到其他更具竞争优势的领域，也是万燕 VCD 失败的重要原因。[①]

第五，先行者也可能因为缺少产品商品化所需的互补资产而不能获得竞争优势。[②]

（二）保持先行者优势的策略

从上文先行者劣势分析可以看出，如果企业要发挥先行者优势策略，必须具备如下一些条件或者决定性因素：

第一，互补性资产。企业是否具备辅助性资产以利用创新并获取先行者优势。

第二，模仿障碍的困难程度。成功的企业及其经营行为总会被分析、学习、借鉴并被复制。追随者或者模仿者复制公司的创新的难度决定了企业先行者优势的发挥。

第三，有能力的竞争者。行业中是否具有可快速模仿创新的竞争者。

---

① 王晓松. 产品工程化中的壁垒与陷阱——以 "万燕 VCD" 现象为例 [J]. 工程研究，2007，3：155 – 163.

② D. Teece. Profiting from Technological Innovation：Implications for Integration，Collaboration，Licensing，and Public Policy [J]. Research Policy，1986，15：285 – 305.

企业可以根据以上这三种决定因素决定其标准化策略，这些策略可以是：

第一，自主开发创新并进入新市场。

第二，采用战略联盟或者合资来开发创新并进入新市场。

第三，将创新许可（licensing）给其他企业让他们开发市场。

根据这些策略和企业不同环境，则先行者优势得以发挥的策略如表 4 - 1 所示。企业应根据是否具备互补性资产、模仿容易程度、竞争对手实力等决定采用合适的标准化策略。

表 4 - 1　　　　　　　　　　发挥先行者优势的策略

标准化策略	互补性资产具备性	模仿障碍程度	有能力竞争者
自主创新	是	高	很少
战略联盟	否	高	适量
创新许可	否	低	很多

资料来源：Charles W. L. Hill，Gareth R. Jones. Strategic Management：Theory & Cases：An Integrated Approach [M]. Mason，OH：South-Western Cengage Learning，2001：331.

（三）追随者的策略

追随者（second-mover）是指通过模拟先行者的产品或者服务，并对先行者的竞争做出反应的企业。作为追随者，一般比较谨慎并仔细分析产品创新的反馈情况，从而避免错误及先行者产品中出现的问题，由此节约开发成本和创新成本，效率更高，且研究更具针对性，因而追随者具有后发优势。[①]

但是作为跟随者，一般实力小于先行者，因此可能受到很多制约因素，包括可能受到资本缺乏等资源的约束、受到先行者阻隔机制影响而难以模仿等。因此，作为一个有效的追随者，应打破先行者的阻隔机制。具体措施包括对行业进行准确预测和分析，能迅速地对先行者的成功做出反应，为顾客提供更大价值的产品或服务等，通过这些方式打破先行者的阻隔机制。

追随者应尽快处理与快速成长相关的组织结构问题以适应市场变化和创新需要。此外，需要寻找一种可将技术从小型的利基市场带进大众市场的方法，因为追随者很可能需要细分市场。最后，由于资源和技术等方面的限制更多，

① 迈克尔·希特，R. 杜安·爱尔兰，罗伯特·霍斯基森. 战略管理：竞争与全球化（概念）[M]. 6 版. 吕巍，等译. 北京：机械工业出版社，2005：109 - 110.

追随者可能需要在选择战略联盟或者独自开发相关技术等方面予以选择。[①]

作为一个慢周期市场，建筑业中一般而言技术变化比较缓慢，但是在一些细分市场和新兴市场，技术变化很快。行业中最新的革命性技术是 3D 打印技术的发展。这可能带给建筑业全面革新。此时在该领域具备先行者优势的企业将在新一轮技术浪潮中获得领先地位。

三、自主开发标准战略

根据企业技术水平和实力，可以将企业分为三类[②]：

第一类，此类企业缺乏核心技术，因此也无法自主开发标准，只能被动接受和采纳他人的标准。

第二类，此类企业拥有比较先进的技术，但是其技术优势不明显，或者同行业有一些同等实力的竞争对手，那么该企业有能力自主开发标准，但是适合实施兼容性的标准化战略。通过实施兼容性标准化战略，还可以通过技术转让费来提升利润。如果实施非兼容性的标准化战略，由于企业相比竞争对手技术和实力差距不大，消费者无明显倾向，替代产品众多，实施差异化标准战略企业难以吸引足够客户，也就难以形成规模经济或者网络效应。

第三类，此类企业拥有先进的核心技术，领先优势巨大，这类企业实施差异化标准化战略更为有利。本类企业构筑了足够的阻隔机制或者较大的消费者转换成本，因此其他企业的产品难以满足消费者需求，替代产品较少。这类企业应充分利用先行者优势，保持其竞争优势地位。如果实施兼容性标准化战略，造成的技术转让会培养一大批同行竞争，由此产生的损失会远大于获取的技术转让费。

因此，当苹果公司推出其新一代产品 iPad 时，凭借其全球领先的技术和强大实力，采用了独特的 Mac OS X 处理系统，从而吸引了一大批的苹果迷。

另一个案例是索尼公司的数码相机外连数据接口技术。索尼公司曾经凭借其技术和实力，在数码相机上采用了索尼专用外连数据接口。但是，随着三星等其他公司数码相机技术的发展，索尼公司的技术领先优势并不明显，在这种

---

① Charles W. L. Hill, Gareth R. Jones. Strategic Management: Theory & Cases: An Integrated Approach [M]. Mason, OH: South-Western Cengage Learning, 2001: 335 – 340.

② 马美荣，金彪. 基于 Hotelling 模型的企业标准化战略的选择 [J]. 商场现代化，2012（8 下旬刊）：34.

情况下，索尼公司对其新款数码相机采用通用的外连接口，即采取了兼容性标准化战略。

由于标准化活动与企业研发、创新、知识产权战略等高度相关，而这些因素都与企业长久竞争优势高度相关，企业将为此投入大量资源。如果所有厂商都竞争新的技术标准、新的管理模式，这种自主开发标准战略实施中容易导致激烈的创新竞争。新开发的系统、模式往往结合专利、版权等被企业予以保护，以维护其优势地位。即便没有相应的法律保护，首先开发出来的系统、标准等的创新者也拥有先行者优势。尤其在高新技术产业，为争夺市场标准控制权，一系列的标准竞争伴随着专利竞赛（patent war）在各大公司之间激烈展开。例如，第三代移动通信系统（简称 3G）的技术发展和相应的标准竞争是近年来全球移动通信产业领域最为关注的热点问题之一，最具代表性的 3G 技术标准有三种，分别是中国的 TD－SCDMA（TDD）模式、欧洲和日本提出的WCDMA 模式和美国提出的 CDMA 2000 模式。最新的热点报道之一是三星（Samsung）和苹果（Apple）两大 IT 巨头之间的专利大战，有关的诉讼案件从韩国一直打到美国、日本等地。这次专利大战涉及技术标准之争，也引起了学者对企业是否涉嫌滥用专利权的进一步思考。[①]

四、兼容标准战略

附录二"几种重要标准的经济分析及其对企业经营的启示"中比较透彻地分析了兼容标准问题。对具有一定竞争实力但是难以彻底摆脱竞争对手的企业来说，采用通用标准即兼容标准战略是适宜的。采用兼容标准战略也有两个选择：完全兼容和部分兼容的问题。完全兼容标准只能在价格、成本、产品性能（如耐久性）等方面有所差异，形成差异化产品，对企业的约束和限制较多。这方面的典型是计算机硬件市场，如处理器（CPU）、内存条等，所有厂商基本一致。部分兼容标准则可在核心技术或者功能上相同，而在一些次要技术或者功能上有所差异。这方面的典型是计算机软件市场中的一些兼容性软件系统，比如第三章提到的 WPS Office 文档处理系统与 MS Office 办公系统。

WPS Office 中的核心功能，包括文档打字、图表处理、中文输入输出等与MS Office 基本一致，因此 WPS Office 能够与 Office 相互兼容并互相打开对方的

---

① Thomas H. Chia. Fighting the Smartphone Patent War With Rand-Encumberde Patents ［J］. Berkeley Technology Law Journal，2012（27）：209－241.

文件进行编辑、排版和输入输出等。但是 WPS Office 也有 MS Office 中所没有（或者没有 WPS 中那么方便）的一些功能，如中文模板、网络自动加载等。这样的处理使得 WPS Office 仍然在中文输入输出的中低档市场上有很大的生存空间。而比较专业的处理技术，如脚注尾注的编辑、公式编辑、复杂图表处理等，仍然是 MS Office 技术领先，保证了其作为市场领导者的地位。

其他一些计算机软件，如视频播放器中的暴风影音、微软 Windows Media Player 等，相互之间基本功能相同，但是一些次要功能略有差异，也属于这种部分兼容的情况。

如附录二中的分析，实施兼容标准战略更有利于被兼容标准所拥有的企业。但是，这对本企业仍是有利的。由于资源限制或者自身实力不足等原因，如果企业不能做到先行者，则实行追随战略也是可行的。追随者战略之一也可实行标准兼容战略，追随市场领先者的标准体系，如管理模式、技术体系等。这就是常说的基准化（benchmarking）战略。①

兼容标准战略如同追随者标准化战略一样，首先可以使企业能够在行业中找到定位，从而选择图 4 - 1 中 B 矩阵的位置，这样不会被先行者领先太大。其次，这也可以帮助企业在细分市场中找到定位，也是为下一步利基市场的开发和渗透做好准备。WPS Office 的战略即是如此，现在金山公司已经准备在 iPhone 手机、平板电脑等领域发展自己的细分市场业务，并于最近正式发布了 Android 版 WPS Office 5.7 系统，从而成为该细分市场业务的领先者。②

五、标准联合开发战略

通过标准化活动开展研发和创新活动成本很高，而且风险很大。尤其在高新技术产业，技术变迁非常迅速，而且技术变迁也很可能是不连续的，有两种情况可能发生③：

第一，技术的自然极限，即产业中已有的技术成熟且逼近或位于自然极

① Robert J. Boxwell. Benchmarking for Competitive Advantage [M]. New York：McGraw - Hill, 1994：10 - 50.

② 周璞. 更快更稳定 WPS Office 2013 正式发布 [EB/OL]. (2013 - 05 - 17). http：//soft. zol. com. cn/373/3736113. html.

③ Charles W. L. Hill, Gareth R. Jones. Strategic Management：Theory & Cases：An Integrated Approach [M]. OH, Mason：South-Western Cengage Learning, 2001：330 - 340.

限，如图 4 - 6 所示。在改革开放前，广泛存在于我国广大地区的手工业建筑业体系即是这种典型的接近自然极限的技术和生产标准体系。再如传统的机械化施工技术也是接近于自然极限。任何事物的发展都受到自身性质、能力和环境的制约，技术在产业中的发展也如此，因此技术的发展就呈现出一种 S 形增长曲线，这种曲线符合逻辑曲线（logistic curve）或者龚柏兹曲线（Compertz curve）的增长规律①，具有一种增长极限的决定性②。

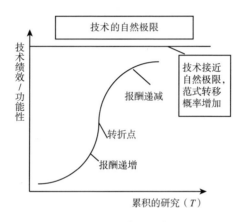

图 4 - 6　技术 S 形曲线

资料来源：Charles W. L. Hill, Gareth R. Jones. Strategic Management：Theory & Cases：An Integrated Approach［M］. Mason, OH：South-Western Cengage Learning, 2001：333.

　　第二，破坏性技术存在，即一项新的破坏性技术已进入市场，且在既有企业现有技术尚未服务到的细分市场上开拓发展，如图 4 - 7 所示。马车和汽车的技术范式转移是典型案例，这带来了生活方式、商业模式等各方面的巨大变革。当然，不连续的后继技术也可能是一组或者一群，此时情况更加复杂，竞争更加激烈，细分的市场更多。比如，现代建筑工业体系相比传统手工业形式的建筑业就是一种一组不连续的后继技术。传统手工业建造主要基于手工作业，建筑材料以土木为主，而现代建筑工业则主要基于机械作

————————————

　　①　逻辑曲线的数学公式如下：

$$Y = \frac{L}{1 + ae^{-bt}}$$

龚伯兹曲线的数学公式如下：

$$Y = Le^{-be^{-kt}}$$

　　②　朱建中. 逻辑曲线和龚柏兹曲线预测模型的简单识别方法［J］. 山西财经学院学报，1990（3）：82 - 83.

业，有很多全新的建筑方式和主要材料结构如钢材、混凝土等。此时的技术增长并非前一种类型一样具有某种有限性，而是表现为一种混沌性，从而具有一种自然增长的分形规律，即对于其中的一些自然增长过程，其中每一增长阶段服从 S 形曲线的有限增长规律，但在 S 形曲线的前端和后端，均连接着另一个类似的增长过程，这一个个单独的过程又构成了一个更大的增长曲线。① 知识积累、技术发展等都类似于这类混沌曲线的变化，具有一种反常性的革命性变化。②

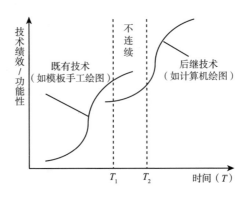

图 4 - 7 后继技术的不连续发展模式

资料来源：Charles W. L. Hill，Gareth R. Jones. Strategic Management：Theory & Cases：An Integrated Approach [M]. Mason, OH：South-Western Cengage Learning, 2001：335.

计算机制图就是一项典型的破坏性技术。相对于模板手工绘图，计算机绘图完全拿掉了图版和纸张，并且可以轻易地修改和增删，这种建筑业与信息技术相结合的新技术在中国从 20 世纪 90 年代推广以来，现在已经完全取代了传统手工模板绘图技术。最新发展的 3D 打印技术也在向建筑业渗透发展，如果有一天 3D 打印技术打印出一栋真正的大楼，那么相对于传统机械化施工来说也是一项破坏性技术。

在这两种情况下，新技术产生将造成产业结构革命性变化，竞争本质已经改变，企业必须采用新技术才能生存，于是发生了所谓的技术范式转移（technological paradigm shift）。

为了减少这些创新过程中的风险和不确定性，在企业技术标准和范式开发

① 胡光宇. 战略定量研究基础：预测与决策 [M]. 北京：清华大学出版社，2010：197 - 206.
② 托马斯·库恩. 科学革命的结构 [M]. 金吾伦，胡新和，译. 北京：北京大学出版社，2003：48 - 60.

过程中，可能会采取战略联盟的策略，共同持有相同的技术知识产权，其中最重要的表现形式是专利联盟（patent pool）战略。专利联盟或专利池，是指在专利持有者之间就一套专利达成的彼此间交叉许可（license）或对第三方许可的一种协议。① 最早从 1856 年美国缝纫机联盟开始，专利联盟在现代经济和产业发展中发挥了重要作用。专利联盟属于一种非产权的战略联盟（nonequity strategic alliance），主要通过契约关系在多个企业间共享独特资源和能力。② 尤其在高新技术和信息技术产业，由于存在安装基础效应、消费者预期效应、正反馈机制、锁定效应等，具有网络效应的技术标准专利联盟可分散创新风险、避免过度创新投资的"反公地悲剧"，并扩大用户的安装基础、增强技术标准的正反馈机制以及提高市场进入壁垒等，从而为企业的市场渗透、产品开发、创新和研发等诸方面发挥重要作用。③

　　但是专利联盟造成的市场壁垒也可能对市场自由竞争产生阻碍。因此，发达国家已经注意到这方面的危害，并通过反垄断法等措施予以管制④，经过一个世纪的政策演化⑤，历经自由发展、限制发展等多个阶段，目前相关法律法规已经成熟，进入了规范化发展阶段。⑥

　　尤其在高新技术和信息技术产业，产业标准之争中的专利联盟策略对企业的影响非常深远。以我国 DVD 行业为例，近年来相关生产企业不得不支付巨额专利使用费，收费的正是 6C、3C 这样的专利联盟所为。⑦ 由此可见，专利联盟是战略联盟研究的新领域，加强其研究对于我国企业参与全球标准和技术竞争具有十分重要的现实意义。⑧

　　① Josh Lerner, Jean Tirole. Efficient Patent Pools [J]. American Economic Review, 2004, 94 (3): 691 – 711.

　　② 迈克尔·希特，R. 杜安·爱尔兰，罗伯特·霍斯基森. 战略管理：竞争与全球化（概念）[M]. 6 版. 吕巍，等译. 北京：机械工业出版社，2005：198 – 202.

　　③ 姚远，宋伟. 技术标准的网络效应与专利联盟 [J]. 科学学与科学技术管理，2011，32 (2)：29 – 35.

　　④ Joshua A. Newberg. Antitrust, Patent Pools, and the Management of Uncertainty [J]. Atlantic L. J., 2000 (3): 1 – 30.

　　⑤ Richard J. Gilbert. Antitrust for Patent Pools: A Century of Policy Evolution [J]. Stanford Technology Law Review, 2004 (3): 3 – 34.

　　⑥ 游训策. 专利联盟的运作机理与模式研究 [D]. 武汉：武汉理工大学，2008.

　　⑦ 李祖明. 标准与知识产权 [J]. 法学杂志，2004，25 (1)：25 – 27.

　　⑧ 李玉剑，宣国良. 专利联盟：战略联盟研究的新领域 [J]. 中国工业经济，2004 (2)：48 – 54.

第二节

建筑企业标准化战略选择

本节主要分析企业内外部环境对企业标准化战略选择的影响，以及在建筑业特定环境下，建筑企业选定标准化战略的方法和工具。

一、外部环境对标准化战略选择的影响分析

在一个标准的战略管理框架中，在战略的制定、评估和选择前，首先需要分析企业面临的外部环境和自身的内部因素。其中外部因素包括宏观层面的政治法律环境、经济环境、社会文化环境、技术环境等[1]，即所谓的 PEST 分析框架。然后需要分析行业环境，包括采用"五力模型（five-force model）"和"钻石模型（diamond model）"分析行业的竞争者、消费者、供应商、替代品、相关和支持产业等的分析[2]，从而在评估这些外部因素以后结合内部因素分析再选择、制定企业的战略。

在企业标准化战略中，从前文分析可知，对企业标准化战略的主要外部环境在于如下几个方面，即企业所在行业的背景、行业技术特性、法律政策、相关产业支持程度、竞争对手情况等因素。先分析这些因素对企业标准化战略选择的影响。

行业背景主要分析网络外部性的大小和规模经济性问题。一般来说，每个行业或多或少都具有网络效应。具有明显网络效应的行业，企业应快速建立起自己的安装基础。在这样的行业，先行者优势能够得到最大程度的发挥，因此一般是赢者通吃（winner-take-all）[3]，追随者和后发者（late mover）所获甚少。规模经济性也对标准化战略产生重大影响。如果行业仍处于规模经济性，一个较好的选择是企业可以采取标准化生产，减少产品品种以追求规模效益，从而快速降低成本以达到迅速占领市场的目标。事实上，格兰仕就是采用这种标准

---

① J. 戴维·亨格，托马斯·L. 慧伦. 战略管理精要 [M]. 2 版. 王毅，应瑛，译. 北京：电子工业出版社，2002：34 - 50.

② 亚瑟·A. 汤姆森，A. J. 斯迪克兰斯. 战略管理：概念与案例 [M]. 段盛华，王智慧，译. 北京：北京大学出版社，2000：75 - 108.

③ Armin Hornung, Gleb Krivosheev, Noor Singh, Jeff Bilger. Standards Wars [EB/OL]. (Autumn 2006). http://www.cs.washington.edu/education/courses/csep590/06au/course - projects.html.

化战略模式，通过迅速扩大产能、降低成本，从而能够启动价格战，最终成为微波炉行业的制造中心。如图 4 - 8 所示，在规模经济性存在时，迅速增加产能由 Q_1 增加到 Q_2，可较大幅度降低成本由 C_1 到 C_2，价格也可大幅度降低，从而可以迅速扩大市场。

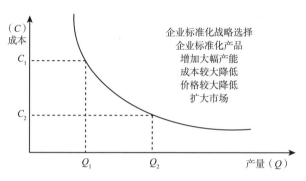

图 4 - 8 规模经济性行业的企业标准化战略

行业技术特性决定了行业技术变化的速度，因而是形成快周期市场、慢周期市场和标准周期市场的重要因素之一。慢周期市场技术变化比较缓慢，竞争优势可以持久保持；而快周期市场技术变化非常快，技术扩散速度也很快，竞争优势很难不被迅速模仿，因此难以持久。[①] 在企业标准化战略中，快周期市场必须迅速建立起自己的安装基础，然后使得消费者建立起较高的转换成本。通过较高的转换成本，企业将竞争对手封锁出局。企业同时要时刻盯着市场的变化和新技术的产生。这方面的实例是 JVC 与 Sony 公司的标准之争。尽管 Sony 公司的标准 Beta 录像机明显优于 JVC 的 VHS 制式，但是 JVC 通过价格竞争很快占领了大部分市场并一步步增加了其安装基数。[②] 现代信息产业等行业是国民经济的支柱产业，但也是技术变化非常快的快周期市场，技术的升级换代可能只有几个月时间。此时企业标准化战略的选择也就非常重要了。[③] 而在慢

① I. C. MacMillan. Controlling Competitive Dynamic by Taking Strategic Initiative [J]. Academic of Management Executive，1988，2（2）：111 - 118.

② Michael A. Cusumano, Yiorgos Mylonadis, Richard S. Rosenbloom. Strategic Maneuvering and Mass - Market Dynamics：The Triumph of VHS Over Beta [EB/OL].（1991 - 03 - 15）. http：//dspace. mit. edu/bitstream/handle/1721. 1/2343/SWP - 3266 - 23735195. pdf.

③ Shanan Cohen. Economics of a Standards War：An Analysis of the Current Industry for Wireless Broadband Internet [EB/OL].（2007）. http：//www. olin. wustl. edu/EN-US/Faculty-Research/research-centers/center-for-research-in-economics-and-strategy/Pages/Fellowships. aspx.

周期市场，企业主要通过版权、专利等无形资源以及持续的投资以保护、维持和扩大竞争优势。建筑业中大多数细分市场即如此，企业通过创新、商誉等发展壮大以后建立起的竞争优势可保持较长时间，而且企业还需要持续地对产品质量、研发等投资，并采购大量的重型机械和成套设备作为沉没成本阻挡潜在竞争者的市场进入。①

一国的法律法规对企业总是影响巨大的。在企业标准化竞争中，法律政策环境的重要作用表现在诸多方面，尤其在知识产权的法律完善和保护程度，以及对市场竞争的保护程度两个方面的平衡。在第三章已经说明，标准只有与知识产权相结合才能发挥更大的威力，但是这两者具有天然的对立性。标准很大程度是一种公共物品或者共有资源，而知识产权本质上是一种私权。一国缺乏对知识产权的保护，必然导致创新缺乏激励机制，从而影响创新的动力，最终结果是盗版横行、经济发展缺乏可持续性。然而如果对知识产权保护过度，则增加了不必要的交易成本，使得专利等知识产权对社会的阻碍作用加大，明显不利于竞争和市场的良好运转。② 因此，必须警惕对专利权等知识产权的滥用问题。③ 企业标准化战略也依赖于这种外部环境，如果专利等知识产权保护较好，则可以实施专利联盟，采用标准化联盟战略以应对非常复杂和风险较大的技术创新环境。

相关产业支持程度也对企业标准化战略选择产生影响。如果企业产品对市场有一个很好的互补（complement），则形成了一个良性互动，产品所带来的新技术又刺激了其他产品生产，企业很容易成为市场领导者。刺激力度越大，企业利润越高。④ 例如，Intel 只生产 CPU，但成为行业标准制定者，刺激了计算机各组件等相关产业的发展，因而成为市场领导者。对于相关产业支持程度较差的行业，则可以实施规格许可（license the format）策略，企业只是保持领先地位，但相关的制造和生产由其他企业完成。

最后，竞争对手的实力也是企业标准化战略中应重视的因素。当企业实力强大时，企业可以实施自主开发标准战略。但如果竞争对手多且与企业实力相当，那就最好选择兼容标准战略或者联合开发战略。在实力相当的行业中启动

---

① A. Dixit. The Role of Investment in Entry Deterrence [J]. Economic Journal, 1980, 90: 95 – 106.

② 何京. 国家技术标准与专利保护的若干问题 [J]. 科技与法律, 2005 (4): 26 – 33..

③ Daniel P. Homiller. Patent Misuse in Patent Pool Licensing: From National Harrow to "the Nine No-Nos" to not Likely [J]. Duke Law & Technology Review, 2006 (7): 1 – 21.

④ Carl Shapiro, Hal R. Varian. The Art of Standards Wars [J]. California Management Review, 1999, 41 (2): 8 – 32.

自主研发标准战略，将会是惨烈的，如图4-9所示，如果实施非兼容标准化战略（即自主开发），则将爆发革命性的技术变革。这很可能导致过度投资的"反公地悲剧"。这对企业以及社会，都不是好的结果。

		竞争对手的技术	
		兼容标准	非兼容标准
本企业的技术	兼容标准	竞相演化	演化vs革命
	非兼容标准	革命vs演化	竞相革命

图4-9 标准战的类别

资料来源：Carl Shapiro, Hal R. Varian. The Art of Standards Wars [J]. California Management Review, 1999, 41 (2): 8-32.

二、内部因素对标准化战略选择的影响分析

企业内部资源和能力是影响企业标准化战略策略和路径的关键因素。企业资源包括有形资源如资金、技术、实物和组织资源等，无形资源则包括人力、创新能力及品牌声誉等。能力则是企业分配资源并整合起来达成目标的效率，决定战略能力的是有价值的、稀有的、难以模仿的和不可替代的能力。[①]

前已说明，企业在标准化战略选择中应根据自身实力等予以抉择。基于资源和能力，企业标准化战略伴随着企业成长和实力增强，可选方案越来越多，一般应分阶段、分层次，逐步推进，不断深入。[②]

因此，基于企业内部资源和能力发展过程的标准化战略应采取如下步骤：

第一，企业内部首先形成一种标准化战略文化。要认识到各种标准的重要性，认真研究、了解各种层次的标准，要学习标准、熟练标准、掌握标准。这需要全公司上下通力合作，首先企业领导层要具有标准化战略的理念，并起到推动和带头作用。企业员工需要相应的标准化意识，要使得标准化成为企业的一项重要管理工作，标准成为企业重要的管理工具。

第二，企业必须积极遵守和执行各种国家和行业、地区标准尤其是强行性标准，在产品质量、环境保护、员工健康和工作场所安全、文明施工等方面成

① 迈克尔·希特，R. 杜安·爱尔兰，罗伯特·霍斯基森. 战略管理：竞争与全球化（概念）[M]. 6版. 吕巍，等译. 北京：机械工业出版社，2005：57-62.
② 张宇钢. 对企业标准战略的一点认识 [J]. 轻工标准与质量，2004 (5)：48.

为标准化良好行为企业的典范，使得标准成为传递产品信息和自身形象的工具。这方面的反面事例是部分国产奶制品企业如三鹿奶粉等，在 2008 年暴露出来的三聚氰胺事件中国奶制品污染事件中，因为这些企业不遵守国家强制性标准和相关管制措施，最终的结果就是整个奶制品行业的沉沦。

同时，企业要大力建设企业标准体系，包括技术标准体系、管理标准体系和工作标准体系。在企业标准体系建设中，应围绕企业战略和发展方向来确定标准体系框架，即按照企业的产品和技术来确定技术标准体系的内核，按照企业的经营理念、工作模式、发展规模确定管理和工作标准体系的内核。这是个庞大的系统工程，应实行边建边完善、不断改进的动态管理。①

第三，企业发展壮大以后，要积极参与国内各种标准的制定工作，通过标准的制定使自身利益得以实现，改变"政府出资金、官员定标准、企业被动接受"的标准制定、实施模式，使企业成为标准制定的主体。② 比如积极参加地方和行业标准的制定和实施。以云南为例，企业可以参与特色产业地方标准的制定，如"澄江藕粉""沾益辣子鸡"的制作等地方标准。

企业还可参与制定行业标准和国家标准。例如，芜湖通力电机有限责任公司于 2007 年根据国家发展改革会下达的标准计划，主持起草了 JB/T 3698—2008 单相离合器电机和 JB/T 3699—2008 三相离合器电机两个行业标准。公司在企业标准的基础上集中力量编写汇总，于 2008 年 6 月审批通过。③ 这样的标准实施以后可想而知将会为该企业参与市场竞争提供强大的助力。

对建筑企业来说，如果企业的标准成为地区、行业或者国家标准，则对企业的促进作用显而易见。该企业就成为行业标杆，其他企业必须向其看齐，以其标准作为行动指南。而在建筑行业这样的事件还比较多。如第六章调研的 KGJ 公司就有 2 项企业标准经公开和批准后成为云南省地区标准。其他还有国内部分建筑企业，也通过类似方式将自己的企业标准经批准成为国家标准或者参与国家标准的制定。

第四，企业可进一步将标准化战略推向纵深发展。尤其是高科技企业，作为行业的龙头企业，要加强技术标准和其他标准的开发，协调与科技研发之间的发展，积极发展和完善知识产权保护的新方式。企业可以探索建立起基于企

---

① 李洁. 浅析现代企业标准化战略 [J]. 大众商务, 2010 (8): 126.

② 王忠敏. 中国标准化的历史地位与未来 [J]. 企业标准化, 2004 (1): 4–9.

③ 赵志伟, 徐卫. 中小企业实施标准发展战略的方法与途径 [J]. 芜湖职业技术学院学报, 2010, 12 (1): 59–60.

业联盟的技术标准和其他标准的形成机制。知识产权一直是与标准相联系的。企业要想通过标准化战略获得更多的竞争优势，就必须将标准与知识产权相结合，使得标准由公共品转为私有物品或者半公共品。在标准和知识产权结合方面企业可以采用许多策略，如积极实施绿色战略和社会责任体系战略等新形式的标准，采用技术创新策略、技术开放策略、组建联盟策略、标准竞争策略①等，以适应新形势和国内外标准化的新变化。

第五，对一些实力雄厚的企业可以考虑参与国际标准的制定工作，以打破国际贸易中的环境保护、产品安全、职业健康、劳工保护和人权等方面的非关税壁垒，实施标准化赶超战略。这时候的企业应参与到全球市场的全方位竞争之中，通过标准化战略，并结合其他战略行动以形成自己在全球的领先地位。百度搜索就是这方面的典型。据报道，百度作为中国首个受邀加入万维网联盟（W3C）互联网企业，将在网络开放平台和无线互联网等多个领域，积极参与相关国际标准的制定并大力促进其应用推广。②

对建筑企业来说，必须抓住现今信息技术变革的浪潮，在一些新技术、新思想上表现出竞争力，如3D打印技术、绿色建筑、安全管理等方面在世界范围内参与国际标准的制定或者使得自己的标准成为世界事实标准。三一重工即为典型。作为工程机械制造企业，三一重工秉承"品质改变世界"经营理念，将销售收入的5%~7%用于研发，致力于将产品升级换代至世界一流水准。截至2013年6月30日，三一集团专利申请总数已达6710件，授权4438件，稳居行业第一。三一重工全面通过国际ISO 9000质量体系认证、ISO 14001环境管理体系认证、OHSAS 18001职业健康安全体系认证和德国TUV认证，先后主持和参与了66项国家、行业标准的制、修订工作。其制造的多种设备达到世界领先水平，如再次刷新吉尼斯世界纪录的86米臂架泵车，标志着中国的混凝土泵送技术由世界的跟随者成为领跑者。③

根据企业标准化基础情况和标准化在企业中产生的效果以及标准化战略的发展阶段，对应上面这五个步骤，可以将企业标准化的发展过程划分为入门阶段（Ⅰ）、起步阶段（Ⅱ）、跟进阶段（Ⅲ）、发展阶段（Ⅳ）、赶超阶段（Ⅴ）五个阶段（见图4-10）。随着企业标准化基础增强，标准化给企业绩效

---

① 陈志宏. 中国企业国际标准竞争的战略与策略（下）[M]. 中国高新区，2008（7）：90-93.

② 中国新闻网. 百度加入W3C万维网联盟，将参与国际标准制定（EB/OL）. http://www. chinanews. com/it/2011/09-15/3329270. shtml.

③ 三一集团. 集团介绍 [EB/OL]. (2013). http://www. sanygroup. com/group/zh-cn/.

带来的效果越来越高。在最初的阶段，标准化的效果并不很明显，标准化战略越是发展到高级阶段，由此带来的战略绩效和为企业赢得的竞争优势越明显。

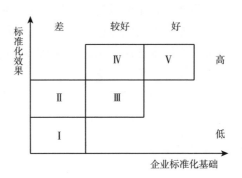

图 4 – 10　企业标准化的发展阶段

资料来源：中国标准化研究院. 国家标准体系建设研究［M］. 北京：中国标准出版社，2007：442.

　　因此，基于企业内部资源和能力发展过程的标准化战略发展路径可采用图 4 – 11 所示的框架。这是一种阶梯式的发展过程，伴随着企业自身能力的增长，企业标准化战略也一步一步如同台阶一样向上发展，从最基础的入门阶段直至发展到在国际市场的全方位竞争并在全球保持领先地位、成为行业标准领袖，从而赶超世界先进水平。

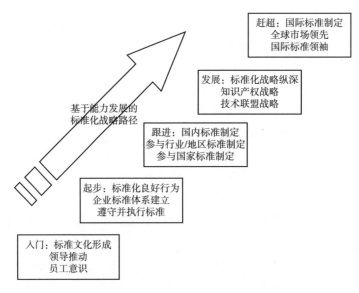

图 4 – 11　企业标准化战略发展阶梯

三、高新技术产业中企业标准化战略策略

与传统产业发展到一定阶段、产量达到一定数量以后即表现为规模不经济性（边际收益递减）不同，高新技术产业表现为边际成本递减的趋势，即一直表现为规模经济性。在这样的行业中，网络效应明显，"赢者通吃"是一种普遍现象，标准竞争的重要性也就非常突出。在技术标准方面有所领先的企业标准化战略核心任务是要使自己的标准成为产业内的主导标准或者事实标准，为此需要找到使网络效应有利于自己的策略，尽快建立自己的安装基础，从而巧用正反馈回路，吸引消费者承担转换成本，最终将市场锁定在自己的技术上。当消费者不愿承担转换成本时，其他企业的技术就会被封锁出局。[①] 计算机键盘技术就是一种典型的封锁出局，由于重新学习键盘的使用需要时间和精力，习惯了 QWERT 键盘的用户很难再转换为其他格式键盘的使用者，因此，QWERT 键盘用户被技术锁定（locked-in）。[②]

赢得标准化战略的策略包括确保辅助产品的供应、巧用杀手级应用（killer application）以推动消费者采用新的技术或者标准（从而"杀死"对竞争对手产品的需求）、采用侵略性的定价与营销行动、与竞争者进行合作结盟、标准授权等。所谓侵略性的定价与营销行动，是指针对具有间接网络效应的产品采用低价销售以迅速占领市场，而对其互补品则采用高价销售以获得高利润。这一策略率先在吉列公司的剃刀和刀片上使用。惠普公司销售的喷墨打印机即为一例，打印机非常便宜，但是墨盒价格昂贵。前文提到的索尼公司的数码相机一度采用这种策略，数码相机较便宜，但是该型号相机采用的专用存储卡价格较高。

网络市场中赢得标准竞争的关键资产包括控制一个安装基础、拥有自己的核心知识产权、具有创新能力、先行者优势、制造能力、产品具有行业互补性、声誉和品牌较好等，最基本的策略是[③]：

第一，先发行动。尽早建立自己的安装基础，但要关注市场技术的急剧

---

① Charles W. L. Hill, Gareth R. Jones. Strategic Management：Theory & Cases：An Integrated Approach [M]. Mason, OH：South-Western Cengage Learning, 2001：310 – 335.

② P. David. CLIO and the Economics of QWERTY [J]. American Economic Review, 1985（75）：332 – 337.

③ Carl Shapiro, Hal R. Varian. The Art of Standards Wars [J]. California Management Review, 1999, 41（2）：8 – 32.

变化。

第二，进行预期管理（expectations management）。通过新闻发布会、广告等说明自己改变或提高消费者的预期，主要通过雾件（vaporware）策略进行。

即便已经取得成功，但是在技术快速变化的高新技术产业，仍应保持足够警惕，提供好的互补品，并与自己的安装基础战斗，保持自己的领导地位。

建筑业中的一些细分市场科技含量很高，其中之一就是建筑企业信息化和管理信息系统开发市场。在这个细分市场上，先发企业具有明显的先行优势。例如，建筑信息模型（building information modeling，BIM）作为一种全新的理念和技术，是数字技术在建筑业中的直接表达，正在引发建筑行业一次史无前例的彻底变革。[①] BIM 需要一个经训练和透明的数据结构以支持特定的商业事例包括建筑信息交换、用户必要的数据、必要信息交换和结果可靠的机器的译码机制等。[②]

四、建筑企业标准化战略中的工具选择

在企业标准化战略中，往往比较重视技术标准化。在一个技术变革日益迅速的时代，这样做很容易得到理解。而且技术标准也是标准家族中类型繁多、数量庞大的一种标准。技术标准与技术进步关系密切，对国家经济发展和企业竞争力提升都有最直接影响，因此加强技术标准研制和提高其适用水平，是标准化的核心任务。[③]

但是对企业来说，技术标准固然重要，其他的标准如管理标准和工作标准也并非无足轻重。例如，作为一种重要的非关税贸易壁垒，劳工标准和环境保护标准（绿色贸易壁垒）等也在国际贸易中充当了极为重要的角色，如企业是否满足 LEED™绿色建筑标准、SA 8000 社会责任体系等，成为影响我国企业出口的主要障碍之一。[④] 事实上，企业标准化趋势即为从设计标准延伸到工

---

① 何清华，钱丽丽，段运峰，李永奎. BIM 在国内外应用的现状及障碍研究［J］. 工程管理学报，2012，26（2）：12 - 16.

② National Institute of Building Sciences. National Building Information Modeling Standard ［S］. Version 1. National Institute of Building Sciences，2007.

③ 李春田. 标准化概论［M］. 5 版. 北京：中国人民大学出版社，2010：102 - 103.

④ 黄伟，栾治中. 出口贸易如何应对新型非关税壁垒［J］. 北方经济，2009（8）：38 - 40.

艺、工装标准化，从技术标准化发展到注重管理工作标准化，从企业内部标准化扩大到企业间、产品链和价值链、企业联盟间各环节的标准化。① 尽管大多数标准化战略或者标准战争主要是围绕技术标准来做文章的，但是如果一个企业仅仅注重技术标准而忽视其他标准仍是不够的，至少不能维持长久的竞争优势地位，甚至影响到生存和发展。这方面的典型事例是铱星公司。当20世纪90年代摩托罗拉公司雄心勃勃地想要建设一个全球移动通信系统——铱星系统时，其先进的技术和大胆的构想一度令人对其充满了信心。然而由于技术与市场的脱节、管理架构和市场营销策略等的失误，使得该项目在正式运行仅半年后于1999年3月宣布正式破产，公司从一个技术神话走向了一个破灭的大水泡。②

2003年我国发布了国家标准《企业标准体系》系列标准为各类企业的生产（服务）、技术、经营和管理活动全过程提供了全面、系统的标准化管理的指导和要求，可以帮助企业建立和实施一套适合企业需要的、持续有效和协调统一的企业标准体系，并指出需要采用PDCA循环科学管理模式和方法对企业标准化工作实施持续改进。③ 其他几个文件则分别说明了企业技术标准、工作标准和管理标准的体系和制定内容，以及评价和改进措施。

标准化的工具非常多。事实上，凡是有关评估、计划和控制等方面的管理工具大多可作为标准化战略中的可选技术。

（一）技术标准战略工具

技术标准是指对标准化领域中需要协调统一的技术事项所制定的标准④，其对象是企业技术和需要总结的技术经验、措施等。技术标准种类繁多，包括基础技术标准、产品标准、工艺标准、检测试验方法标准，及安全、卫生、环保标准等。前文所探讨的企业标准化战略尽管对管理标准和工作标准也适用，但主要是针对技术标准战略而言的。因此，技术标准领导、技术标准追随、技术标准采用、技术标准的自主研发、技术标准兼容等都是技术标准战略工具之一。此外，技术联盟、技术授权和技术准许等也是技术标准化战略可选工具。

① 陈言楷，刘雪涛，李岱松，等. 首都标准化：现状与前景［M］. 北京：科学出版社，2010：30－32.

② Harold Kerzner. Project Management：A Systems Approach to Planning, Scheduling, and Controlling［M］. 10th Edition. Hoboken, New Jersey：John Wiley & Sons, Inc., 2009：987－1023.

③ GB/T 15496—2003《企业标准体系——要求》［S］.

④ GB/T 15497—2003《企业标准体系——技术标准体系》［S］.

这些在前文已经做了较多说明，而且技术标准作为企业标准化核心工作，研究文献众多，在此不再赘述。

此外，一些常用的技术标准体系也是技术标准战略工具之一，如 ISO 22000 食品安全国际标准、国际电工委员会（International Electrotechnical Commission，IEC）的系列标准等。

（二）管理标准战略工具

管理标准是指对标准化领域中需要协调统一的管理事项所制定的标准[①]，其作用对象是管理事项。管理标准一般对应于技术标准，包括管理基础标准、技术管理标准、经济管理标准、行政管理标准、生产经营管理标准，以及安全管理标准、质量管理标准等。

管理标准及标准体系是国际标准应用最广泛的领域，一些最常用的管理标准工具包括常见的质量标准体系、安全管理标准体系、环境管理标准体系、风险管理标准体系等。例如 ISO 14000 环境管理国际标准、ISO 9000 质量管理国际标准、ISO 50001 能源管理国际标准、ISO 31000 风险管理国际标准等。

其他一些企业常用管理标准工具还包括关键绩效指标（key performance indicator，KPI）以及各种管理制度、标准流程、工作表。全国统一的会计记账系统严格意义上讲也是一种管理标准工具。

此外，工程建设领域其他一些常用的国际管理标准还包括美国项目管理协会（Project Management Institute，PMI）项目管理知识体系（project management body of knowledge，PMBOK® guide and standards）、中国项目管理知识体系（Chinese project management body of knowledge，C-PMBOK）等。

工程建设领域常用的管理标准战略工具还包括国际上通用的标准合同文件如 FIDIC 合同文件（Fédération Internationale Des Ingénieurs Conseils，国际咨询工程师联合会）、我国的标准合同条件如《建设工程施工合同示范文本》（GF-1999-0201）、标准施工招标文件、标准招标文件等。

管理标准对企业而言非常重要。前文已分析的中国铁建沙特的项目巨亏 42 亿元即为典型的管理标准战略错误，而最后，这些巨亏由母公司中国铁道建筑总公司负担，这意味着，由于中国铁建风险防范方面的严重缺陷导致的海

---

① GB/T 15498—2003《企业标准体系——管理标准和工作标准体系》[S].

外投资亏损，由最终的股东国家来买单。① 中铁建不是根据国际上通用的标准合同文件进行管理，而是非常混乱的决策导致巨亏。

尽管管理标准很重要，但是相关研究文献并不多。魏元新（2012）对施工企业管理标准进行了探讨，构建了建筑施工企业管理标准化体系，并重点选取了建筑施工企业合约管理、质量管理、安全管理以及物资管理进行具体管理标准的分析与构建，以管理体系架构和管理职能分配为基础，梳理了各项管理流程。② 鲍雷鸣（2011）则提出了建设项目管理标准化的思路，探索建立建设项目管理标准化体系。③

（三）工作标准战略工具

工作标准是指对工作的责任、权利、范围、质量要求、程序、效果、检查方法、考核办法所制定的标准，其对象为企业中工作的人。工作标准一般包括部门工作标准和岗位（个人）工作标准。④

工作标准更多与企业人力资源管理领域相联系，这方面的战略计划技术和管理工具很多可以借鉴作为工作标准工具所使用的，如奖惩制度、工作说明（job description）、时间表（规定工作时间标准）、员工测评标准、绩效考核标准、薪酬标准等。

一些国际标准也可以作为企业工作标准工具，如 ISO 26000 社会责任国际标准，SA 8000 社会责任国际标准体系。

（四）综合型工具

在企业标准化战略中，还有一些标准化工具可作为综合型工具，因为这些工具带给企业的是全面的变革和整个流程的重组，而非仅仅是企业某一方面的工作或者标准。这些工具包括全面质量管理（total quality management，TQM）、目标管理（management-by-objective，MBO）、基准化（benchmarking）、平衡计分卡（the balanced scorecard，BSC）等。所有这些标准化工具都不能简单地归结为仅仅是为技术标准、管理标准或工作标准之一服务。

一个更可能的情况是，在某个企业，可能根据企业不同的环境和实力等因

---

① 曹开虎，徐沛宇. 谁为央企海外投资亏损负责？［N］. 第一财经日报，2011 - 06 - 29（2）.
② 魏元新. 建筑施工企业管理标准化研究［D］. 天津：天津大学，2012.
③ 鲍雷鸣. 建设项目管理标准化研究及应用［D］. 北京：北京交通大学，2011.
④ GB/T 15498—2003《企业标准体系——管理标准和工作标准体系》［S］.

素，针对不同种类的标准体系采取不同的战略，比如技术标准可能采取侵略性的自主研发战略，而管理标准则采用基准化（追随者）战略以盯紧行业中的领先者，工作标准则采用适应性的标准合规即简单采用国家强制性的一些工作标准以满足最起码的工作环境和工作氛围这样一种战略。因此，这个企业很可能拥有先进的技术和规范的管理，但是员工的士气很差，因为工作很辛苦且待遇较差。这样会造成该企业在标准化战略中的严重不协调，使得管理标准和工作标准跟不上技术标准的步伐。而这在中国的企业中屡见不鲜。可以借用"木桶理论"来说明这种标准的不协调性。正如同木桶盛水的多少并非由这个木桶最长的木板决定而是由其最短的木板决定的一样①，企业竞争能力提升往往不是其最强的标准体系决定的，而是由其最薄弱的标准体系决定的。标准体系的协调性非常重要，在第六章我们将会有案例分析这种不协调带来的后果。

很多企业对自己的标准采用《标准化管理手册》形式，以反映企业各方面的标准要求，图4-12为某企业标准化管理手册的封面。

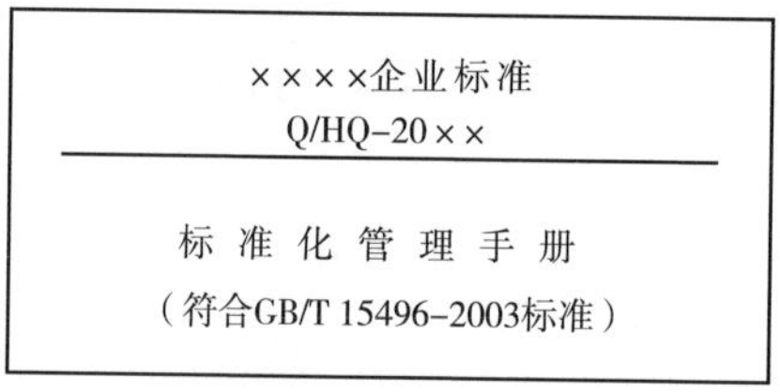

```
┌─────────────────────────────────────┐
│        ××××企业标准                  │
│        Q/HQ-20××                     │
├─────────────────────────────────────┤
│        标 准 化 管 理 手 册          │
│      （符合GB/T 15496-2003标准）     │
└─────────────────────────────────────┘
```

图4-12　企业标准化管理手册封面图示

归纳起来，建筑企业标准化战略中可以选择的部分工具如表4-2所示。

表4-2　　　　　　　　　　　企业标准化战略工具

标准类别	方式	技术标准	管理标准	工作标准
标准化工具	国际标准	ISO 22000 IEC 技术标准	ISO 14000 ISO 9000 ISO 50001 ISO 31000 标准合同文件 标准施工招标文件	ISO 26000 SA 8000

---

① 石磊. 木桶效应 [M]. 北京：地震出版社，2004：1-20.

续表

标准类别	方式	技术标准	管理标准	工作标准
标准化工具	事实标准与国家标准	各类国家技术标准	PMBOK© Guide and Standards C-PMBOK FIDIC 合同文件 建设工程施工合同示范文本（GF-1999 –0201） PRINCE2 OPM3 会计记账系统 NOSA 安全管理系统	国家职业标准 职业道德准则 建筑定额 最低工资 标准工作时间
	企业自选工具	技术领导 技术追随 技术采用 自主研发 技术兼容 技术联盟 技术授权 技术准许	KPI 管理制度 标准流程 工作表 标准作业程序	奖惩制度 工作说明 时间表 绩效管理
综合型工具		全面质量管理 目标管理 基准化 平衡计分卡		

五、建筑企业标准化战略选择

建筑企业应根据前文分析的标准化战略基本模式和可选战略工具，结合企业外部环境分析（the external factor evaluation，EFE）和企业内部因素分析（the internal factor evaluation，IFE），选择合适的标准化战略并采用合适的标准化工具。

（一）内外部环境分析

建筑企业外部宏观环境分析可按照 PEST 分析框架即政治法律、经济、社会文化、技术等方面的环境分析。按照前文分析，主要分析企业行业背景、技术特性、法规政策、相关产业支持程度和竞争状况。

建筑业是一个政府管制较多的行业，突出表现为国家和行业标准非常多，且相关法律法规较多，但是标准和法律的执行力度不够。

从第三章表 3 –4 和表 3 –5 可知，在宏观经济环境上，伴随着我国经济持续发展和房地产业持续高涨，建筑业持续快速发展，建筑企业总产值也持续快速上升。但是我国建筑企业整体竞争能力较差，绩效不高。

建筑业是一个慢周期市场，技术相对成熟，除部分细分市场以外新技术变革不很迅速。作为一个与国民经济联系紧密的工业部门，建筑业相关产业支撑度较高。建筑市场竞争激烈，2011 年全国共有建筑企业 72280 家。建筑企业在经营中实行项目化运作，并且标准化作业和施工较多（国家统计局年度统计数据）。

在分析了企业外部环境因素以后，企业还应评估自身资源和能力，才能决定标准化战略目标和选定合适的战略形态。

（二）建筑企业标准化战略管理基本模型

建筑企业在实施标准化战略中根据企业的经营战略总目标（宗旨和使命），在分析了外部环境以后结合自身实力和特点，建立自己的标准化战略目标，并选定如前所述的标准化战略形式，然后予以实施并评价标准化战略实施绩效。借鉴图 2－4 "综合战略管理模型" 中的相关理论，建筑企业标准化战略管理的基本模型如图 4－13 所示。其中标准化战略目标构建和绩效评价等将在第五章进一步探讨，标准化战略的实施将在下一节继续探讨。

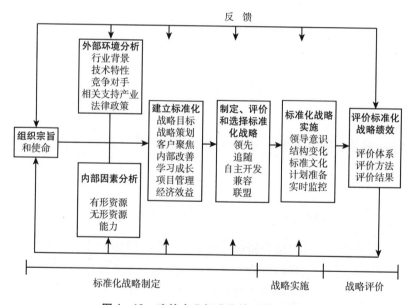

图 4－13　建筑企业标准化战略管理模型

第三节

建筑企业标准化战略的实施

本节主要简介建筑企业标准化战略实施的流程及其注意事项。

一、建筑企业标准的制定和实施

（一）建筑企业标准的制定

一般应从下列角度检查是否应作为企业标准化对象[①]：

（1）反复次数很高者；

（2）能系列化者；

（3）需要量多者；

（4）同样的手续、方法、步骤，有众多人重复实施者；

（5）不良、抱怨、缺点等，发生次数很高者。

企业标准化的对象是企业生产、技术、经营、管理等各项活动中的重复性事物和概念。根据要求，应对以下方面制定企业标准[②]：

（1）产品标准；

（2）生产、技术、经营和管理活动所需的技术标准、管理标准和工作标准；

（3）设计、采购、工艺、工装、半成品以及服务的技术标准；

（4）对已有国家标准、行业标准或地方标准的，鼓励企业制定严于国家标准、行业标准或地方标准要求的企业标准，在企业内部适用。

事实上，标准体系具有系统效应、结构优化、有序和反馈控制等四方面的管理原理，因此，企业标准化基本原则为简化、统一、协调、优化等。企业标准体系文件是多体系整合的，应发挥各自优势，实现 $1+1>2$，使企业整体管理更为优化。企业标准制定、修订时应遵守的原则：

（1）贯彻执行国家和地方有关的法律、法规、规章和强制性标准；

（2）充分考虑顾客和市场需求，保证产品质量，保护消费者利益；

（3）积极采用国际标准和国外先进标准；

（4）有利于扩大对外经济合作和国际贸易；

（5）有利于新技术的发展和推广；

（6）企业内的企业标准之间、企业标准与国家标准或行业标准、地方标准之间应协调一致。

---

① 钟朝嵩. 公司标准化实践法［M］. 上海：复旦大学出版社，2008：10－11.

② GB/T 15496—2003《企业标准体系——要求》［S］.

企业标准化工作的基本要求表现在如下几个方面①：

（1）贯彻执行国家和地方有关标准化的法律、法规、方针政策；

（2）建立和实施企业标准体系；

（3）实施国家标准、行业标准和地方标准；

（4）制定和实施企业标准；

（5）对标准的实施进行监督检查；

（6）采用国际标准和国外先进标准；

（7）积极参加国内、国际有关标准化活动。

企业开展标准化活动的主要内容是建立、完善和实施标准体系，制定、发布企业标准，组织实施企业标准体系内的有关国家标准、行业标准和企业标准，并对标准体系的实施进行监督、合格评价和评定并分析改进。企业领导者应明确各部门各单位的标准化职责和权限，为全体员工积极参与创造条件和环境，提供必要的资源，规定标准化活动过程和程序的规范化、科学化、系统化的系统活动。②

（二）建筑企业标准的实施

企业标准制定以后，实施标准化最困难的在于开始时的导入。应使管理者了解标准化的意义，从教育和训练着手，试点而后推广。最好组织一个推行委员会，并有具体人员各负其责，随时追查和检讨。③ 实施标准的基本原则包括：

（1）实施标准必须符合国家法律、法规的有关规定；

（2）国家标准、行业标准、地方标准中有关强制性标准，企业必须严格执行；

（3）不符合强制性标准的产品，禁止出厂、销售和进口；

（4）纳入企业标准体系的标准都应严格执行；

（5）出口产品的技术要求，依照进口国法律、法规、技术标准或合同约定执行。

实施标准的程序包括制订实施标准计划、实施标准的准备、正式实施标准、实施监督和评估等。企业应对其建立的标准体系是否符合相关标准的要求以及标准体系运行的有效性和效率进行评审，该评价可由企业组织自我评价，

---

① GB/T 15496—2003《企业标准体系——要求》[S].

② 沈同，姚晓静，王长林. 企业标准化基础知识 [M]. 北京：中国计量出版社，2007：30 - 44.

③ 钟朝嵩. 公司标准化实践法 [M]. 上海：复旦大学出版社，2008：92 - 94.

也可申请社会机构确认。具体评价方法主要是通过评价人员的观察、提问、听对方陈述、检查、比对、验证等获取客观证据的方式进行。根据检查记录表和评分表的评价结果，对不符合标准要求的项目制定纠正和预防措施，并跟踪实施和改进。①

二、建筑企业标准化战略实施准备

战略实施非常注重效率，需要在众多人间进行协调，因而需要激励和领导技能，以克服实施过程中可能变革的阻力。其他问题可能还包括需要进行组织变革、任务和目标的确认和考核、资源的配置、生产过程调整和人员变动等。此外，建立一种有利于变革的企业环境和支持战略的文化也很重要。②

从项目管理的角度分析，企业标准化战略的实施也是一个项目开展过程，有标准化战略的发起、策划、战略实施、监控等几个阶段。标准化战略的实施和推进需要在组织、资源和技术等方面予以保障，因此需要建立这样几个基础③：

（1）建立一个能动用生产能力和资源的组织以保证标准化战略的顺利开展；

（2）有足够的预算和资源投入到标准化战略成功至关重要的价值链之中，如关键标准的开发、关键技术的研发等；

（3）建立支持标准化战略的政策和程序；

（4）提高关键价值链的运作质量，保证实施效率；

（5）建立沟通渠道和信息交流系统，使得员工能够知获信息并能承担战略角色；

（6）确定个体任务和目标，将报酬和激励与业绩和公司战略实施相联系；

（7）创建支持标准化战略实施的工作环境和公司文化；

（8）发挥领导作用，激励、带动员工不断提高标准化战略的水平。

作为一项战略计划实施，导入该战略非常重要也是最困难的时期。建筑企业实施标准化战略将会对散漫、随意等行为予以约束，因此需要精密、细致的工作氛围和强力的推进。许多文献提到中国企业在标准化战略过程中存在问题

---

① GB/T 19273—2003《企业标准体系——评价与改进》［S］.
② 弗雷德·戴维. 战略管理［M］. 李克宁，译. 北京：经济科学出版社，2004：255–291.
③ 亚瑟·A. 汤姆森，A. J. 斯迪克兰斯. 战略管理：概念与案例［M］. 段盛华，王智慧，译. 北京：北京大学出版社，2000：285–303.

的关键在于企业领导的重视程度①和相关企业文化的建立②等。因此，在企业标准化过程中，非常关键的是要注意标准化核心作用之一是在整个组织内维持运营和流程一致性的一种文化。通过标准化程序和过程，消费者信心得到保证，品牌信誉得到增强，市场也得到了扩张。③

三、建筑企业标准化战略实施监控和提高

质量管理和质量管理体系的变化证明了新理念的演绎和发展，最重要的变化之一就是质量的动态性。④ 从一个质量管理的视角分析，在建筑企业实施标准化战略过程中应采用一种"过程方法"的技术，即为了产生期望的结果，由过程组成的系统在组织内的应用，连同这些过程的识别和相互作用，以及对这些过程的管理。这可对过程系统中单个过程之间的联系以及过程的组合和相互作用进行连续控制。PDCA 方法可适用于所有过程管理质量的提高，该方法共有 8 个步骤、4 个阶段。⑤

P——策划：根据顾客或者用户的要求和组织的方针，为提供结果建立必要的目标和过程，包括收集资料、分析问题、确定待解决目标、制订实施计划4 个步骤；

D——实施：执行既定的措施和计划；

C——检查：根据方针、目标和产品要求，对过程和产品进行监视和测量，并报告结果；

A——处置：采取措施，以持续改进过程绩效，包括检查总结和制定新标准、提出新问题进入下一个循环两个步骤。

一个 PDCA 循环图（即戴明环）如图 4－14 所示。其中推动循环的关键节点在于最后的总结和提高阶段，这是需要制定新的标准，包括技术标准、管理

---

① 李忠涛，徐冉. 我国中小企业实施标准化战略的分析与研究 [J]. 中外企业家，2010（Z1）：48－51.

② 吴新春，李灵，白汉芳，等. 标准发展战略提升企业实力 [J]. 企业标准化，2006（5）：24－26.

③ Krish. Standardisation as a Competitive Strategy [EB/OL].（2009－10－27）. http：//ayushveda. com/blogs/business/standardisation-as-a-competitive-strategy/.

④ Alan Griffith，Paul Watson. Construction Management：Principles and Practice [M]. Hampshire：Palgrave Macmillan，2004：258－262.

⑤ GB/T 19001—2008《质量管理体系——要求》[S].

标准和工作标准等的更新和提高。

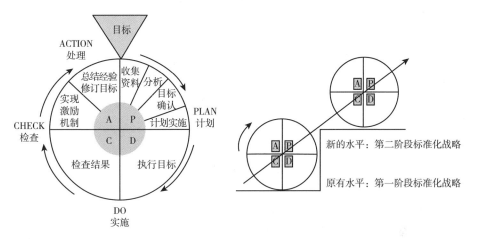

图4-14 基于质量改进过程PDCA循环的标准化战略实施

资料来源：GB/T 19000—2008《质量管理体系——基础和术语》[S].

建筑企业在实施标准化战略过程中应实时加以监控和反馈，并适时总结经验、加以提高，以达到标准化战略质量和绩效的持续改进。

第四节

本章小结

本章主要探讨建筑企业标准化战略的选择与实施问题。企业标准化战略的基本模式有标准领先战略、标准跟随战略、自主开发标准化战略、兼容标准化战略、标准联合开发战略等。每种战略模式都有各自的使用条件、优势与劣势，企业标准化战略可以根据这几个基本模式予以组合。

企业外部环境尤其是企业所在行业的背景、行业技术特性、法律政策、相关产业支持程度、竞争对手情况等因素对企业标准化战略选择具有较大影响。根据企业自身资源和能力，企业标准化战略发展阶段可以划分为入门阶段、起步阶段、跟进阶段、发展阶段、赶超阶段五个阶梯。实施企业标准化战略时，技术标准战略、管理标准战略、工作标准战略等所使用的工具非常多。

建筑企业在实施标准化战略中，应根据企业战略总体目标，在评估了企业内外部环境以后，确定适合的标准化战略目标，并选择合适的战略形态和工具，在实施中实时予以监控，适时总结和提高战略实施水平和战略绩效。

第五章

建筑企业标准化战略绩效
评价体系和方法

本章主要在前文分析的基础上说明建筑企业标准化战略绩效评价体系的总体设计和评价方法的选择。在此基础上，构建建筑企业标准化战略绩效的初始评价体系并选择合适的评价方法。

第一节
标准化战略绩效评价基本理论

一、绩效与战略绩效评价

企业绩效（performance）有很多定义。一个主要观点认为绩效就是结果，即"在特定时间范围，在特定工作职能或活动上产生出的结果记录"。或者说，业绩是活动的最终结果。[①] 这种以结果或产出为导向的理解在实践中很常见。但是，如果绩效评价中过分强调结果，则可能出现很严重的后果，如将个人利益、短期利益和局部利益取代组织利益、长期利益和整体利益等。管理和控制缺乏灵活性或者标准缺乏现实性时，人们就丧失了识别组织整体目标的能力，行为就可能偏离组织发展方向，从而产生机能障碍。[②]

另一种观点认为绩效是行为过程。绩效不与结果等同的原因有多个方面：首先，许多工作的结果并非完全是员工的工作所带来的，也有可能是个体不能

[①] 李业昆. 绩效管理系统研究 [M]. 北京：华夏出版社，2007：2 – 5.

[②] 斯蒂芬·P. 罗宾斯. 管理学 [M]. 4 版. 黄卫伟，等译. 北京：中国人民大学出版社，1997：488 – 490.

控制的因素或者外部因素等所带来的。其次，员工完成工作的机会不完全平等，而且并非每个人所做的每一件事情都与工作目标相关。最后，过分强调结果，这将造成个体只关心最终的目标，其他的事情无论重要性如何都得不到重视，包括一些重要的流程和人际因素如相互合作协调等。①

因此，企业绩效一般不仅包括结果也包括行为，尽管对于不同的企业以及不同的人员，在其总体绩效中二者所占比例可能不同。绩效是结果与行为的统一体，意味着绩效不仅关注做事的结果，还关注做事的过程或行为。评估时，建立起来的控制可能集中于结果，也可能集中于活动或行为。行为控制通过政策、规则、标准操作规程以及命令来规定如何做事，而结果控制则集中于最终结果，通过运用目标、业绩指标或里程碑来规定实现什么。② 两者具有一定的替代性，如表5-1所示，这两种方式各有适用范围。

表5-1 合适的绩效控制和测度方式

类别	结果的性质	结果与行为的关系	适合的控制和测评方式
第一类	难以明确测评指标	有明确的因果关系	行为控制
第二类	可以明确测评指标	无明确的因果关系	结果控制

资料来源：J. D. 亨格，T. L. 慧伦. 战略管理精要 [M]. 王毅，应瑛，译. 北京：电子工业出版社，2002：170-172. 引用时有改动。

企业战略绩效评价就是对战略实施过程中的绩效进行评价，通过绩效评价以检查企业工作结果或者行为过程是否达到了预期的战略目标或者符合相关要求。

从一个项目管理的角度分析，战略管理过程是一个典型的项目管理过程。项目是为创造某个唯一性（unique）的产品，服务或结果所做的一次性（temporary）努力。所谓一次性，即每个项目都有其确定的起点和终点。所谓唯一性，是指项目涉及以前没有做过的事情。项目管理过程是造成某种结果的一系列行动，包括发起（initiating）、计划（planning）、执行（executing）、监控（monitoring and controlling）、结束（closing）五个基本管理过程。③ 每个企业的战略都是独特的，也是一次性的，因而也就是一个项目。对一个项目来说，项

---

① 石盛林，贾创雄. 战略管理：实践，理论与方法 [M]. 南京：东南大学出版社，2009：158.

② J. D. 亨格，T. L. 慧伦. 战略管理精要 [M]. 王毅，应瑛，译. 北京：电子工业出版社，2002：170-172.

③ ANSI/PMI 99-001-2008. PMI. A Guide to the Project Management Body of Knowledge (PMBOK© Guide) [S]. 4th Ed. Project Management Institute, Inc., Atlanta, 2008：4-6.

目绩效的界定目前主要有四种观点：第一，绩效是结果；第二，绩效是行为；第三，绩效是结果及其产生的过程（行为）的统一体；第四，绩效不仅反映历史事实，也必须关注未来发展。① 目前第三种观点得到最广泛的认同，即绩效一方面是将结果与计划相比的成绩，另一方面绩效的取得也必须关注项目管理的过程。

因此对企业战略绩效进行评价，一方面应关注企业战略最终的结果是否达到了目标规定的要求，另一方面也需要关注企业在生产和经营中是否按照规定做事，包括是否达到了阶段性目标等。

二、企业战略绩效评价的指标及其要素

绩效评价需要通过一系列的指标反映出来，因此评价指标是进行绩效评价的基础性工作。指标（indicator）是表征事件或系统以及事件与系统之间关系的指示变量。指标可分为定性指标和定量指标，本身可进一步合成为指标或指数。指标主要有三种功能：反映功能，描述和反映任何一个时点上或者时期内系统某些方面的发展水平或状况；检测功能，反映功能延伸出来的动态功能；比较功能，衡量两个或两个以上的认识对象所具有的功能。此外，指标体系还要满足适应性、充分性、有效性等功能。②

为了评价系统中各因素之间的复杂关系，人们将各指标按一定的组织结构所形成的相应的指标系列，即形成了对应于被评价系统的指标体系。绩效评价中需要通过指标体系的构建达到战略评价的指导功能、监督功能和评判功能，因此要求这些指标反映出战略评价所具有的代表性、独立性、可信性、实用性、透明性、易于取得等特点。③

为了对评价系统的指标进行定量分析研究，需要对指标体系中的指标进行定量化、标准化处理，可以采用 Bossel 评分标准进行指标的量化。④

---

① 尹贻林，杜亚灵. 基于治理的公共项目管理绩效改善 ［M］. 北京：科学出版社，2010：20 - 50.

② 聂相田，陈钰华. 企业管理绩效评估指标体系的构建 ［J］. 华北水利水电学院学报，2008，29（2）：83 - 86.

③ 邵强，李友俊，田庆旺. 综合评价指标体系构建方法 ［J］. 大庆石油学院学报，2004，28（3）：74 - 78.

④ H. Bossel. Orientors of nonroutine behavior ［M］// H. Bossel（ed.）. Concepts and tools of computer-assisted policy analysis. Basel：Birkhäuser，1977：227 - 265.

权重（weight）用于衡量被评价事物总体中各因素相对重要性的数量值，是决策者的主观评价与指标本身属性的客观度量。权重分为实质性权重和非实质性权重。实质性权重是指权重与被加权因素的乘积可作为具有社会经济意义的实质性统计指标，一般通过相关因素的实际资料分析而获得。非实质性权重包括估价权重、信息量权重、可靠性权重和系统效应权重等，实际上是从不同角度表征被加权因素相对重要程度的相对数，通常采用主观赋权法或客观赋权法进行确定。这些方法包括综合指数法、德尔菲法、层次分析法、环比法、模糊评价法等，下文将继续介绍。

三、评价指标体系及其构建过程

评价指标体系在设计时应遵循科学公正、目的明确、可操作性、系统优化等原则①，也即第二章所说的 SMART 原则。

评价指标构建时，指标系统的选择应体现评价主体的不同要求并能适应企业内外部环境变化的要求。评价体系以战略目标作为绩效评价的起点，将绩效评价纳入整个战略管理的全过程以促进战略目标的实现。应根据因果关系，对企业所选择的战略目标（即决策目标）进行分解，首先构造出第一层次（即一级指标）的指标，再根据因果关系构建第二次、第三次细分指标（即二级指标、三级指标），直至形成具体的用于指导作业层面的业绩指标。所属行业不同，评价指标选取的侧重点也应有所不同。②

指标体系的构建即指标选取及指标之间结构关系的确立过程，对复杂系统这种构建过程应该是定性分析和定量分析相结合的过程。在此过程中不仅需要理论研究和探讨，也需要分析者具有较为丰富的相关背景知识如行业从业经历、学科知识背景等。③ 通过主观确定指标和指标结果然后进行调研和检验使得指标体系更加合理这么一个过程，最终达成构建出符合战略目标和评价指导思想的科学评价体系。

指标评价体系的构建可主要分为两方面的内容，分别说明如下④：

---

① 邓小军，韩惠丽，邵建平. 战略评估探析 [J]. 现代管理科学，2006（12）：26－27.
② 石书玲. 企业战略业绩评价指标系统选择的主要影响变量 [J]. 天津商学院学报，2004，24（6）：18－21.
③ 吴其叶. 浙江省高新技术企业研发中心绩效评估指标体系的构建 [J]. 现代情报，2006，26（7）：173－176.
④ 郭亚军. 综合评价理论、方法及应用 [M]. 北京：科学出版社，2007：6－13.

第一，建立评价体系。本部分主要是对要评价的决策目标进行要素分解，然后进行指标收敛。其中要素分解是指通过所采用的符合评价目的模型分解要素；指标收敛是指根据确定的要素，结合行业与专业领域内容，收集和归集指标到不同的要素（分类），并进行指标的收敛。

第二，建立评价的方法和统计方法，主要内容是确定指标权重和参数赋值。

对于这两部分内容，可以细化为如下几个工作步骤，即：

（1）评价模型的选择：其实质是根据评价的目的，从不同视角（perspective）对被评价对象按要素分解。

（2）指标收集：主要根据被评价对象的属性、评价要求等对评价指标按要素进行分类和归集，形成初始评价指标体系。评价体系中至少要体现要素层和指标层两个层次。指标层的设置根据需要和丰富程度可继续细分成若干层。

（3）指标收敛：对评价指标体系进行分析、折合和取舍，以简化指标、降低评价中的复杂性和管理成本等。一般可采用德尔菲（Delphi）方法确定。

（4）指标权重确定和参数赋值。确定指标权重的方法较多，后文将进行对比分析和选定。

以下即按照这个步骤和方法构建建筑企业标准化战略绩效评价体系，并确定权重，对案例企业进行参数赋值，得到最终的综合评价结果。

第二节

建筑企业标准化战略绩效评价指标体系设计和构建

一、评价指标体系的决策目标

本研究中的建筑企业标准化战略绩效评价的目的是评估确认建筑企业在标准化战略实施过程中的绩效，通过绩效评价以检查建筑企业标准化战略的工作结果是否达到了预期的战略目标或者行为过程是否符合相关要求。评估体系总的目标是达到建筑企业标准化战略最佳绩效，这也是评估体系的决策目标层。

此外，标准化战略绩效评价最终目标还要确定建筑企业标准化战略实施整体水平，并通过该指标及其下一级指标对所有的建筑企业标准化战略整体水平具有比较和分析功能。

二、评价指标的设计原理

建筑企业标准化战略评价指标体系在设计和最终选定时从一个多学科知识综合的视角考虑了多个方面的学科和知识体系，这些理论包括标准化基本理论、项目管理、战略管理、企业标准体系、标准化良好行为企业、质量管理与卓越绩效管理、企业成熟度、平衡计分卡等诸多领域的原理和知识，简要说明如下：

第一，研究指标体系应借鉴项目管理和项目评估等相关原理。在指标体系设计中既考虑了战略实施最终结果，也考虑了实施过程的监控和评估问题，包括对标准化战略绩效评价从战略分析、战略选择到最后战略实施这么一个完整的项目过程本身的评价，因此指标体系涵盖了实施流程的评价（包括战略计划的发起、实施、监控和改进等指标）。

第二，指标体系设计也要考虑战略管理理论相关知识。指标体系设计考虑了控制和测评方法适合性问题。另外，作为一项战略行动，建筑企业标准化战略实施的结果需要评价，但是战略过程包括总体目标的设定、内外部环境分析评估、战略制定、战略实施及最后的战略绩效评价本身等都需要设置指标进行评价。

第三，指标体系设计时还要借鉴我国国家标准《企业标准体系》和"企业标准化良好行为"评价体系的内容，因此指标体系应考虑企业技术标准、管理标准和工作标准等的设计和建立，企业建立的标准体系的符合性和有效性，以及企业生产经营中是否合规（符合标准和规范）的问题。

第四，指标体系设计也要借鉴质量管理基本原理和企业卓越绩效评价中的相关指标。全面质量管理（total quality management，TQM）要求的基本原则如顾客导向、领导作用、全员参与、过程方法、系统管理、持续改进、基于事实的决策、互利的供方关系等[1]，在指标体系中得到全面反映。从一个质量管理的角度分析，建筑企业标准化战略是一个持续的改进过程，需要多次的 PDCA 循环和提升。图 5 - 1 为一个质量管理体系的持续改进模型，通过这个模型，建筑企业标准化战略的决策质量和实施质量就可以得到持续改进。

---

[1]　ISO 9001：2008《质量管理体系——要求》[S].

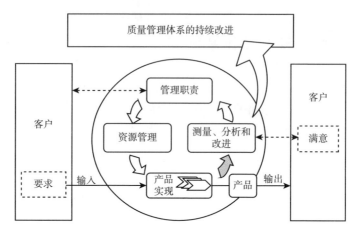

图 5 – 1　以过程为基础的质量管理体系模式

图例注释：增值活动　⟶　　　信息网　⤏

资料来源：GB/T 19000—2008《质量管理体系——基础和术语》[S].

企业卓越绩效评价指标体系的一些相关指标也被引进了本研究指标体系之中，包括领导能力、公司标准化战略、顾客与市场、资源、过程管理、经营结果等方面的指标。[①]

当然，质量管理体系方法与卓越模式之间还是有所差异的，主要在于它们的应用范围不同。我国的 GB/T 19000 族标准［等同采用（idt.）国际标准 ISO 9000：2005《质量管理体系——基础和术语》］提出了质量管理体系要求和业绩改进指南，质量管理体系评价可确定这些要求是否得到满足。卓越模式包含能够对组织业绩进行比较评价的准则，并能适用于组织的全部活动和所有相关方。卓越模式评定准则提供了一个组织与其他组织进行业绩比较的基础。[②]

第五，指标体系设计应考虑组织项目管理成熟度模型（organizational project management maturity model，OPM3[©]）相关理论。[③] 项目管理成熟度模型目前已经开发出 30 多种，其中由美国项目管理协会（PMI）开发的 OPM3 标准体系为组织提供了一种思路以理解组织的项目管理，并以一套全面和广泛基础

---

　①　NIST. 2011 – 2012 Criteria for Performance Excellence [S]. National Institute of Standards and Technology · U. S. Department of Commerce. （http：//www. nist. gov/baldrige/enter/self_started. cfm）

　②　GB/T 19000—2008《质量管理体系——基础和术语》[S].

　③　PMI. Organizational Project Management Maturity Model（OPM3）[S]. Project Management Institute, Inc. , Atlanta, 2008：21 – 28.

的组织项目管理最佳实践（best practice）来测度项目成熟度。OPM3 的目标是提供一种开发组织项目管理能力的基本方法，并使他们的项目与它们组织战略紧密地联系起来。OPM3 有三个基本要素：知识（knowledge），陈述该标准的内容；评估（assessment），提供比较该标准的方法；提高（improvement），设定组织可能变化的阶段。OPM3 模型是一个三维的模型，第一维是成熟度过程改进的四个阶段，第二维是项目管理的九个领域和五个基本过程，第三维是组织项目管理的三个版图层次。

成熟度的四个梯级分别是：标准化的（standardizing）；可测量的（measuring）；可控制的（controlling）；持续改进的（continuously Improving）。其四个梯级如图 5 - 2 所示。

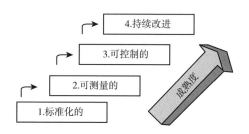

图 5 - 2　OPM3 模型过程改进的四个阶段

资料来源：PMI. Organizational Project Management Maturity Model（OPM3）［S］. Project Management Institute, Inc., Atlanta, 2008：28.

项目管理的九个领域指项目整体管理、项目范围管理、项目时间管理、项目费用管理、项目质量管理、项目人力资源管理、项目沟通管理、项目风险管理和项目采购管理。项目管理的五个基本过程是指启动过程（initiating processes）、计划编制过程（planning processes）、执行过程（executing processes）、控制过程（controlling processes）和收尾过程（closing processes）。这两者都是 PMBOK 知识体系中的基本内容。[1]

组织项目管理的三个版图是单个项目管理（project management）、项目组合管理（program management）和项目投资组合管理（portfolio management）。这几个方面的最佳实践必须符合组织的战略计划。

---

[1]　ANSI/PMI 99 - 001 - 2008. PMI. A Guide to the Project Management Body of Knowledge（PMBOK© Guide）［S］. 4th Edition. Project Management Institute, Inc., Atlanta, 2008：37 - 44.

第六，指标体系设计时也要借鉴平衡计分卡等方面的知识。① BSC 从财务、客户、内部经营、创新与学习四个角度，将组织的战略落实为可操作的衡量指标和目标值的一种新型绩效管理体系，以实现绩效考核中在财务指标与非财务指标之间、定量评价与定性评价之间、客观评价与主观评价之间、组织的短期目标与长期目标之间、组织的各部门之间寻求平衡。BSC 的几个角度分别代表企业三个主要的利益相关者即股东、顾客、员工②，说明如下：

（1）财务视角（financial perspective）：我们如何看待股东们（How do we look at shareholders）？常见的衡量指标有费用标准、收益标准、资本标准如单位成本、利润额、投资收益率等。

（2）客户视角（customer perspective）：客户如何看待我们（How do customers see us）？常见的衡量指标有客户满意度、客户保持率、客户获得率、客户盈利率，以及在目标市场中所占的份额等。

（3）内部经营视角（internal business perspective）：我们应该擅长什么（What must we excel at）？管理者应确认关键内部流程、管理机制，以实现客户最高满意度、组织财务目标最大化，考核指标包括技术管理、质量管理等指标。

（4）创新与学习视角（innovation and learning perspective）：我们能改进和创造价值吗（Can we continue to improve and create value）？企业唯有不断学习与创新并投资于员工能力培训、组织重组、系统改善才能确保长期发展和成功，评价指标主要有员工满意度、员工保持率、员工培训和技能、研发投资等，以及这些指标的驱动因素。③

BSC 一个基本的框架结构如图 5-3 所示。

最后，作为企业标准化战略实践，指标体系构建时标准化基本原理、标准化战略选择等都是需要考虑的。作为在建筑业企业中的实践，标准化战略实施中对建筑业具体行业背景等环境分析和评估也应考虑。

① Robert S. Kaplan, David P. Norton. The Balanced Scorecard: Measures That Drive Performance [J]. Harvard Business Review, 1992 January-February: 70-80.
② 谢艳红，徐玖平. 战略绩效考核工具——平衡计分卡（BSC）[J]. 商业研究，2005（9）：141-143.
③ 吴大军，高荣祥. 平衡计分卡评说 [J]. 财务与会计，2001（11）：11-14.

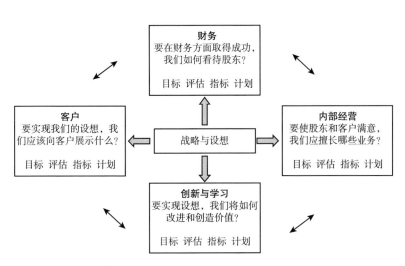

图 5 - 3　平衡计分卡基本框架

资料来源：Robert S. Kaplan and David P. Norton . Using the Balanced Scorecard as a Strategic Management System ［J］. Harvard Business Review，1996，Jan-Feb：176.

三、评价指标的构建和选定

根据以上分析的这些学科的知识和原理，分析建筑企业标准化战略实施相关联的各类企业内外部因素，并考虑企业系统和发展因素等，分析并归纳与企业标准化战略实施和最终结果的各种影响因素，结合指标体系构建原则，按照评价指标体系的功能和决策目标，设计评价指标体系的框架，初步拟定各级各类指标。在此基础上，向有关专家和企业经营者进行咨询并发放调查问卷，根据调查和问卷中的采集数据分析，对指标体系进行修改和调整，从而最终确定评价指标体系。

（一）采用专家讨论会确定构建原则

在建筑企业标准化战略绩效评价指标体系构建中，首先需要对指标体系进行分解、组合和收敛。尽管确定了标准化战略绩效评价指标体系构建的基本原理，但是要完整的构建该体系仍很复杂。为顺利构建评价指标体系，首先需要确定指标体系构建原则和方法。

研究中采用专家讨论会形式确定了评价指标体系构建原则。研究中首先组织了一个五人专家小组。所组成的专家在行业中从业经历平均为 21.2 年，至少具有高级职称和研究生以上学历。经过三轮讨论，专家组就评价指标体系的构建原则基本达成了如下意见：

第一，以卓越绩效企业评价为基础构建。企业战略绩效评价、标准化绩效评价、标准化战略评价等在第二章中已经有较多介绍。具体来说，企业战略绩效评价主要有平衡计分卡、企业价值增长、企业利益相关者要求、企业生命周期、产业价值链等评价方法和体系，标准化绩效评价有标准化良好行为企业、卓越绩效企业等评价方法和体系，标准化战略评价有卓越绩效成熟度等方法和体系。第三章的分析说明企业标准化战略对企业绩效的影响是全面的，因此标准化绩效评价体系应采用企业全面绩效评价体系，在这方面应用较多的是平衡计分卡和卓越绩效企业。两者比较，卓越绩效企业作为一种标准评价工具，与标准化战略绩效评价更具有天然的一致性。在卓越绩效评价准则中指标体系一目了然，而平衡计分卡指标体系各家自成体系，很不一致。而且卓越绩效评价准则体系更加完整全面。因此，企业标准化战略绩效评价指标体系主要以企业卓越绩效指标体系为基础设计和构建是可行的。

此外，对比中国 GB/T 19580—2004《卓越绩效评价准则》与美国《卓越绩效评价准则 2011 – 2012》（2011 – 2012 Criteria for Performance Excellence），尽管中国的标准体系更加全面宏大，但也因此显得体系庞杂而缺乏核心价值观念。[①] 因此指标体系设计和构建主要以美国《卓越绩效评价准则 2011 – 2012》（2011 – 2012 Criteria for Performance Excellence）为主体构建。

第二，应体现标准化战略绩效的特点。尽管这是一个企业全面绩效评价体系，但这首先是有关企业标准化战略的绩效评价体系。

第三，在建筑企业标准化战略绩效中同样重视过程和结果，即在指标体系设计中一方面重视战略实施的最终结果，另一方面也重视战略评估、选择和实施过程本身。

当然，需要指出的是，战略最终选择与企业绩效相关。在传统的结构—行为—绩效（structure-conduct-performance，S-C-P）分析框架下，行业内企业间的战略互动将影响企业最终绩效（绩效也反过来也影响到企业的战略行为）[②]，如图 5 – 4 所示。其中，市场行为包括定价、研发（R&D）、成本策略、新产

---

① 冯树玉. 中国《卓越绩效评价准则》PK 美国波多里奇奖标准［EB/OL］.（2009 – 2 – 18）. http：//www. globrand. com/2009/153833. shtml.

② 植草益. 产业组织论［M］. 卢东斌，译. 北京：中国人民大学出版社，1988：2 – 20.

品开发、营销策略以及并购（M&A）等战略行动。① 显然按照这种分析思路，标准化战略行动方案选择也将影响到企业绩效。

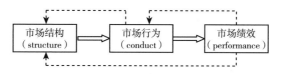

图 5 - 4　产业组织 S - C - P 分析框架

资料来源：［日］植草益. 产业组织论［M］. 卢东斌，译. 北京：中国人民大学出版社，1988：16. 图 1 - 2.

在本研究中，标准化战略的选择是指其选择合理性而言的。所谓合理性，是指决策的合理性②，即在既定情况下挑选一种令人满意的或者足够好的行动方案，也即满意决策，是一种有限合理性③。这种选择的合理性主要是基于其决策过程而言的。在本研究中也根据这种思想设计绩效评价指标体系，而非最终选择的具体的标准化战略行动方案。

第四，体现各种指标之间的平衡，即指标体系要综合体现定性定量指标、主观评价与客观评价指标、长期目标和短期目标指标、组织内各部门之间评价指标等的平衡。这是借鉴平衡计分卡的知识和原理。

第五，体现标准化战略绩效持续改进的观点。绩效评价一方面是为了考核和评定，更重要的是企业的成长和发展，因此建筑企业标准化战略绩效评价体系的设计最终也应使得企业标准化战略能够不断改进和提升。

第六，体现行业特点。建筑企业标准化战略绩效评价可在这些评价体系的基础上构建，并体现建筑企业的特色和行业背景等因素。

第七，体现上文提到的各种学科知识的综合。

专家会议还对建筑企业标准化战略绩效评价的主要影响因素（一级指标体系）提出了意见，这些因素包括领导作用、标准化战略策划、顾客导向、知识管理、以人为本的管理、过程管理、经营结果评价、标准化战略行动、内部运营、创新、员工学习与培训 11 个方面。

---

① 罗伯特·D. 巴泽尔，布拉德利·T. 盖尔. 战略与绩效——PIMS 原则［M］. 吴冠之，等译. 北京：华夏出版社，1999：29 - 31.

② 哈罗德·孔茨，海因茨·韦里克. 管理学［M］. 9 版. 郝国花，等译. 北京：经济科学出版社，1993：160 - 162.

③ 赫伯特·西蒙. 现代决策理论的基石：有限理性说［M］. 杨砾，徐立，译. 北京：北京经济学院出版社，1989：45 - 62.

（二）初始指标体系的确定

综合评价指标体系的构建一般可以采用专家调研法（Delphi）、最小均方差法、极小极大离差法等。[①] 但是在此之前先对待评价目标按照其属性进行过程分解和内容分解确定所评价指标的初始结构可能是较好的，尽管可能在独立性、可操作性、均衡性等方面存在问题，但是比较全面，易于下一步更细致的筛选。[②] 指标体系构建中，对指标集 $X = \{x_1, x_2, \cdots, x_m\}$ 中各类子指标的构建原则为[③]：

$$\begin{cases} X = \bigcup_{i=1}^{m} x_i \\ x_i \cap x_j = \varnothing,\ i \neq j \end{cases} \quad (i,j = 1,2,\cdots,m)$$

即指标应尽可能全面且不重复。[④] 然后根据以上探讨的构建原则、构建方法等，采用专家调研法和聚类分析法对建筑企业标准化战略绩效评价指标影响因素进行初步分层，从而构建初始评价体系。[⑤] 评价中首先构建一级指标体系，方法如下：

1. 专家调研法评分

选取 9 位专家对评选出来的评价体系中的 11 个要素进行打分，按照其对评价目标的贡献度以"对评价目标具有决定性贡献""对评价目标具有很大贡献""对评价目标具有较大贡献""对评价目标贡献不大""对评价目标几乎没有贡献"五种模糊语言定量化评分，分值分别对应为 5、4、3、2、1。

2. 指标的初步甄别

对专家评分总分较少的几种要素予以分析，确定其对评价目标的贡献度较

---

① 胡永宏，贺思辉．综合评价方法［M］．北京：科学出版社，2000：10－22．

② 马辉，杜亚灵，王雪青．公共项目管理绩效过程评价指标体系的构建［J］．软科学，2008，22（7）：49－54．

③ 郭亚军．综合评价理论、方法及应用［M］．北京：科学出版社，2007：15－16．

④ 邵强，李友俊，田庆旺．综合评价指标体系构建方法［J］．大庆石油学院学报，2004，28（3）：74－78．

⑤ 邵立周，白春杰．系统综合评价指标体系构建方法研究［J］．海军工程大学学报，2008，20（3）：48－52．

小或者确认可以合并到其他指标之中时，剔除该指标，将余下的指标进行聚类分析。剔除的指标有"以人为本的管理"和"过程管理"两个因素。

3. 进行聚类分析

采用 SPSS 软件进行聚类分析，用逐级连线的方式连接性质相近的因素，对所有影响因素进行聚类。

4. 初始指标体系的得出

聚类分析完成以后，再次征询专家意见，即可得到建筑企业标准化战略绩效评价初步指标体系。

最终在建筑业标准化战略评价初始体系指标中选定了六部分的内容：标准化战略策划与实施、客户聚焦、内部管理改善、学习和成长性、项目管理改善、经济效益提升。

这些指标需要进一步细化为具体的二级指标和三级指标子系统。考察这些指标，可按照其性质划分为定性指标和定量指标（也可称为软指标和硬指标）。其中有些指标为可直接测度的量化指标（定量指标），如经济效益指标及其各下一级别的指标。有些指标则需要通过模糊语言表征，并通过专家意见及问卷调查的方式获得数据，建立起指标体系的具体内容①，如一些优化程度指标，只能通过专家经验判断评分。

四、评价指标体系的基本框架及其说明

按照上述方法多次进行分析，在此基础上最终建立了建筑企业标准化战略绩效评价完整的初始三级指标体系，说明如下。

（一）一级指标体系及其说明

从建筑企业标准化战略的实施全过程监控出发，结合上述提及的多学科知识综合分析的角度，以及上文提到的指标设计原理，初定一级指标为标准化战略策划与实施、客户聚焦、内部管理改善、学习和成长性、项目管理改善、经济效益提升等六个方面，见图 5 – 5。一级指标是评价体系决策中的准则层。

---

① 郭衍根. 以指标绩效评估分析体系提升企业效益水平［J］. 机电信息，2004（19）：55 – 58.

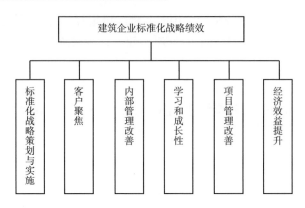

图 5-5 建筑企业标准化战略绩效评价一级指标结构框架

一级指标六个方面内容的说明如表 5-2 所示。

表 5-2 一级指标体系及其说明

评价目标	一级指标	一级指标说明
建筑企业标准化战略绩效	标准化战略策划与实施	指标意义：主要说明标准化战略的策划与实施等内容 二级指标：战略开发、战略实施
	客户聚焦	指标意义：主要说明客户识别和沟通、客户参与、客户管理等内容 二级指标：顾客倾听方式、顾客参与渠道、关键客户管理
	内部管理改善	指标意义：主要说明企业内部流程改善、标准化体系建设等内容 二级指标：标准体系建设、工作流程标准化
	学习和成长性	指标意义：主要说明企业的研发能力提升、标准战略文化形成、员工能力和培训、知识管理等内容 二级指标：研发能力提升、标准化文化形成、员工能力提升、知识管理
	项目管理改善	指标意义：主要说明建筑企业项目管理能力、项目管理目标（质量、时间、安全）实现能力、项目对企业战略实现的支持性等内容 二级指标：质量水平提升、进度管理、安全与风险管理、合同管理
	经济效益提升	指标意义：主要说明企业的经济绩效如成本节约、效益增加，也包括标准化战略实施增量成本考核等 二级指标：收入、运营成本、标准化增量成本

（二）二级指标体系

在一级指标体系内，能够表现系统各种要素相互联系，并且本质上反映出系统内部的行为和关系等因素。这是对一级指标体系的进一步细化。初步设定二级指标 18 个。二级指标和三级指标都是评价体系决策中的子准则层。

（三）三级指标体系

这一层是对二级指标体系的进一步细化，也称为指标层，包含对方案层或措施层具体的评价指标。根据前文分析的指标选择原理，这些指标应可以测度或者衡量，数据可以获得和比较。初步设定三级指标 75 个。

所有指标体系中有两个中间层，一级指标 6 个、二级指标 18 个、三级指标 75 个构成的建筑企业标准化战略绩效评价体系见表 5 - 3 至表 5 - 8。这是一个初始清单表，需要进一步调查和探讨后确定。

表 5 - 3　　　　标准化战略策划与实施细化指标初始结构

一级指标	二级指标	三级指标
标准化战略策划与实施	战略开发	企业外部环境分析合理性
		企业内部因素分析合理性
		战略目标选定适配性
	战略实施	战略计划开展次序
		资源动用合理性
		人员配置合理性
		行动计划的权变性
		绩效测量的科学性

表 5 - 4　　　　　　　　客户聚焦细化指标初始结构

一级指标	二级指标	三级指标
客户聚焦	顾客倾听方式标准化	客户沟通渠道改善
		关键客户识别能力
	顾客参与渠道标准化	企业和工程建设信息的外向传递
		客户数据收集和管理
		顾客回访
		业主满意率
	关键客户管理	业主管理标准化
		政府部门管理标准化
		社区居民管理标准化
		供应商管理标准化

表 5 – 5 内部管理改善细化指标初始结构

一级指标	二级指标	三级指标
内部管理改善	标准体系建设	技术标准体系建设及合理性
		工作标准体系建设及合理性
		管理标准体系建设及合理性
		采标层次
		企业标准体系协调性
		企业标准制定方式合理性
	工作流程标准化	管理系统设计合理性
		流程系统可靠性
		标准执行能力
		员工工作效率
		流程改善能力
		库存和材料管理

表 5 – 6 学习和成长性细化指标初始结构

一级指标	二级指标	三级指标
学习和成长性	研发能力提升	设计能力
		技术装备率
		图纸交底能力
	标准化文化形成	高层领导重视程度
		员工标准化意识提升
		标准化建设制度和保障措施
		标准化建设宣传和动员
	员工能力提升	标准化知识培训
		员工工作满意度
		沟通渠道顺畅性
	知识管理	商誉和商标管理标准化
		专利管理标准化
		企业技术秘密管理
		信息管理标准化
		文档管理标准化
		知识共享

表 5 - 7　　　　　　　　　项目管理改善细化指标初始结构

一级指标	二级指标	三级指标
项目管理改善	质量水平提升	产品合格率
		产品优秀率
		产品返工率
	进度管理	里程碑管理
		准时完工
		进度滞后管理
	安全与风险管理	机械故障率降低
		人员安全事故率降低
		财产意外损失减少
		文明施工程度提高
		安全措施到位
	合同管理	中标率提升
		合同履约率
		供应商准时发货
		准时付款率
		应收账款降低

表 5 - 8　　　　　　　　　经济效益提升细化指标初始结构

一级指标	二级指标	三级指标
经济效益提升	收入增加	市场份额增加
		施工产值增加
		资产利润率提高
		国际市场产值增加
	运营成本降低	原材料消耗率
		施工机械台班增产率
		单位人工费用降低率
		资产负债率降低程度
		管理费降低程度
	标准化增量成本减少	咨询费
		认证费
		培训费
		标准编制费
		实施检查费

第三节

建筑企业标准化战略绩效评价方法的比较与选定

一、标准化战略绩效评价方法比较

在建筑企业标准化战略绩效评价体系建立以后，下一步就是权重赋值，即确定评价体系中每一个指标相对上一级指标的重要性程度。在第二章介绍了众多的绩效评价方法，其中有定性方法也有定量方法，每种方法都有各自的优缺点。现代综合评价理论的发展非常迅速，综合评价方法日益复杂化、数理化，经常需要处理多元数据，进行多元数据分析，且日益智能化，评价体系更加庞大和宽泛。① 常见的定性评价方法有调查法和专家评判法（德尔菲法）、情景分析法等；定量评价方法有蒙特卡洛模拟、主成分分析法等；定性定量相结合的方法有层次分析法、模糊综合评价法、灰色系统分析法、人工神经网络评价法等，具体分类如表 5 – 9 所示。

表 5 – 9 　　　　　　　　常用的绩效评价方法分类

定性评价方法	定量评价方法	定性定量相结合评价方法
调查法 专家评判法（德尔菲法） 情景分析法	蒙特卡罗模拟法 主成分分析法	层次分析法 模糊综合评价 灰色系统分析法 人工神经网络评价法

以下简要介绍其中的一些主要方法。

（一）调查和专家评判法

这是一种依靠专家经验判断的决策方法。通过因素识别将决策中所需的所有因素列出来，设计因素结构表，然后利用专家经验对各评估因素的重要性进行评估，再综合成整个决策的决策目标。具体步骤如下：首先确定每个因素的权重；然后确定每个风险因素的等级值；最后将每个风险因素的权重与等级值相乘，进行归一化处理，求出该因素的得分，再将各因素得分求和，从而得出

---

① 孙利荣. 现代综合评价理论的发展 [J]. 中国统计，2009（6）：59 – 61.

决策方案的总得分。[①]

（二）层次分析法

层次分析法（analytic hierarchy process，AHP）最早由萨蒂（T. L. Saaty，1990）提出的一种对定性问题进行定量分析的多目标决策方法。[②] AHP将决策中所面临的一系列复杂、困难的多目标决策问题当做一个整体的系统，再将各个目标分解成为多个子目标或影响因素，从而构建多个具有不同影响程度指标的若干层次，针对系统中定性指标通过模糊量化方法得出项目的层次单排序和项目总排序，从而作为项目多目标、多方案优化决策的系统方法。

层次分析法的特点是深入分析与研究项目实施过程，掌握其顺利进行的相关风险因素以及相互之间的内在关系，结合定量分析使得项目决策过程数量化，明确项目过程的风险因素及影响程度，从而有利于项目的决策与实施。因此AHP相对简单，而且能够有效评估项目的不确定性和主观性，可适用于重要的决策过程及结果难以量化的项目等领域。[③] 但其缺陷是多项目标的一致性难以检验，判断目标矩阵的构建直接对评估结果构成影响等。

（三）模糊综合评价法

模糊综合评价法是一种基于模糊数学的综合评标方法。该综合评价法根据模糊数学的隶属度理论把定性评价转化为定量评价，即用模糊数学对受到多种因素制约的事物或对象做出一个总体的评价。它具有结果清晰，系统性强的特点，能较好地解决模糊的、难以量化的问题，适合各种非确定性问题的解决。[④]

（四）人工神经网络分析法

人工神经网络是由人工建立的以有向图为拓扑结构的动态系统，它通过对连续或断续的输入状态而进行相应的信息处理。这种分析评价方法通过模拟大脑的生理机理与机制，把问题系统分解为若干相互联系的因素节点，把这些节

① 王家远，刘春乐. 建设项目风险管理［M］. 北京：中国水利水电出版社，2004：72 - 79.

② T. L. Saaty. How to make a decision：The Analytic Hierarchy Process［J］. European Journal of Operational Research，1990（48）：9 - 26.

③ 杨开云，张亮，王晓敏，等. 城乡水务BOT项目风险分析［J］. 中国农村水利水电，2007（04）：69 - 72.

④ 喻晓艳，王松江. 房地产动态风险管理模型［J］. 决策管理，2008（19）：33 - 34.

点分为输入层、隐含层、输出层，这样就构建了一个有向图系统，然后利用大量的输入层、输出层的有效历史数据对这个系统进行训练，以此来确定各层节点之间旳相互联系，使系统具备记忆能力，从而预测分析一些输入已知、输出未知的问题。人工神经网络分析具有自学习功能、联想存储功能、高速寻找优化解的能力，但是需要较长时间的训练，并且数据准备工作量很大，隐含层中的可变参数太多，从而比较复杂和成本较高。[①]

（五）灰色聚类评估法

灰色聚类评估是将聚类对象对于不同聚类指标所拥有的白化素，按几个灰色类进行归纳，以判断该聚类对象属于哪一类。其一般步骤如下：（1）确定聚类对象和聚类指标；（2）确定灰类及白化函数；（3）求标定聚类权；（4）求聚类系数；（5）构造聚类矩阵；（6）聚类，说明某个聚类对象归属的灰类。[②]

从结果看，层次分析法和灰色聚类分析法在算法上所得的结果完全一致。但是层次分析法用矩阵法来计算，从理论上讲较为合理，而且有数学推导证明。其次如果要调整考核指标权重，只需调整相关的系数矩阵即可，而且相关矩阵还可作为效绩评价定量分析的依据；同时能将矩阵转换成曲线或图表格式，使考核结果一目了然。层次分析法可以得到绩效评估的排序，但无法做到分类，灰色聚类分析法恰好弥补其不足。

对以上各种主要方法优缺点的比较如表5-10所示。

表5-10　　　　　　　　　不同评估方法的优缺点比较

评估方法	特　点	优　点	缺　点
调查和专家评判法	可使用于建设工程项目的整个生命周期，但主要适用于前期决策缺乏数据资料而主要依据专家经验和决策者的意向时	1. 方法简单、易懂、节约时间且适应性很强 2. 无须原始数据。简单明了，易操作 3. 系统全面，使用率高	1. 主观因素影响较大，需咨询具有足够经验和技巧的专家 2. 粗略的评价方法，不能得到很精确的结果，只能作为进一步分析参考的基础

---

① 韩力群. 人工神经网络理论、设计及应用［M］. 北京：化学工业出版社，2007：20-40.
② 邓聚龙. 灰理论基础［M］. 武汉：华中科技大学出版社，2002：397-402.

续表

评估方法	特　点	优　点	缺　点
层次分析法	1. 把研究对象看成一个系统，按人类的常规思维模式进行决策 2. 擅于将复杂的问题进行层次分解，使人们的思维数学化、程序化、系统化 3. 所需要的量化数据较少，更讲求人的主观判断，在要素的相对重要性判断中充分发挥了评价者的主观经验，能处理一些传统最优化方法无法解决的实际问题	1. 是一种系统性的分析方法，能揭示评估因素之间的层次关系 2. 简洁实用易于操作，所需定量数据信息较少 3. 可以对评判结果的逻辑性、合理性辨别和筛选，能确定评估因素的相对权重 4. 对方案评价采用两两比较法可提高评价的准确程度	1. 只能从备选方案中优选方案，不能提供解决问题的新的优化方案 2. 客观的定量数据较少，主观成分较多，难以让人信服 3. 指标过多时，计算量大，难以确定权重 4. 特征值和特征向量的精确求法比较复杂，难以掌握
模糊综综合评价法	1. 将隶属函数的定量刻画和模糊想象的主观定性描述予以整合 2. 依附模糊理论很好地解决了判断的模糊性和不确定性问题	1. 可以体现评价标准、影响因素的模糊性 2. 解决了评价对象的层次性 3. 评价的精确度提高，可对确定性因素在定性分析基础上量化评价	1. 计算复杂，对权重指标的向量确定主观性较强，难以避免专家在评价过程中的主观不确定性和认识上的模糊性 2. 较难确定合适的隶属函数 3. 有时出现超模糊现象，不能解决因评价指标间的相关关系造成的评价信息重复问题
人工神经网络分析法	1. 拓扑结构的动态系统并模拟大脑的生理机理与机制构建的一个有向图系统 2. 适合解决信息不完全、部分指标存在非线性等问题	1. 具有自学习功能 2. 具有联想存储功能 3. 可高速寻找优化解 4. 运用人工神经网络确定指标权重，其网络结构简单	1. 训练一个神经网络可能需要相当可观的时间才能完成 2. 建立神经网络需做的数据准备工作量很大，隐含层中可变参数太多 3. 缺乏理论基础，须改进，尚不具有模糊输入和输出系统
灰色聚类评估法	将聚类对象对于不同聚类指标所拥有的白化素，按几个灰色类进行归纳，以判断该聚类对象属于哪一类	1. 本方法与层次分析法在算法上所得的结果完全一致 2. 解决了层次分析法无法做到的分类问题	1. 计算复杂，合理性不及层次分析法 2. 调整考核指标权重比较麻烦

说明：综合如下各文献而成：1. Li Nan. Risk Analysis and Study for Construction Project Based on Multi-level Grey Evaluation Method：Taking Guangzhou-Shenzhen Riverside Expressway as an Example ［D］. London：University of Greenwich, 2012；2. 胡春兰. 基于模糊灰色理论的建设工程项目风险管理研究 ［D］. 长沙：长沙理工大学, 2010；20 – 24；3. Zhang Shijie. Study on Risk Identification in Real Estate Projects with the Example of B Commodity House ［D］. London：University of Greenwich, 2011；4. 王靖，张金锁. 综合评价中确定权重向量的几种方法比较 ［J］. 河北工业大学学报, 2001, 30（2）：52 – 57.

综上所述，每一种评价技术的提出都是伴随着具体决策问题的出现和需要而产生的，都有其特点、适应性和独特的解决问题的方式。在决策评价中必须灵活地运用以上各种评价方法，从决策目标的不同角度出发进行评价，对用不同评价方法评价出来的结果进行综合、分析、计算，最后得到总的决策目标的数量值或者相对优越性。①

决策中评价的困难在于如何处理定量分析中的不确定性。实践中大多数决策评价只是根据专家的主观经验或个别项目管理者的判断，决策评价和数据获得缺乏科学性，这样数据采集可信度较差，使得后续的计划和政策制定上随意性较强。因此保证决策评价中数据可信度极为重要。②

二、标准化战略绩效评价方法的选定

在本研究中评价方法的选择需要考虑的因素包括评价指标的全面性、结果与目标之间的匹配性、原理和操作的可行性、结果有效性以及对研究人员的能力要求等各方面。此外，还要考虑评价中的成本问题，包括时间、精力和资金支出等成本。进一步通过表5-11所示的方法判断各种评价方法的优势和劣势。③

表5-11　　　　　　　　各种绩效评价主要方法的进一步比较

	调查和专家评判法	层次分析法	模糊综合评价法	人工神经网络分析法	灰色聚类评估法
评价指标的全面性	一般	好	好	好	好
评价结果与项目目标的匹配性	中等	较好	好	好	较好
理论原理复杂性	一般	较难	较难	很难	难
操作实施的难度	简单	较难	较难	困难	较难
评价结果有效性	较差	好	好	好	好
研究人员要求	专业性较强	专业性强	专业性强	专业性强	专业性强
成本	较小	较小	较小	很大	较小

---

① Li Nan. Risk Analysis and Study for Construction Project Based on Multilevel Grey Evaluation Method：Taking Guangzhou-Shenzhen Riverside Expressway as an Example [D]. London：University of Greenwich，2012.

② Zhang Shijie. Study on Risk Identification in Real Estate Projects with the Example of B Commodity House [D]. London：University of Greenwich，2011.

③ Yao Zhiwei. Study on the Application of FAHP in TOD Project of Land Development along the Metro Line：Taking Shenzhen Metro Line 9 Projects as an Example [D]. London：University of Greenwich，2013.

从表 5 - 11 可以看出，对建筑企业标准化战略绩效评价来说，考虑到本研究的性质，时间、资金支出等成本因素，计算的困难性，最终评价效果，以及评价方法的可推广性等方面的因素，选择层次分析法是一种较好的评价方法。因此，本研究中最终选定层次分析法作为最终的评价方法，同时结合调查和专家访谈等方法进行。这样，各方面成本较小、效果较好、原理和计算相对比较简单从而具有可推广性等优点。在时间比较充足、资金比较宽裕时，可以考虑更加复杂和耗时较长的方法如人工神经网络分析等技术。

第四节

基于层次分析法的建筑企业标准化战略绩效评价方法

本节主要说明层次分析法的基本原理与算法，以及基于层次分析法的建筑企业标准化战略绩效评价方法的过程和步骤。

一、层次分析法的基本原理与步骤

层次分析法为解决构成因素众多、复杂且往往缺少定量数据的综合评价系统的决策和排序中提供了一种新的、简洁而实用的建模方法，其核心是将一个待评价的复杂系统分解为若干个组成部分或因素。采用层次分析法评价复杂系统大致需要经历四个步骤[①]：

（1）建立问题的递阶层次结构；

（2）构造两两比较判断矩阵；

（3）由判断矩阵计算被比较元素相对权重；

（4）计算各层次元素的组合权重。

（一）递阶层次结构的建立与特点

应用 AHP 分析决策问题时，首先要根据目标、因素及子因素相互间的关系构建一个递阶层次结构。层次模型中的元素按其属性及关系形成若干层次，层次数目与问题的复杂程度及需要分析的详尽程度有关，一般层次数不受限制。但是通常每一层次中各元素所支配的元素一般不要超过 9 个，否则会给两

---

① 孟强. 基于层次分析法的房地产项目风险管理［J］. 商业经济，2008（6）：15 - 16.

两比较判断带来困难。递阶层次结构中自上而下通常包括目标层、准则层、指标层和方案层等，上一层次的元素作为准则对下一层次有关元素起支配作用。说明如下①：

（1）目标层表示决策者分析问题的预定目标，一般只有一个元素，为最高层。

（2）准则层表示衡量是否达到目标的判别准则，有时还有子准则层（中间层）。

（3）方案层表示可选方案或措施，也叫措施层、最底层。

典型的层次结构如图 5-6 所示。

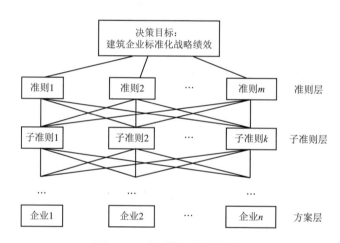

图 5-6　典型的层次结构模型

资料来源：王家远，刘春乐. 建设项目风险管理［M］. 北京：中国水利水电出版社，知识产权出版社，2004：80-81.

（二）　构造判断矩阵

利用层次分析法评价和决策时每一层次中各因素相对重要性（即权重）并不一定相同且常常不易定量化。此外，当影响某因素的因子较多时，直接考虑各因子对该因素有多大程度的影响时，常常会因考虑不周全、顾此失彼而使决策者提出与他实际认为的重要性程度不相一致的数据，甚至有可能提出一组隐含矛盾的数据。人们一般采用两两比较的方法对相对重要性做出判断，并引

---

① 秦寿康. 综合评价原理与应用［M］. 北京：电子工业出版社，2003：23-24.

入合适的数值标度表示出来写成判断矩阵。[①]

对于 n 个元素 A_1，A_2，$\cdots$，A_n 来说，通过两两比较，得到两两比较判断矩阵。判断矩阵是表示针对上一层某要素而言，本层与它有关联的各要素之间的相对优越程度。例如，方案层 P_1，P_2，$\cdots$，P_n 与上一层准则 C_k 有关联。建立这几个方案关于准则 C_k 的判断矩阵如下：

$$A = (a_{ij})_{n \times n} = \begin{bmatrix} a_{11} & a_{12} & \cdots & a_{1n} \\ a_{21} & a_{22} & \cdots & a_{2n} \\ \cdots & & & \\ a_{n1} & a_{n2} & \cdots & a_{nn} \end{bmatrix}$$

其中 a_{ij} 表示对于准则 C_k 而言，方案 P_i 与 P_j 比较而得到的相对重要程度或优越性。a_{ij} 的取值是根据资料、统计数据、征求专家意见以及系统分析员的经验而确定的。层次分析法采用 1 - 9 标度法，使两要素的比较得以定量描述。其取值如表 5 - 12 所示。

表 5 - 12　　　　　　　　层次分析法中 1 - 9 标度的含义

标度	含　义
1	表示两个因素相比，具有相同重要性
3	表示两个因素相比，前者比后者稍重要
5	表示两个因素相比，前者比后者明显重要
7	表示两个因素相比，前者比后者强烈重要
9	表示两个因素相比，前者比后者极端重要
2，4，6，8	表示上述相邻判断的中间值
1，2，$\cdots$，9 的倒数	若因素 i 与因素 j 的重要性之比为 a_{ij}，则因素 j 与因素 i 重要性之比 $a_{ji} = \dfrac{1}{a_{ij}}$

资料来源：T. L. Saaty. How to make a decision：The Analytic Hierarchy Process ［J］. European Journal of Operational Research，1990，48：9 - 26.

判断矩阵 A 应具有以下特性：

$$a_{ii} = 1$$

$$a_{ij} = \frac{1}{a_{ji}} \quad (i,j = 1,2,\cdots,n)$$

[①]　王莲芬，许树柏. 层次分析法引论 ［M］. 北京：中国人民大学出版社，1990：10.

$$a_{ij} = \frac{a_{ik}}{a_{jk}} \quad (i,j,k = 1,2,\cdots,n)$$

（三）层次单排序及一致性检验

判断矩阵 A 对应于最大特征值 λ_{max} 的特征向量 W，经归一化后即为同一层次相应因素对于上一层次某因素相对重要性的排序权值，这一过程称为层次单排序。[①]

对给出的判断矩阵还要做一致性检验，检验步骤如下：

1. 计算一致性指标 CI（consistency index）

$$CI = \frac{\lambda_{max} - n}{n - 1} \qquad (5-1)$$

式中 λ_{max} 为矩阵 B 的最大特征值。

2. 查找相应的平均随机一致性指标 RI（random index）

Saaty 给出的 RI 的值如表 5-13 所示。

表 5-13　　　　　　　层次分析法中 1-11 阶平均随机一致性指标 RI

矩阵阶数 n	1	2	3	4	5	6	7	8	9	10	11
RI	0	0	0.58	0.90	1.12	1.24	1.32	1.41	1.45	1.49	1.51

资料来源：萨蒂（T. L. Saaty）. 层次分析法——在资源分配、管理和冲突分析中的应用 [M]. 许树伯，等译. 北京：煤炭工业出版社，1988：26.

3. 计算一致性比例 CR（consistency ratio）

$$CR = \frac{CI}{RI} \qquad (5-2)$$

当 $CR < 0.10$ 即认为判断矩阵具有满意的一致性。否则需要修正：在第一轮所得的排序基础上，重新调整各个元素的排列。然后根据意识中重新排列的概念，寻出第二个成对比较矩阵，这样下去，一致性应该会越来越好。

---

① T. L. Saaty. How to make a decision：the analytic hierarchy process [J]. Interfaces, 1999, 24 (6)：19-43.

（四）层次总排序及一致性检验

以上所求的是一组元素对其上一层中某元素的权重向量。在方案决策中需要最低层中各方案对于目标的排序权重，从而进行方案选择。总排序权重要自上而下地将单准则下的权重进行合成。[①]

设上一层次（A 层）包含 A_1，$\cdots$，A_m 共 m 个因素，它们的层次总排序权重分别为 a_1，$\cdots$，a_m。又设其后的下一层次（B 层）包含 n 个因素 B_1，$\cdots$，B_n，它们关于 A_j 的层次单排序权重分别为 b_{1j}，$\cdots$，b_{nj}（当 B_i 与 A_j 无关联时，$b_{ij} = 0$）。现求 B 层中各因素关于总目标的权重，即求 B 层各因素的层次总排序权重 b_1，$\cdots$，b_n，计算按图 5 - 7 所示方式进行，即 $b_i = \sum\limits_{j=1}^{m} b_{ij} a_j$，$i = 1$，$\cdots$，$n$。

层次 B	A_1	A_2	$\cdots\cdots$	A_m	B 层次元素组合权重
	a_1	a_2	$\cdots\cdots$	a_m	
B_1	b_1^1	b_1^2	$\cdots\cdots$	b_1^m	$b_1 = \sum\limits_{i=1}^{m} a_i b_1^i$
B_2	b_2^1	b_2^2	$\cdots\cdots$	b_2^m	$b_2 = \sum\limits_{i=1}^{m} a_i b_2^i$
$\vdots$	$\vdots$	$\vdots$	$\vdots$	$\vdots$	$\vdots$
B_n	b_n^1	b_n^2	$\cdots\cdots$	b_n^m	$b_n = \sum\limits_{i=1}^{m} a_i b_n^i$

图 5 - 7　层次总排序矩阵

对层次总排序也需作一致性检验以排除经过一致性检验的各层次综合起来考察时所累积的较严重的非一致性。[②] 设 B 层中与 A_j 相关的因素的成对比较判断矩阵在单排序中经一致性检验，求得单排序一致性指标为 $CI(j)$，（$j = 1$，$\cdots$，m），相应的平均随机一致性指标为 $RI(j)$ [$CI(j)$、$RI(j)$ 已在层次单排序时求得]，则 B 层总排序随机一致性比例为

[①]　Thomas L. Saaty. Decision making with the analytic hierarchy process [J]. Int. J. Services Sciences，2008，1（1）：83 - 98.

[②]　杜栋，庞庆华. 现代综合评价方法与案例精选 [M]. 北京：清华大学出版社，2005：17 - 19.

$$CR = \frac{\sum_{j=1}^{m} CI(j) a_j}{\sum_{j=1}^{m} RI(j) a_j} \qquad (5-3)$$

当 $CR < 0.10$ 时，认为层次总排序结果具有较满意的一致性并接受该分析结果。

二、层次分析法在建筑企业标准化战略绩效评价中的应用

层次分析法的核心是将一个复杂的系统（如建筑企业标准化战略绩效评价）分解为若干组成部分或要素，并将这些因素按属性不同分成若干组，根据目标、因素及子因素相互间的支配关系构成一个递阶层次结构。因此，在应用层次分析法评价建筑企业标准化战略绩效时，主要有两方面的困难[1]：

（1）根据实际情况构建满足评价目标的递阶层次结构，这是绩效评价能否成功的关键；

（2）尽可能实现定量化评价。

因此，应用层次分析法评价建筑企业标准化战略绩效时也有较大缺陷：

（1）层次分析法中的主观评价和定性分析较多，受到评价者的思想、经验和知识等主观因素影响较大。因此选择专家非常重要，且专家必须认真负责。[2]

（2）对于更高精度的绩效判断决策尚难达到，因此需要较多专家共同判断矩阵中的标度以消除误差、提高精度。

在建筑企业标准化战略绩效评价中，前文已经根据相关理论构建了初始评价指标体系。下一步需要进行调研，确定这些指标体系是否合适。在此基础上，需要进行深入调查和数据收集，并根据收集的数据对企业标准化战略实施绩效进行评价。这些工作将在下一章继续探讨。

第五节

本章小结

企业绩效不仅包括结果也包括行为过程。应根据科学公正、目的明确、可

---

[1] 王家远，刘春乐. 建设项目风险管理［M］. 北京：中国水利电力出版社，2004：79-90.

[2] 胡永宏，贺思辉. 综合评价方法［M］. 北京：科学出版社，2000：43-44.

操作性、系统优化等原则构建企业战略评估体系。建筑企业标准化战略绩效评价总体目标是建筑企业标准化战略整体水平及各企业标准化战略整体水平的比较，在评价指标设计和最终选定时借鉴了多学科综合知识包括标准化基本理论、项目管理、战略管理、企业标准体系、标准化良好行为企业、质量管理与卓越绩效管理、企业成熟度、平衡计分卡等诸多领域的原理和知识。在此基础上，采用专家会议、专家调查和聚类分析等工具，确定了建筑企业标准化战略绩效评价的初始三级指标体系，包括准化战略策划、客户聚焦、内部管理改善、学习和成长性、项目管理改善、经济效益提升等六个方面，以及18个二级指标、75个三级指标。

比较建筑企业标准化战略绩效评价最常用的几种方法，包括调查法和专家评判法、层次分析法、模糊综合评价法、人工神经网络评价法、灰色聚类评估法等，各有优缺点。层次分析法由于具有成本较小、效果较好、简单有效等特点而被选定。这种方法有四个基本步骤：

（1）建立问题的递阶层次结构；

（2）构造两两比较判断矩阵；

（3）由判断矩阵计算被比较元素相对权重；

（4）计算各层次元素的组合权重。

建筑企业标准化战略绩效评价时，应设计较贴切的层次结构并将解决定性因素的定量化问题。进一步的探讨需要调研，这也是下一步的工作。

第六章

建筑企业标准化战略绩效
评价方法的应用

本章主要说明所构建的建筑企业标准化战略绩效评价体系和方法的实际应用及其检验。通过具体案例企业的标准化战略绩效实际评价和分析，探索评价体系的合理性、企业标准化战略实施的改进等。

第一节
评价体系最终完善及指标权重确定

一、标准化战略绩效评价体系的完善

在对案例企业标准化战略进行绩效评价时，首先应由一套科学合理、反映标准化战略实施目标的评价体系。在第五章中初步构建了该评价体系（见表5-2至5-7有关的初始评价结构表），但是应结合实际情况并根据专家调查进行最终的修改和确认。为此，需要再次征询专家意见。最终采用调查问卷对有关专家进行调查，意见征询问卷详见附录三"评价指标体系意见调查问卷"中表C-1至表C-7。该调查问卷随着标准化战略绩效评价体系中的指标权重调查问卷、建筑企业标准化战略实施情况调查问卷一起发放。

最终的评价体系是征询案例企业高层领导和相关专家意见并再次一起协商的结果。相比初始表单，最终评价体系做了局部调整。比如，增加了三级指标设计单位管理标准化（O_{235}）、监理单位管理标准化（O_{236}）。此外，二级指标（O_{23}）客户管理改为关键外部利益相关者管理。这次修改反映了专家意见中有关项目管理、质量管理的核心概念与企业管理相关概念等方面的差异。在质量管理中，顾客或客户（customer），或者更准确地说，用户（user），是指接受产品的组织或个人。[①] 顾客可以是组织内部的或外部的。而在企业管理领域，顾客一般是指企业产品的最终使用者（end-user），他们一般是组织外部的。从本研究的性质出发，由于这是企业战略绩效评价，因此最终采用了"关键外部利益相关者"这么一个术语。最终指标体系由三级构建，其中一级指标 6个、二级指标 18 个、三级指标 77 个。建筑企业标准化战略绩效评价体系完善以后可以进行下一步工作即对评价指标赋权以确认各指标在评价系统中的权重，详见附录四"评价指标权重意见调查问卷"。

一般来说，对第三级指标即指标层指标而言，在指标 x_1, x_2, …, x_m 中，可能含有五种指标：极大型指标，如产值、利润等，取值越大越好；极小型指标，如成本、能耗等，取值越小越好；居中型指标，如标准化战略选择的合理性等，越是符合企业实际情况越好；区间型指标，取值越接近某个固定区间 [a，b] 越好；定性指标等。可以采用标准化处理法、极值处理法、线性比例法、归一化处理法、向量规范法或者功效系数法进行预处理。[②] 具体处理结果见附录五"企业标准化战略实施情况调查问卷"。

二、评价指标权重确定

（一）评价指标权重意见调查

在最终完善了建筑企业标准化战略绩效评价体系以后，下一步的工作即为对所构建的体系内各层级指标进行赋权。仍然采用问卷调查的办法对有关专家进行调查。共发放问卷 17 份，最终回收问卷 13 份。

应用层次分析法时由于采用传统评分法计算权重过于复杂，且标度为 1～9 比较细化，难以准确打分。为提高问卷信度，问卷设计中将传统评分法修改为改进的两两比较 AHP 方法设计问卷进行调查。这样，被调查专家只需比较各因素之间的相对重要性即可，从而大大降低了问卷调查的难度和填表时间。问卷调查完毕，再进行相应的数据转换、计算和分析等后期处理工作，从而减

---

① GB/T 19000—2008《质量管理体系——基础和术语》[S].
② 郭亚军. 综合评价理论、方法及应用 [M]. 北京：科学出版社，2007：15－21.

少了专家的调查时间，极大提高问卷的可信度。[①]

（二）权重计算及一致性检验

由于在调查中采用改进 AHP 方法，专家只需按照自己的知识和经验对评价指标进行排序即可。在每一层次各指标相对于上一层次指标进行两两比较，相对于上一层次指标 O，指标 O_i 与 O_j 比较后的判断值 $\left(\dfrac{O_i}{O_j}\right)$ 的分值其含义如表 6-1 所示。

表 6-1 　　　　　　　　成对因素比较的两分制比例标度及其含义

分值 $\left(\dfrac{O_i}{O_j}\right)$	相对于上层指标 O 而言，O_i 与 O_j 重要性比较
0	O_i 没有 O_j 重要
1	O_i 和 O_j 一样重要
2	O_i 比 O_j 重要

资料来源：李成珠. 工业企业标准化良好行为绩效评估方法研究［D］. 广州：华南理工大学，2010.

以某一专家对一级指标的相对重要性排序为例，计算调查中该专家对一级指标的权重设置，计算其初始判断矩阵如表 6-2 所示。

表 6-2 　　　　　　　　　某专家一级指标初始判断矩阵

O	O_1	O_2	O_3	O_4	O_5	O_6	积分
O_1	1	2	2	0	0	2	7
O_2	0	1	0	0	0	2	3
O_3	0	2	1	0	0	2	5
O_4	2	2	2	1	0	2	9
O_5	2	2	2	2	1	2	11
O_6	0	0	0	0	0	1	1

对表 6-2 进行积分转换比较和计算，即得到一级指标的标准判断矩阵，如表 6-3 所示。

---

① 梁韬. 城域突发事故灾难承灾能力评估体系研究［D］. 广州：华南理工大学，2007.

表 6-3　　　　　　　　　　　　一级指标标准判断矩阵

O	O_1	O_2	O_3	O_4	O_5	O_6
O_1	1	7/3	7/5	7/9	7/11	7
O_2	3/7	1	3/5	3/9	3/11	3
O_3	5/7	5/3	1	5/9	5/11	5
O_4	9/7	9/3	9/5	1	9/11	9
O_5	11/7	11/3	11/5	11/9	1	11
O_6	1/7	1/3	1/5	1/9	1/11	1

1. 构建判别矩阵

$$[O] = \begin{bmatrix} 1 & \dfrac{7}{3} & \dfrac{7}{5} & \dfrac{7}{9} & \dfrac{7}{11} & 7 \\[2mm] \dfrac{3}{7} & 1 & \dfrac{3}{5} & \dfrac{3}{9} & \dfrac{3}{11} & 3 \\[2mm] \dfrac{5}{7} & \dfrac{5}{3} & 1 & \dfrac{5}{9} & \dfrac{5}{11} & 5 \\[2mm] \dfrac{9}{7} & \dfrac{9}{3} & \dfrac{9}{5} & 1 & \dfrac{9}{11} & 9 \\[2mm] \dfrac{11}{7} & \dfrac{11}{3} & \dfrac{11}{5} & \dfrac{11}{9} & 1 & 11 \\[2mm] \dfrac{1}{7} & \dfrac{1}{3} & \dfrac{1}{5} & \dfrac{1}{9} & \dfrac{1}{11} & 1 \end{bmatrix}$$

2. 利用方根法计算每一行元素的乘积 M_i 并归一化特征向量

采用下列公式（6-1）计算每一行元素的归一化特征向量。

$$M_i = \prod_{i=1}^{n} P_{ij}(i = 1, 2, \cdots, 6)$$

$$\overline{W_i} = \sqrt[n]{M_i}$$

$$W_i = \frac{\overline{W_i}}{\sum_{i=1}^{n} \overline{W_i}}$$

$$(6-1)$$

则 $W = [W_1, W_2, W_3, W_4, W_5, W_6]^T$ 即为所求的特征向量。

求得 $W = [0.194, 0.083, 0.139, 0.250, 0.306, 0.028]^T$

3. 计算矩阵的最大特征根

$$
[O][W] = \begin{bmatrix} (OW)_1 \\ (OW)_2 \\ (OW)_3 \\ (OW)_4 \\ (OW)_5 \\ (OW)_6 \end{bmatrix} = \begin{bmatrix} 1 & \dfrac{7}{3} & \dfrac{7}{5} & \dfrac{7}{9} & \dfrac{7}{11} & 7 \\[2mm] \dfrac{3}{7} & 1 & \dfrac{3}{5} & \dfrac{3}{9} & \dfrac{3}{11} & 3 \\[2mm] \dfrac{5}{7} & \dfrac{5}{3} & 1 & \dfrac{5}{9} & \dfrac{5}{11} & 5 \\[2mm] \dfrac{9}{7} & \dfrac{9}{3} & \dfrac{9}{5} & 1 & \dfrac{9}{11} & 9 \\[2mm] \dfrac{11}{7} & \dfrac{11}{3} & \dfrac{11}{5} & \dfrac{11}{9} & 1 & 11 \\[2mm] \dfrac{1}{7} & \dfrac{1}{3} & \dfrac{1}{5} & \dfrac{1}{9} & \dfrac{1}{11} & 1 \end{bmatrix} \cdot \begin{bmatrix} 0.194 \\ 0.083 \\ 0.139 \\ 0.250 \\ 0.306 \\ 0.028 \end{bmatrix} = \begin{bmatrix} 1.167 \\ 0.500 \\ 0.834 \\ 1.501 \\ 1.835 \\ 0.167 \end{bmatrix}
$$

最大特征根 $\lambda_{\max} = \sum_{i=1}^{n} \dfrac{[O][W]_i}{n \cdot W_i} = \sum_{i=1}^{6} \dfrac{[O][W]_i}{6 W_i} = 6.001$

4. 进行判断矩阵的一致性检验

根据公式（5-1）计算一致性指标 $CI = \dfrac{\lambda_{\max} - n}{n - 1} = \dfrac{6.001 - 6}{6 - 1} = 0.0002$

根据公式（5-2）计算随机一致性比例 $CR = \dfrac{CI}{RI} = \dfrac{0.0002}{1.24} = 0.00016 < 0.1$

因此该矩阵通过了一致性检验。

5. 层次总排序的一致性检验

依次沿递阶层次结构由上而下逐层计算，即可计算出最低层因素相对于最高层（总目标）的相对重要性排序值，即层次总排序。因此，层次总排序是针对最高层目标而言的，最高层次的总排序即为其层次总排序。进行层次总排序的一致性检验，需要从高层到低层至少跨越两个层级进行，即从 O 层到 O_{ij} 层，从 O_i 层到 O_{ijk} 层，以及从 O 层到 O_{ijk} 层进行检验。采用公式（5-3）和图 5-7 层次总排序矩阵计算相应数值，所有组合均通过了层次总排序的一致性检验。

最新研究指出，在 AHP 方法中层次总排序一致性检验不必进行，即在实际操作中是可以省略的。①

（三）分配权重

对每个专家给出的初始判断矩阵分别计算可得到每个指标的权重数，加总后取其平均值即得每个指标的最终权重值。并按照同样方法计算权重系统内各二级指标和三级指标的权重。具体分配数值见本章第二节的表 6 - 8、第三节的表 6 - 12。

第二节

案例企业 KGJ 公司标准化战略实施与绩效评价

一、KGJ 公司概况

云南昆钢钢结构有限公司（以下简称 KGJ 公司）成立于 2003 年 12 月，是昆明钢铁控股公司下属二级全资法人子公司，注册资金 1.66 亿元，本部位于云南省安宁市，为一家专业从事钢结构设计、加工、制作、安装的钢结构制造特级企业。② 公司主要从事钢结构设计、研发、制作和工民用建筑的施工，同时经营着商品混凝土、建筑装饰、机电设备检修等相关业务，现有大型装备 200 余台套，共有在岗员工 1400 人。公司具有众多建筑行业资质证书，包括国家房屋建筑工程一级、冶金工程施工总承包一级、钢结构工程专业承包一级、钢结构制造一级、土石方工程专业承包工程一级等资质；公司在昆明市经济技术开发区、楚雄州禄丰工业园、昆钢本部建设的大型钢结构生产加工基地，年生产钢构件能力达 30 万吨；所生产的新型墙板，填补了西南地区空白。

KGJ 公司秉承"为社会提供最专业的检修安装队伍和优质的服务"理念，愿景为"依托昆钢、发展钢构、建设云南"，通过"云南中小学校舍安全工程钢结构项目""工业园区钢结构标准化厂房"和"钢结构民用建筑"等科技项目开发，业务遍布云南全省并已拓展至四川、广西、老挝、越南。

---

① 杜栋，庞庆华. 现代综合评价方法与案例精选 ［M］. 北京：清华大学出版社，2005：17.
② 中国钢结构协会. 中国钢结构协会第十四号公告 ［R］. （2012 - 10 - 19）. http：//www. cnc-scs. org/gonggao14. asp.

近年来，KGJ 公司坚持把推动科技进步和科技创新作为加快企业发展的重要途径，结合公司实际情况，制定了一系列的政策措施，把科技工作提到了一个更高的平台上。2012 年以来，随着 KGJ 公司首届科技工作大会的顺利召开，以及各项专利、标准、图集的成功申报，公司的科技工作有了跨越式的发展。

为了更好地发挥科技在企业生产、经营中的重要作用，从机制、体质上保证科技创新工作的顺利开展，KGJ 公司首届科技工作大会上，还成立了钢构公司科学技术委员会，同时研究并成立了实验小组，对钢结构体系连接进行实验研究。

同时，随着知识产权是企业核心竞争力认识的提高，KGJ 公司所属各级单位积极参与了年度专利的申报工作，截至 2011 年 12 月，公司所申报的"一种复合墙板与楼板专用连接件、复合墙板与楼板连接装置、Z 字角钢成型模具一种型钢切割装置、一种钢结构制孔模具、一种钢板弯折用模具、一种分流式电焊枪以及混凝土搅拌站耐磨下料装置"等 9 项专利获得国家受理，使公司申报专利数和专利获受理数都创造了历史新高。

为更好地通过科技提升企业素质、加强企业的核心竞争力，切实做到"走出去"战略，KGJ 公司自成立以来，重视科技研发与人才引进，先后与昆明理工大学、西安建筑科技大学、云南财经大学等科研院校展开合作，并取得了可观成效。特别是 2011 年，KGJ 公司还申报了"新型复合墙板应用关键技术研究及示范工程"等相关的 5 个自主科技项目，为形成更多的自主知识产权奠定了坚实的基础。

2012 年 5 月，KGJ 公司与国内科研院所等 9 家单位组成的产学研联合舰队所承办的国家 863 项目课题"标准化钢结构房屋体系关键技术及产业化"攻克钢结构房屋体系关键技术，实现了产业化应用，并产生了一大批研究成果、取得良好的经济、社会和环保效益。[①] 该成果经鉴定认为总体上达到国际领先水平，并因此荣获中国科学院中国产学研合作促进会创新与促进奖评审委员会 2012 年中国产学研合作创新与促进奖。[②]

此外，KGJ 公司还在全公司内部充分调动广大职工的积极性，积极开展

---

① 云南省科技厅. 产学研联合推进标准化钢结构房屋体系产业化 [N/OL]. (2012 – 05 – 17). http：//www. ynstc. gov. cn/kjxx/201205170013. htm.

② 中国产学研合作促进会创新与促进奖评审委员会. 2012 年中国产学研合作创新与促进奖公示 [R]. (2012 – 11 – 19). http：//www. casnt. com/html/kejixiangmushenbao/20121122/887. html.

"五小"活动[①]、鼓励工人和技术人员进行技术改进[②]等。

总的来说，KGJ公司是一个在特定技术领域——钢结构工程制作安装方面全国领先、整体水平不断发展、在西南地区具有较大竞争力的大型建筑企业。

二、KGJ公司标准化战略选择

（一）KGJ公司的发展现状及问题

钢结构工程在防震、紧急救灾、环境保护等方面具有独特优势。由于地震多发等因素，西南地区对钢结构工程需求量很大，而且很多项目是政府投资工程如校安工程、安居房建设等。在这种背景下，KGJ公司以自己在钢结构工程制作、施工等方面的竞争优势迅速开拓云南及西南地区的市场，业务发展较快。表6-4是该公司近三年的营业额和利润额。

表6-4　　　　　　　　　KGJ公司近年营业收入及利润

年　度	2010	2011	2012
注册资本（万元）	33667	33667	33667
总资产（万元）	186696	216368	243574
销售收入（万元）	136776	125073	117300
净利润（万元）	1758	2024	1019
钢结构产量（万吨）	3.0	3.0	2.5
钢结构产能（万吨）	5.0	5.0	5.0
在岗员工（人）	1400	1400	1400

尽管近年来KGJ公司高速发展，但是在这个过程中，也存在很多问题，主要有：

第一，企业经济绩效较差。从表6-4中可以发现，随着国家宏观调控增强，KGJ公司近三年销售收入下滑，主营业务钢结构制作安装产能一直不饱

---

①　共青团云南昆钢钢结构有限公司委员会. 关于组织开展2012年青年"五小"成果评审活动的通知［R/OL］. (2012-06-16). http：//kgbabaxiang. com/index. php？action=news&news_id=92.

②　云南昆钢钢结构有限公司机电检修安装一分公司. 炉窑砌筑吊装方式的改进［EB/OL］. (2012-10-18). http：//kgbabaxiang. com/index. php？action=news&news_id=123.

和。且公司利润率一直在 1% ～2% 之间，远低于省内同行企业。表 6 - 5 是云南省建筑业和企业近年发展情况，可见随着经济发展和科技进步，建筑业总产值、劳动生产率等都有较大幅度上升，企业利润率也上升到 3% 左右。相比本省内其他企业，KGJ 公司的资产周转率、投资收益率等都较低。

表 6 - 5　　　　　　　云南省建筑业和建筑企业经济发展数据表

指标	2011 年	2010 年	2009 年	2008 年	2007 年	2006 年	2005 年	2004 年	2003 年	2002 年
建筑业总产值（亿元）	1868.40	1510.96	1196.22	906.91	756.68	672.35	539.37	448.25	396.80	358.24
建筑工程总产值（亿元）	1666.80	1354.55	1025.72	803.39	673.78	581.35	475.97	374.85	351.21	318.14
安装工程总产值（亿元）	156.00	125.24	102.52	85.77	67.26	77.84	50.20	34.10	31.06	27.59
建筑业增加值（亿元）	272.38	243.70	196.49	164.04	141.40	140.07	96.28	84.01	79.10	76.15
建筑业企业利税总额（亿元）	120.97	105.59	75.62	58.66	50.90	41.60	36.21	23.53	21.47	16.78
建筑业企业利润总额（亿元）	61.88	50.53	38.67	27.91	26.63	18.70	18.77	9.04	8.01	4.66
按总产值计算的建筑业企业劳动生产率（元/人）	209120	192488	168987	138551	118310	106638	97853	76097	69238	69236
按总产值计算的国有建筑业企业劳动生产率（元/人）	513107	292665	226440	198013	176946	174853	146894		86003	97834

资料来源：中国国家统计局地区年度数据（http：//data. stats. gov. cn/workspace/index？m = fsnd）。

第二，内部管理存在混乱现象。KGJ 公司的成立是在国有企业转轨过程中形成的。2003 年昆明钢铁控股有限公司成立。昆明钢铁控股有限公司为国有独资公司，代表云南省政府对昆明钢铁集团有限责任公司行使大股东的权利，对原昆钢未进入债转股公司的资产进行管理。在这种背景下，KGJ 公司由昆钢控股公司中 8 个单位拼凑在一起形成，以前各单位自行其是、各有各的管理方式。尽管随着国家经济形势的发展、建筑市场的兴盛 KGJ 公司也在持续发展之中，但是在内部财务、市场开拓、技术等方面的不一致现象一直存在，严重影响到了公司下一步发展。此外，公司另有在册但不在岗内退员工 250 人，每年需要支付各种费用如养老金等 2000 余万元，从而成为公司很大的负担。

第三，企业产品线存在问题。由于 KGJ 公司多家单位合并而成，产品非常多，从制造业到服务业等都有，包括钢铁制造、加工、钢结构制作安装、维修检修、设备制造、房地产开发、设计咨询等各方面。作为一个中型建筑企业，产品线过宽，企业的主营业务一直不太突出，企业也没有相应的产品标准。另一重要方面是很多产品相互不配套，产品链条难以衔接。此外，公司主营业务为钢结构制作安装，但是近两年市场形势看淡，收入主要来源却是土建工程施工业务。主营业务不太突出一直是个大问题。

第四，企业在市场开拓方面仍有较多问题需要解决。一是主要项目基本集中于本省内，省外项目较少，市场仍有很大的发展空间。二是市场过于集中于政府投资项目。三是与主要竞争对手云南建工钢结构有限公司的业务相比，仍有较大差距。

第五，客户管理和售后服务等方面存在漏洞，没有受到全公司的一致重视。作为从国有企业改制而来的股份公司，KGJ 公司也存在着忽视客户利益、轻视市场规律等国有企业的一些老毛病。一个关键指标是，随着 KGJ 公司技术能力提升，客户投诉不降反升。2010 年公司客户投诉共 20 例，但 2011 年随着 KGJ 公司最新技术"新型复合墙板应用关键技术研究及示范工程"开发成功并投放市场，客户投诉上升到 34 例，2012 年上半年就有 20 例。其重要原因是新技术应用方面的服务和管理工作严重滞后。钢结构工程中的新型复合板墙不同于传统砖混结构的实心砖墙或者空心砖墙，其内部为泡沫塑料。然而在应用新型复合板墙的工程施工中和施工完毕后都没有技术人或者管理人员告诉客户这二者的差异，结果住户仍按照传统砖墙的方法装修，造成了墙体破坏等，投诉于是大幅度上升。这主要是 KGJ 公司管理标准体系跟不上企业技术标准体系原因所致，尽管技术很领先，但是由于服务管理等方面的原因，反而使得企业的形象和信誉下滑。

由于以上这些原因严重制约了公司下一步发展，KGJ 公司决定推进企业标准化建设，从战略上实施企业的标准化管理。

（二） 企业内外部环境分析和标准化战略选择

KGJ 公司为实施标准化战略首先对企业内外部环境进行了分析。

从外部环境分析，预计今后若干年国家和地区经济发展仍然比较迅速，对各类建筑产品包括钢结构工程需求量仍较旺盛。建筑市场是一个慢周期市场，主要技术变化比较缓慢，企业主要依靠商誉、知识产权等能力提升竞争能力且竞争优势保持较久，因此持续研发和对重要设备的投资很关键。在这方面 KGJ 公司具有技术优势，并且由于母公司昆钢集团的背后支持而具有钢结构制造和施工设备等方面的优势。从法律和政府管制角度分析，由于建筑业政府管制较多，各种业务经营首先需要资质，而目前 KGJ 公司并不缺乏相应资质和市场准入许可。从竞争对手角度分析，尽管在某些领域存在竞争，但是由于技术先进且与主要竞争对手在市场定位等方面存在差异，竞争并不激烈。因此，从外部环境分析，KGJ 公司机会较多且优势比较明显。

这样，KGJ 公司发动标准化战略主要基于内部因素原因，包括提升企业管理水平、增进企业相互间的协调性、改善企业与关键客户的关系等，从而优化企业资源效率，以进一步加强企业竞争能力。

针对企业目前的技术能力和资源状况，KGJ 公司的标准化战略从不同侧面分别展开：

第一，针对企业技术标准，主要采用核心技术自主研发和一般技术采用国家标准的策略。

第二，针对企业管理标准和工作标准，主要采用基准化和采用相应行业和国家标准的策略，借鉴先进企业的经验，并部分开发自己的标准体系。

三、KGJ 公司标准化战略实施

尽管 KGJ 公司陆陆续续地实施标准化管理、制定标准化工作方案等很多年，但是一直没有系统性，不是从企业战略层面而是一种工作必需。2012 年初，经过长期调研和准备以后，KGJ 公司在以前工作的基础上，全面发动了企业标准化战略。主要工作包括如下几个方面：

第一，全面制定公司管理标准体系。这主要是针对企业内部运作不协调等因素而实施的，目标是实现企业运营的协调一致。

第二，积极参与地方和行业标准建设，争取将自己的技术标准转化为地区和行业技术标准。

第三，加强技术联盟之间的合作，进一步深化产学研结合，并通过产学研联盟积极参与国家技术标准制定和行业前沿技术开发工作。

第四，成立内部设计院，全面修订企业产品标准体系。

为了保证标准化战略的顺利开展，公司成立了由各部门负责人组成的标准化领导小组，公司董事长亲自挂帅，力督各部门标准化工作进展落实。同时，将标准化建设工作的目标任务逐一落实到个人，并对各项工作目标确定了最后期限，以确保各项工作在最后期限之前完成。

KGJ公司标准化战略经过近一年的开展和实施，到年底大部分工作告一段落并有了较多成果：

（1）公司全面整理、厘清了各种管理制度和规定，制定了《管理流程图汇编》，内容涉及安全环保、综合办公、资产财务、党群工作、设备能源、审计、工程管理、市场开发、物资供应、人力资源、资质与科技等11类，形成了相对统一、协调的企业管理标准体系和工作标准体系。

（2）在参与地方和行业标准制定方面取得丰硕成果。两项公司技术标准Q/KGS 82—2012《硅酸钙复合墙板通用施工图集》、Q/KGS 81—2012《硅酸钙复合墙板应用技术规程》经过云南省建设厅审核通过成为云南地方标准。《冷成型矩形钢管结构技术规程》作为行业标准，正在国家建设部审核之中待出版。

（3）产学研技术联盟进一步深化，核心成果《标准化钢结构房屋体系关键技术及产业化》项目验收合格并实现了产业化，项目成果达到了世界先进水平。以该项目为带动，形成了一大批企业自主知识产权成果，包括多项专利技术、国家标准、国家级和省部级工法、标准图集等，造就了KGJ公司在国内钢结构工程该领域的技术领先地位。

（4）企业产品标准体系正在整理之中，一套协调、配套的产品链正在形成之中。

四、KGJ 公司标准化战略实施绩效评价

本部分主要说明 KGJ 公司在标准化战略实施以后对其战略绩效评价过程和实施步骤。

（一）问卷设计

调查问卷根据最终完善的建筑企业标准化战略绩效评价体系予以细化。问卷统一采用了五级李克特量表（Likert scale）制作，其中指标有定性指标也有定量指标。

为保证测度的统一性，定量指标统一设置相同的跨度区间。定性指标则根据指标（变量）属性设置不同而略有区别，其中，涉及态度、能力、合理性、效果等方面指标的评判设置从最好到最差的五级李克特量表，可以视为一种序数尺度（ordinal scale）的变量；而涉及事实描述等方面指标基本上属于离散型变量，只能设置成定类尺度（nominal scale）。[1]

指标参数的统一化赋值规定如表 6-6 所示。

表 6-6　　　　　　　　　　指标参数的统一化赋值

指标参数选项	A	B	C	D	E
参数升序分值	0	25	50	75	100
参数降序分值	100	75	50	25	0

（二）数据采集

在问卷设计结束、企业标准化战略绩效评价体系调查表制作完成以后，下一步即进行抽样调查和数据采集工作。数据采集方式有邮寄问卷、个人采访、抽样等。[2] 考虑到本研究的性质和中国的实际，最终采用抽样和个人采访两种方式获取数据。

---

① 李怀祖. 管理研究方法论 [M]. 2 版. 西安：西安交通大学出版社，2004：108-113.

② Dr S. G. Naoum. Dissertation Research & Writing for Construction Students [M]. 3rd Ed. Oxon：Routledge，2013：52-61.

其中，个人采访主要采用半结构化采访方式（semi-structure interview），对 KGJ 公司的运营、战略、财务、项目经理等部门中高层领导进行采访，共采访 6 人次。

问卷最终选定在 KGJ 公司内部负责生产、技术和研发、营销、战略策划、财务等部门中高层以上领导中进行抽样调查。在 KGJ 公司这些部门中间共发放问卷 17 份，最后收回问卷 13 份。问卷返回率达到 76.5%。

（三）调查的信度和效度保证

在调查中应注意信度和效度问题。信度是指调查数据与结论的可靠程度，而效度是指正确性程度，即测量工具能否测出其所测度的对象的特质的程度。[①] 研究中采用了如下方法以保证调查的信度和效度。

1. 信度保证措施

主要有以下措施：

第一，在调查前进行了集中开会，强调了本次调查的重要性，要求据实填写并强调仅仅用于学术研究，无行政方面的措施。

第二，对问卷做了比较亲民的设计。尽管问卷较长，但是形式比较亲切且内容与自己工作相关，因而容易据实填写。

第三，由于调查人数较少，调查者和研究者关系比较亲密，因此容易保证调查中的可信度。

2. 效度保证措施

主要有如下措施：

第一，问卷设计的合理性。不仅综合了多学科知识体系，而且进行了调查和意见征询，使得问卷设计科学、合理、可操作性强。

第二，配合问卷调查，在调查中还对 KGJ 公司关键部门负责人进行深度访谈，以从另一个侧面保证调查结果可靠性。

第三，抽样人群的选定。考虑到本研究中所使用的研究方法，抽样调查的样本确定为 KGJ 公司中高层领导。被调查者对本企业运营和管理各方面比较

---

① 袁方，王汉生. 社会研究方法教程 [M]. 北京：北京大学出版社，1997：187 - 198.

了解，得出的结论比较权威可靠。

3. 问卷的信度分析

对返回的调查问卷需要进行信度分析。本研究利用 SPSS Statistics V17.0 统计分析软件，用克朗巴哈 Alpha 系数（Cronbach α）来检验量表的信度。一般地，α 值大于 0.70 为高信度，小于 0.35 为低信度。[①] 信度分析显示了针对所有评价因素所返回数据的 Cronbach α 系数值都大于 0.7，符合很可信的标准。检验结果说明风险因素返回的调查问卷量表具有很好的一致信度。最终计算结果见表 6-8 中相关数据。

（四）标准化战略绩效评价模型的数值计算

企业标准化战略评价模型中，结合指标权重及其数值，采用线性加权综合评价模型计算模型综合得分[②]，由各级指标无量纲指数及其权重值线性加权构成目标层综合指数，对比根据实际情况划分的指数区间，可以得到 KGJ 公司标准化战略绩效的等级，等级如表 6-7 所示。

表 6-7　　　　　　　　企业标准化战略绩效评价等级划分

标准化战略绩效评价等级	绩效评价状态	得分区间	相应对策
I	优秀	[90, 100]	维持
II	良好	[75, 90)	适当加强
III	合格	[50, 75)	加强
IV	较差	[25, 50)	急需加强
V	很差	[0, 25)	迫切需要加强

资料来源：陈国华，梁韬，张华文. 城域承灾能力评估研究及其应用 [J]. 安全与环境学报，2008，8（2）：156-162.

采用如下计算公式目标层综合指数：

---

① J. P. Cuieford. Fundamental Statistics in Psychology and Education [M]. 4th Ed. New YorK：McGraw Hill, 1965：170-200.

② 海龙，戴良铁. 基于层次分析法的绩效评估指标权重确定方法 [J]. 商场现代化，2005（25）：266-267.

$$O = \sum_{i=1}^{n} \left(W_i \cdot \frac{1}{m} \sum_{j=1}^{m} O_{ij} \right) \qquad (6-2)$$

式（6-2）中，O 为企业标准化战略绩效评价综合指数；

m 为参与评分专家个数；

n 为三级指标个数；

W_i 为各指标 i 的合成权重；

O_{ij} 为第 j 个专家对指标 i 的实际评分制，$0 \leqslant O_{ij} \leqslant 100$。

对标准化战略绩效评价中较差的指标，应采取相应措施予以加强，采用效果指数计算应加强的重点。[1]

$$\delta = W_i \cdot \left(100 - \frac{1}{m} \cdot \sum_{j=1}^{m} O_{ij} \right) \qquad (6-3)$$

式（6-3）中，δ 为指标效果系数，$0 \leqslant \delta \leqslant 100$，$\delta$ 越大表示强化该效果对绩效评价的改善越好，因此是标准化战略改进工作的重点。

W_i 为各指标 i 的合成权重；

m 为参与评分专家个数；

O_{ij} 为第 j 个专家对指标 i 的实际评分制，$0 \leqslant O_{ij} \leqslant 100$。

（五）KGJ 公司标准化战略评价计算结果

根据回收的 13 份调查问卷，按照表 6-6 有关参数赋值方法确定每份问卷每个三级指标的分值并平均取分，然后根据确定的权重分别计算每个二级指标指数和一级指标指数，根据公式（6-2）计算 KGJ 公司标准化战略绩效评价总指数，并根据公式（6-3）计算效果系数。最终结果如表 6-8 所示。

（六）结果分析

1. 综合指标及等级分析

KGJ 公司标准化战略绩效评价的最终结果为 61.627 分，根据表 6-7 赋值说明应标记为Ⅲ等一般级别，说明企业标准化战略取得了一定成效，但是在标准化战略中还有很大的提升空间，企业标准化战略应加强。

---

[1] 李成珠. 工业企业标准化良好行为绩效评估方法研究［D］. 广州：华南理工大学，2010.

表 6－8　KGJ 公司标准化战略绩效评价最终结果

目标决策层	综合指数	一级指标	指数	权重	二级指标	指数	同级权重	复合权重	三级指标	Cronbach α值	效果系数	综合指数	同级权重	复合权重	平均得分
KGJ公司标准化战略绩效评价	61.627	O_1 标准化战略策划与实施	59.983	0.189	O_{11} 战略开发	61.481	0.451	0.085	O_{111} 企业外部环境分析合理性	0.789	1.095	2.033	0.367	0.031	65
									O_{112} 企业内部因素分析合理性	0.753	1.517	1.781	0.387	0.033	54
									O_{113} 战略目标选定适配性	0.796	0.671	1.426	0.246	0.021	68
					O_{12} 战略实施	58.753	0.549	0.104	O_{121} 战略计划开展次序	0.899	0.963	1.226	0.211	0.022	56
									O_{122} 资源流动用合理性	0.873	1.093	1.335	0.234	0.024	55
									O_{123} 人员配置合理性	0.858	0.941	1.602	0.245	0.025	63
									O_{124} 行动计划的权变性	0.797	0.447	0.569	0.098	0.010	56
									O_{125} 绩效测量的科学性	0.780	0.836	1.364	0.212	0.022	62
		O_2 客户聚焦	62.188	0.178	O_{21} 顾客顾所方式标准化	71.276	0.235	0.042	O_{211} 客户沟通渠道改善	0.796	0.712	1.513	0.532	0.022	68
									O_{212} 关键客户识别能力	0.928	0.489	1.468	0.468	0.020	75
					O_{22} 顾客参与渠道标准化	57.300	0.312	0.056	O_{221} 企业和工程建设信息的外向传递	0.878	0.440	0.332	0.139	0.008	43
									O_{222} 客户数据收集和管理	0.826	0.676	0.896	0.283	0.016	57
									O_{223} 顾客回访	0.903	0.685	0.742	0.257	0.014	52
									O_{224} 业主满意率	0.766	0.570	1.212	0.321	0.018	68
					O_{23} 关键外部利益相关者管理	60.841	0.453	0.081	O_{231} 业主管理标准化	0.766	0.689	1.173	0.231	0.019	63
									O_{232} 政府部门管理标准化	0.756	0.624	1.110	0.215	0.017	64
									O_{233} 社区居民管理标准化	0.763	0.746	0.875	0.201	0.016	54
									O_{234} 供应商管理标准化	0.868	0.469	0.733	0.149	0.012	61
									O_{235} 设计单位管理标准化	0.822	0.266	0.339	0.075	0.006	56
									O_{236} 监理单位管理标准化	0.780	0.364	0.676	0.129	0.010	65

目标决策层	综合指数	一级指标	指数	权重	二级指标	指数	同级权重	复合权重	三级指标	Cronbach α值	效果系数	综合指数	同级权重	复合权重	平均得分
KGJ公司标准化战略绩效评价	61.627	O₃ 内部管理改善	57.216	0.154	O₃₁ 标准体系建设	52.997	0.421	0.065	O₃₁₁ 技术标准体系建设及合理性	0.758	0.267	0.946	0.187	0.012	78
									O₃₁₂ 工作标准体系建设及合理性	0.840	0.669	0.485	0.178	0.012	42
									O₃₁₃ 管理标准体系建设及合理性	0.750	0.602	0.513	0.172	0.011	46
									O₃₁₄ 采标层次	0.769	0.125	0.232	0.055	0.004	65
									O₃₁₅ 企业标准体系协调性	0.758	0.802	0.630	0.221	0.014	44
									O₃₁₆ 企业标准制定方式合理性	0.925	0.582	0.630	0.187	0.012	52
					O₃₂ 工作流程标准化	60.283	0.579	0.089	O₃₂₁ 管理系统设计可靠性	0.832	0.813	1.077	0.212	0.019	57
									O₃₂₂ 流程系统可靠性	0.713	0.775	1.071	0.207	0.018	58
									O₃₂₃ 标准执行能力	0.756	0.556	0.835	0.156	0.014	60
									O₃₂₄ 员工工作效率	0.768	0.689	1.077	0.198	0.018	61
									O₃₂₅ 流程改善能力	0.853	0.253	0.469	0.081	0.007	65
									O₃₂₆ 库存和材料管理	0.821	0.456	0.846	0.146	0.013	65
		O₄ 学习和成长性	62.262	0.151	O₄₁ 研发能力提升	65.401	0.324	0.049	O₄₁₁ 设计能力	0.834	0.665	1.350	0.412	0.020	67
									O₄₁₂ 技术装备率	0.852	0.745	1.324	0.423	0.021	64
									O₄₁₃ 图纸交底能力	0.862	0.283	0.525	0.165	0.008	65
					O₄₂ 标准化文化形成	61.404	0.187	0.028	O₄₂₁ 高层领导重视程度	0.842	0.167	0.714	0.312	0.009	81
									O₄₂₂ 员工标准化意识提升	0.832	0.281	0.317	0.212	0.006	53
									O₄₂₃ 标准化建设制度和保障措施	0.835	0.444	0.462	0.321	0.009	51
									O₄₂₄ 标准化建设宣传和动员	0.723	0.197	0.241	0.155	0.004	55

续表

目标决策层	综合指数	一级指标	指数	权重	二级指标	指数	同级权重	复合权重	三级指标	Cronbach α值	效果系数	综合指数	同级权重	复合权重	平均得分
KGJ公司标准化战略绩效评价	61.627	O_4 学习和成长	62.262	0.151	O_{43} 员工能力提升	58.559	0.311	0.047	O_{431} 标准化知识培训	0.796	0.462	0.378	0.179	0.008	45
									O_{432} 员工工作满意度	0.803	0.755	1.232	0.423	0.020	62
									O_{433} 沟通渠道顺畅性	0.914	0.729	1.140	0.398	0.019	61
					O_{44} 知识管理	63.917	0.178	0.027	O_{441} 商誉和商标管理标准化	0.768	0.189	0.351	0.201	0.005	65
									O_{442} 专利管理标准化	0.798	0.149	0.383	0.198	0.005	72
									O_{443} 企业技术秘密管理	0.834	0.182	0.297	0.178	0.005	62
									O_{444} 信息管理标准化	0.862	0.262	0.308	0.212	0.006	54
									O_{445} 文档管理标准化	0.846	0.085	0.127	0.079	0.002	60
									O_{446} 知识共享	0.763	0.103	0.252	0.132	0.004	71
		O_5 项目管理改善	66.756	0.157	O_{51} 质量水平提升	66.500	0.261	0.041	O_{511} 产品合格率	0.781	0.446	1.337	0.435	0.018	75
									O_{512} 产品优秀率	0.913	0.701	0.930	0.398	0.016	57
									O_{513} 产品返工率	0.743	0.226	0.458	0.167	0.007	67
					O_{52} 进度管理	65.706	0.231	0.036	O_{521} 里程碑管理	0.788	0.312	0.580	0.246	0.009	65
									O_{522} 准时完工	0.772	0.508	0.903	0.389	0.014	64
									O_{523} 进度滞后管理	0.901	0.424	0.900	0.365	0.013	68
					O_{53} 安全与风险管理	67.161	0.381	0.060	O_{531} 机械故障率降低	0.923	0.221	0.700	0.154	0.009	76
									O_{532} 人员安全事故率降低	0.853	0.545	1.106	0.276	0.017	67
									O_{533} 财产意外损失减少	0.821	0.183	0.325	0.085	0.005	64
									O_{534} 文明施工程度提高	0.834	0.415	0.770	0.198	0.012	65
									O_{535} 安全措施到位	0.766	0.601	1.116	0.287	0.017	65

续表

目标决策层	综合指数	一级指标	权重	指数	二级指标	指数	同级权重	复合权重	三级指标	Cronbach α值	效果系数	综合指数	同级权重	复合权重	平均得分
KGJ公司标准化战略绩效评价	61.627	O₅ 项目管理改善	0.157	66.756	O₅₄ 合同管理	67.975	0.127	0.020	O₅₄₁ 中标率提升	0.758	0.176	0.357	0.267	0.005	67
									O₅₄₂ 合同履约率	0.881	0.134	0.423	0.279	0.006	76
									O₅₄₃ 供应商准时发货率	0.733	0.144	0.267	0.206	0.004	65
									O₅₄₄ 准时付款率	0.783	0.100	0.163	0.132	0.003	62
									O₅₄₅ 应收账款降低	0.722	0.086	0.146	0.116	0.002	63
		O₆ 经济效益提升	0.171	61.565	O₆₁ 收入增加	54.046	0.461	0.079	O₆₁₁ 市场份额增加	0.711	0.802	0.980	0.226	0.018	55
									O₆₁₂ 施工产值增加	0.744	1.164	1.366	0.321	0.025	54
									O₆₁₃ 资产利润率提高	0.884	1.256	1.361	0.332	0.026	52
									O₆₁₄ 国际市场产值增加	0.788	0.401	0.553	0.121	0.010	58
					O₆₂ 运营成本降低	66.401	0.396	0.068	O₆₂₁ 原材料消耗率	0.726	0.617	1.252	0.276	0.019	67
									O₆₂₂ 施工机械台班增产率	0.789	0.706	1.312	0.298	0.020	65
									O₆₂₃ 单位人工费用降低率	0.797	0.500	0.970	0.217	0.015	66
									O₆₂₄ 资产负债率降低程度	0.757	0.228	0.463	0.102	0.007	67
									O₆₂₅ 管理费降低程度	0.828	0.225	0.500	0.107	0.007	69
					O₆₃ 标准化增量成本减少	72.411	0.143	0.024	O₆₃₁ 咨询费	0.909	0.123	0.286	0.167	0.004	70
									O₆₃₂ 认证费	0.817	0.184	0.523	0.289	0.007	74
									O₆₃₃ 培训费	0.772	0.154	0.416	0.233	0.006	73
									O₆₃₄ 标准编制费	0.838	0.168	0.431	0.245	0.006	72
									O₆₃₅ 实施检查费	0.858	0.047	0.115	0.066	0.002	71

注:
1. 复合权重是指该指标或该指标组合对系统整体（即目标决策层）的贡献权重。
2. 综合指数是指该指数在最终的目标决策层中的指数。
3. 本表中的权重数值与表6－12中一致。

·165·

2. 一级指标指数及等级分析

六个方面的一级指标即标准化战略策划与实施、客户聚焦、内部管理改善、学习和成长性、项目管理改善、经济效益提升的指数分别为 59.983、62.188、57.216、62.262、66.756、61.565，根据表 6 - 7 赋值等级表其对应等级均为Ⅲ等一般级别。相对来说，项目管理改善、学习和成长性两方面得分都较高，表面企业长远投资等方面还是有可取之处的。图 6 - 1 为各二级指标的雷达图，从中可以看出，内部管理改善、标准化战略策划和实施是目前最需要关注和加强的两个方面。

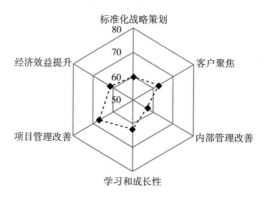

图 6 - 1　KGJ 公司标准化战略绩效评价一级指标指数雷达图

3. 三级指标效果系数分析

效果系数 δ 反映了企业加强该指标对标准化战略绩效提升的效果，指标越大表明提升效果越明显。两方面因素决定了该系数的大小：

第一，该指标在整个评价体系中的复合权重大小。权重越大表明该指标越重要，加强该指标则对整体绩效提升效果越明显。

第二，该指标的平均分值是否足够小。平均分值越小表明该指标落后其他指标越多，因而越需要改进。

一般认为以 δ≥0.80 为分界线，超过该值则需要加强所评价的指标。[1] 这样，需要加强的三级指标即如表 6 - 9 所示。结合深度访谈和调查，发现这些企业管理运营中的薄弱环节可以最大限度地加强标准化战略的效果。其中，企

---

[1]　李成珠. 工业企业标准化良好行为绩效评估方法研究［D］. 广州：华南理工大学，2010.

业战略开发和实施中的部分指标如内外部因素分析、战略计划的开展和资源动用情况、人员配置合理性、绩效测度的科学性等，内部管理改善中的部分指标如企业标准体系的协调性、管理系统设计，以及经济效益提升中的部分指标如资产利润率、市场份额和施工产值等是企业标准化战略中亟须改善的方面。

表 6 – 9   KGJ 公司需要加强的具体环节

具体环节	效果系数 δ	具体环节	效果系数 δ
O_{111} 企业外部环境分析合理性	1.095	O_{315} 企业标准体系协调性	0.802
O_{112} 企业内部因素分析合理性	1.517	O_{321} 管理系统设计合理性	0.813
O_{121} 战略计划开展次序	0.963	O_{611} 市场份额增加	0.802
O_{122} 资源动用合理性	1.093	O_{612} 施工产值增加	1.164
O_{123} 人员配置合理性	0.941	O_{613} 资产利润率提高	1.256
O_{125} 绩效测量的科学性	0.836		

4. KGJ 公司各标准体系的标准化战略发展阶段

根据第四章阐述的企业标准化发展阶梯，可以对 KGJ 公司的标准化战略发展阶段予以评价。如果将各发展阶段予以赋值如表 6 – 10 所示，则可以对企业标准体系内部不同体系之间的发展阶段进行比较分析。

表 6 – 10   企业标准化战略发展阶段赋值说明

发展阶段	入门	起步	跟进	发展	赶超
赋值	1	2	3	4	5

（1）从技术标准体系看，KGJ 公司部分核心技术可以达到世界领先水平，但是由于其知识产权和知识管理等方面的不足，因此技术标准战略可以评价为 3.5 分。

（2）管理标准战略因刚将各种管理制度汇编成册，可评为 2.0 分。

（3）工作标准由于在册不在岗的人员较多，只能评为 1.5 分。

因此 KGJ 公司的各标准体系发展阶段图示如图 6 – 2 所示。其中，缝宽表示各标准体系之间的不协调程度，该数值可以根据调查表中指标"O_{315} 企业标准体系协调性"反推算得，即不协调程度可采用如下公式计算：

$$\overline{C} = \left(100 - \frac{1}{m} \cdot \sum_{j=1}^{m} O_{ij}\right) \cdot 100\% / 100 \qquad (6-4)$$

式（6-4）中，$\bar{C}$ 为标准不协调系数，$0 \leq \bar{C} \leq 100\%$，$\bar{C}$ 越大表示标准体系之间不协调性越大，越需要进行协调，表现在图6-2中则缝宽越大。

W_i 为各指标 i 的合成权重；

m 为参与评分专家个数；

O_{ij} 为第 j 个专家对指标 i 的实际评分制，$0 \leq O_{ij} \leq 100$。

图6-2中有关企业各标准体系发展阶段的图示不仅可以如同木桶理论一样揭示企业发展最薄弱的环节，也可以解释企业的内部协同程度。以 KGJ 公司为例，图6-2中显示该企业最薄弱的环节是工作标准体系，该企业内部各部门和环节之间的协同程度一般（$\bar{C} = 0.56$），因而标准化在促进企业内部经营成本降低等方面的作用有待发挥，企业标准化战略经济绩效因而得到的结果也就表现一般。

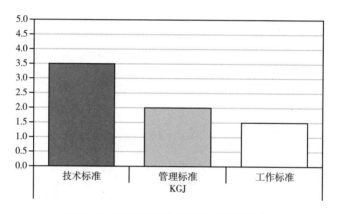

图6-2　KGJ 公司各标准体系发展阶段

五、KGJ 公司标准化战略改进措施

通过对 KGJ 公司标准化战略实施及其绩效评价的分析，可以较准确地评估企业标准化战略选择的正确性并确定其实施绩效。根据评价结果，KGJ 公司应从如下几个方面入手提高其标准化战略实施的效果，以改善企业经营管理水平和提升企业竞争能力。

第一，分析结果表明 KGJ 公司内部已经初步具备标准化意识，且技术标准体系达到了标准化战略的较高的第三阶段，企业领导也比较重视，但是企业缺乏将这种意识转化为主动的、积极的标准化战略管理的思路，在标准化战略的选择和执行中存在问题较多。调查表明 KGJ 公司需要加强的环节很多是标准化战略策划和实施环节中的，如企业内外部环境因素分析、标准化战略中企业资源动用合理性及开展次序等。KGJ 公司应认识到标准化战略的重要性，采取积极主动的标准化战略管理措施，形成一个完整的标准化战略管理框架体系。

第二，在继续保持技术标准相对领先地位的同时，KGJ 企业应大力加强管理标准体系和工作标准体系的开发、运用和管理工作。调查表明 KGJ 公司在管理标准和工作标准体系开发上问题仍然较大。图 6 – 2 所示的分析说明，在标准化建设中，最大的短板是企业工作标准，木桶效应理论阐明企业应着力解决在这一部分的标准化建设，加强该方面的工作。

第三，企业标准体系之间的相互协调性非常重要。深度调查中发现的新型墙面施工中的问题即为典型的技术标准体系和管理标准体系之间的协调性不足。因此，尽管企业采用了领先技术产品，但是客户的投诉反而增加。在标准化的历史上也多次证明，往往并非技术领先而成功，反而是市场领先更重要。保证市场领先需要良好的服务和管理，这就需要服务标准体系和管理标准体系能够支撑企业的发展和扩张。

第四，KGJ 公司的一些具体标准和标准化工作尚需结合企业战略和总体目标进行，比如企业产品标准制定即需要根据企业战略并结合企业市场定位、资源配置、产品和业务范围选择等进行。

第五，总体上评价，KGJ 公司标准化管理水平不高，标准化战略实施不够彻底，标准化战略的效果一般。这也与该企业标准化战略发展阶段有关，在目前的标准化战略水平上，正如第四章图 4 – 10 所分析的，标准化所取得的效果较低。因此，企业应切实提高标准化管理总体水平，改善企业经营状态，提高企业经济绩效，进一步增强标准化战略实施效果。

第三节

案例企业 YJG 公司标准化战略实施与绩效评价

一、YJG 公司概况

云南建工钢结构有限公司（以下简称 YJG 公司）是中国 500 强企业、美国《工程新闻纪录》（ENR）225 强、中国承包商 60 强之一的云南建工集团有限公司整合集团内钢结构资源优势，在云南华邦钢结构工程有限公司和云南建工第四建设有限公司钢结构分公司的基础上成立的集团控股专业化施工公司，成立于 2009 年 9 月，是集钢结构设计、制作、检测、施工、安装为一体的专业化公司、国家高新技术企业，具有钢结构工程专业承包一级、钢结构设计甲级、钢结构制造特级、土石方工程专业承包一级、起重设备安装工程专业承包一级资质，注册资本金为 1.934 亿元，本部位于云南省嵩明县，为云南省另一家专业从事钢结构设计、加工、制作、安装的钢结构制造特级企业。①

YJG 公司在超高层钢结构、大跨度空间钢结构等项目的设计、制作和安装方面拥有较强的技术领先优势。公司目前拥有杨林、曲靖 2 个钢结构制作加工基地。其中，杨林钢结构产业基地是 2010 年云南省 100 项重点建设项目之一，总投资 9 亿元，是云南建工钢结构有限公司的核心资产，是云南建工集团做强做大钢结构产业的战略依托。

尽管成立时间不长，YJG 公司却积极进取，在管理水平提升、市场开拓等方面取得了不俗成绩。YJG 公司成立不久，即在规范化管理、进行标准化认证等方面积极展开各方面工作。2010 年，完成了《云南建工钢结构有限公司管理制度汇编》（第一版）的编辑成书工作，将公司成立以来建立的各项管理规章制度进行了修订、完善，内容涵盖公司党的建设、行政管理和业务建设等多个方面的 29 项管理制度。② 2013 年，完成了《管理制度汇编》第二版的整理和修订，收录文件增加到 68 项，现行管理制度中将单独设立行政管理制度、党建、纪委、工会管理制度、人力资源管理制度、财务管理制度等九个版块。③ 2011 年公司还展开了广告语、企业之歌征集活动，④ 并创建了内刊《云南建工钢构》。此外，公司积极与相关科研院所如昆明理工大学、同济大学等合作，展开员工培训、⑤

---

① 中国钢结构协会. 中国钢结构协会第十四号公告 [R]. (2012 - 10 - 19). http：//www. cnc-scs. org/gonggao14. asp.

② 云南建工钢结构有限公司. 公司《管理制度汇编》日前印发 [N/OL]. (2010 - 12 - 01). http：//www. ynjggg. com/content/? 745. html.

③ 张瀚. 公司印发第二版《管理制度汇编》[N/OL]. (2013 - 09 - 02). htp：//www. ynjggg. com/content/? 1227. html.

④ 云南建工钢结构有限公司. 钢构公司广告语、企业之歌征集活动落幕 [N/OL]. (2011 - 06 - 04). http：//www. ynjg. com/details2. asp? detailsid =1765.

⑤ 云南建工钢结构有限公司. 公司 16 名管理人员赴同济大学培训 [N/OL]. (2010 - 11 - 25). http：//www. ynjggg. com/content/? 740. html.

开展学术交流①、签订战略合作协议②等，并积极向先进企业学习，进行对标考察等③。公司还积极调整生产管理模式，以节约成本、明确责任④，并努力创建学习型企业⑤。公司还加强售后服务等工作，积极展开质量回访⑥。2013 年，YJG 开始贯标工作，公司质量、环境、职业健康安全管理体系接受贯标外审⑦。

　　伴随着 YJG 公司管理水平提升，企业在市场开拓、绩效提升等方面取得了较大成绩。公司中标额度大幅提升，将业务拓展到了地铁市场等众多大型项目，如昆明国际会展中心等，并通过参与昆明长水机场钢结构屋顶施工而得以大幅度提升企业技术和管理能力。其中，柬埔寨王国政府办公大楼被评为"境外工程鲁班奖"⑧。

　　YJG 公司还以平均 2.5 天每层的速度创造了高层建筑施工的"昆明速度"，受到了媒体的广泛关注和好评。⑨ 公司荣获 2011 年中国建筑金属结构行业突出贡献企业称号，并举办了全国建筑钢结构行业大会。2012 年成功获得钢结构制造特级资质，并有云南师范大学呈贡校区体育训练馆等三个项目获得中国钢结构金奖，申报的"昆明新机场航站楼双曲面焊接球网架综合技术应用"获中国施工企业管理协会科技工作大会"技术创新成果一等奖"，《钢结构制作工艺标准》成功通过省级建设工法立项。⑩

---

　　①　云南建工钢结构有限公司. 钢构公司与昆明理工大学开展学术交流研讨活动［N/OL］. (2010 – 11 – 15). http：//www. ynjg. com/details2. asp? detailsid = 1091.

　　②　赵春燕. 钢构公司与云南省设计院签订战略合作框架协议［N/OL］. (2013 – 09 – 09). http://www. ynjg. com/details2. asp? detailsid = 6179.

　　③　谢静. 钢构公司到中建钢构进行对标考察［N/OL］. (2011 – 07 – 25). http://www. ynjggg. com/content/? 844. html.

　　④　张瀚，闵树林. 钢构公司杨林总厂全面调整生产管理模式［N/OL］. (2013 – 03 – 08). http://www. ynjg. com/details2. asp? detailsid = 4816.

　　⑤　王丽红. 杨林总厂积极创建学习型组织［N/OL］. (2011 – 05 – 31). http：//www. ynjggg. com/content/? 822. html.

　　⑥　张瀚. 杨林总厂赴昆机项目进行工程质量回访［N/OL］. (2011 – 11 – 28). http://www. ynjggg. com/content/? 885. html.

　　⑦　蔡艳丽. 公司接受北京外建认证中心贯标外审［N/OL］. (2013 – 05 – 27). http://www. ynjggg. com/content/? 1049. html.

　　⑧　龙兴刚，龙琼燕，闵树林. "南博会"新发现——"钢结构"的云南崛起［N］. 云南日报，2013 – 06 – 03 (8).

　　⑨　闵树林. 公司再创高层建筑施工"昆明速度"［N/OL］. (2012 – 12 – 31). http：//www. ynjggg. com/content/? 989. html.

　　⑩　云南建工钢结构有限公司. 钢构公司《钢结构制作工艺标准》成功通过省级建设工法立项［N/OL］. (2012 – 04 – 16). http：//www. ynjg. com/details2. asp? detailsid = 3112.

目前，YJG 公司拥有国家专利 5 项，与其他企业合作完成的昆明新机场彩带形钢结构航站楼屋面工程中的有关科技成果已申报云南省科技进步奖。

二、YJG 公司标准化战略选择

（一）YJG 公司发展现状及存在问题

YJG 公司虽然成立时间不长，但是由于勇于开拓市场，发展比较迅速。表 6 - 11 为该公司近几年的经营指标。

表 6 - 11 　　　　　　　　　　YJG 公司近年营业收入及利润

指标	2010 年	2011 年	2012 年
注册资本（万元）	19340	19340	19340
总资产（万元）	110677	91255	96784
销售收入（万元）	27890	55790	37832
净利润（万元）	− 520	642	148
钢结构产量（万吨）	4	6	8
钢结构产能（万吨）	8	10	12
在岗员工（人）	600	900	1500

从市场开拓、销售收入等因素分析，尤其是在岗员工数量等因素分析，YJG 公司发展进入了比较迅猛的阶段；但是从资产报酬率（ROI）分析，YJG 公司效率不高，起伏较大。分析原因，主要有如下几个方面：第一，新进员工较多，大多处于学习、培训和转型阶段，与熟练工相比新进员工的产量工资比较差，从而增加成本；第二，杨凌总厂的建设和投入引起财务费用大幅增加；第三，2012 年建筑市场宏观环境影响，市场处于调整期，表现为 YJG 公司的订单减少、大量在制品积压、收款率降低，从而资金周转较差、利润率降低。事实上，KGJ 公司 2012 年市场环境与 YJG 公司类似。但是，除去这些因素，YJG 也确实存在管理精细化、标准化等方面的不足，仍需继续强化管理以提高经济绩效。YJG 目前正处于企业转型时期，需要通过严格管理以提升企业核心能力、提高效率，而非简单地铺开摊子、追求规模。

除此以外，YJG 公司在以下方面仍存在较多问题：

第一，作为新创企业，YJG 公司起步较晚，不可避免存在各种管理工作之间不协调、各部门配合不太一致等现象。而实施标准化管理可以减少混乱、降低成本、增加管理协调性和经济效益，因此标准化管理和各种管理制度的建立自然是公司发展中必不可少的环节。

第二，在市场竞争中，YJG 公司与其他企业相比，找到了差距。由于钢结构工程性质比较特殊，一般作为专业承包进入工地施工，因此总承包商的经验、管理水平、技术能力等各方面都为 YJG 公司提供了学习的机会。通过与其他企业对比尤其是中东部先进企业的对比，YJG 公司从技术能力、管理水平等各方面找到了差距，确实需要在技术能力、管理水平提升等方面实施标准化管理。

第三，实施标准化管理和标准化战略也是母公司云南建工集团公司的总体要求。YJG 公司实施标准化管理、实施贯标等战略行动其原因当然主要是由于在市场中找到差距并促使自己主动实施，但是也由于母公司云南建工集团的外力促进。集团公司在人员培训、财务管理规范化、管理制度规范化等方面有统一部署，作为子公司 YJG 公司也不得不及时跟进。

总之，内部和外部的各种因素和压力促使 YJG 公司不得不规范化、标准化管理并实施标准化战略。

（二）企业内外部环境分析和标准化战略选择

不同于 KGJ 公司，YJG 公司标准化战略的选择不仅基于自身规范化发展需要等原因，更主要由于在市场开拓中找到了差距而不得不选择标准化管理。

从外部环境分析，由于建筑市场和钢结构工程的持续兴旺，YJG 公司也存在较多的机会。但在与国内著名企业合作或者竞争中，YJG 公司也发现了自身在技术能力、管理水平等方面确实存在劣势。从内部因素分析，YJG 公司目前发展面临瓶颈，需要在管理能力提升方面下功夫，以进一步提升经济效率、促使公司变强。因此，针对企业目前的技术能力、资源状况和管理水平，YJG 公司标准化战略选择如下：

第一，企业技术标准战略，主要采用主要核心技术自主研发策略，同时在市场竞争中借鉴其他企业的先进技术即采用基准化的策略，一般技术借鉴采用国家和行业标准。

第二，企业管理标准和工作标准，主要采用基准化和相应国家和国际标准的策略。企业一方面借鉴其他企业的先进管理经验，另一方面也部分开发自己的标准体系。同时企业也积极实施贯标策略，借鉴和实施质量、安全和职业健康等方面的国际管理体系。

三、YJG 公司标准化战略实施

YJG 公司从成立伊始即陆陆续续地实施标准化管理、制订标准化工作方案、制定各种工作规范和规章制度等，但是工作缺乏联系性且时断时续。各种管理工作制度等的出台更多像是一种救火工作，出了问题就赶紧修订规则和制度。因此，YJG 公司的标准化战略也缺乏系统性，是一种工作的需要。这些工作包括：

第一，全面制定公司管理标准体系。这主要是针对企业内部运作不协调等因素而实施的，目标是实现企业运营的协调一致。目前 YJG 公司的《管理制度汇编》已经出版到第二版。

第二，非常注重产学研合作，通过产学研合作加强培训、学习和管理模式的转型。在这方面尤其注重与国内著名高校、科研院所等的合作。

第三，加强技术联盟之间的合作。具体表现在一是在施工现场积极向同行和先进企业（甚至是竞争对手）等的合作和学习，二是通过对标等行动查找自身管理和技术等方面的差距，通过基准化标准化战略学习先进企业的经验、管理和知识。

第四，积极参与地方和行业标准建设，争取将自己的技术标准转化为地区和行业技术标准，并通过技术联盟积极参与国家技术标准制定和行业前沿技术开发工作。

第五，加强知识管理，成立内部设计院，全面修订企业标准体系，并改善对设计院所等的管理，要求在国家奖项、专利申报、地区、行业和国家级别的工法和标准等方面有所行动。

在近 2~3 年内 YJG 公司在标准化管理和标准化工作方面主要一些成绩包括：

（1）公司再次整理、修订了各种管理制度和相关规定，制定了第二版的《管理制度汇编》，内容涉及企业管理各方面共九个板块。

（2）代表公司管理水平和技术水平的各种奖项如质量奖、科技进步奖等取得突破，获得云南省级科技进步奖，以及三项国家钢结构工程金奖，及众多市级优质工程。

（3）在参与地方和行业标准制定方面取得突破。《钢结构制作工艺标准》成功通过省级建设工法立项。

（4）产学研技术联盟管理标准化、规范化发展，公司与众多科研院所等的合作达到较高水平和新的阶段。

（5）企业知识管理有了新进展，通过加强对技术研究院的管理，促使知识管理方面转换思路。研究院不仅仅是技术救火员，更是公司知识管理、知识战略的研发、管理和智库中心。

四、YJG 公司标准化战略实施绩效评价

本部分主要说明 YJG 公司标准化战略实施绩效的评价过程和实施步骤。

（一）研究设计

为便于对比分析，YJG 公司标准化战略绩效评价中采用与 KGJ 公司相同的问卷和评分标准，即同样的五级 Likert 量表，并采取了类似的措施以保证调查的信度和效度。最后对返回的调查问卷进行了信度分析，利用 SPSS Statistics V17.0 统计分析软件计算克朗巴哈 Alpha 系数（Cronbach α）来检验量表的信度，最终计算结果见表 6-12 中相关数据。

（二）数据采集

在 YJG 公司的调查仍采用问卷调查结合半结构化的个人采访。其中，问卷选定在公司内部负责生产、综合办公室、技术和研发、项目经理等部门中高层以上领导中进行，共发放问卷 16 份，收回 11 分，问卷返回率为 68.75%。共采访 YJG 公司内部管理、综合办等有关部门中高层领导 5 人次。

（三）结果计算

最终根据回收的 11 份调查问卷，同样按照表 6-6 有关参数赋值方法确定每份问卷每个三级指标的分值并平均取分，然后根据确定的权重分别计算每个二级指标指数和一级指标指数，最后仍根据公式（6-2）计算 YJG 公司标准化战略绩效评价总指数，并根据公式（6-3）计算效果系数。最终结果如表 6-12 所示。

表6-12　KGJ公司标准化战略绩效评价最终结果

目标决策层	综合指数	一级指标	指数	权重	二级指标	指数	同级权重	复合权重	三级指标	Cronbach α值	效果系数	综合指数	同级权重	复合权重	平均得分
KGJ公司标准化战略绩效评价	69.819	O₁标准化战略策划	69.375	0.189	O₁₁战略开发	72.150	0.451	0.085	O₁₁₁企业外部环境分析合理性	0.745	0.782	2.346	0.367	0.031	75
									O₁₁₂企业内部因素分析合理性	0.789	1.089	2.210	0.387	0.033	67
									O₁₁₃战略目标选定适配性	0.778	0.503	1.594	0.246	0.021	76
					O₁₂战略实施	67.095	0.549	0.104	O₁₂₁战略计划开展次序	0.795	0.788	1.401	0.211	0.022	64
									O₁₂₂资源动用合理性	0.789	0.826	1.602	0.234	0.024	66
									O₁₂₃人员配置合理性	0.823	0.890	1.652	0.245	0.025	65
									O₁₂₄行动计划的权变性	0.831	0.295	0.722	0.098	0.010	71
									O₁₂₅绩效测量的科学性	0.788	0.616	1.584	0.212	0.022	72
		O₂客户聚焦	73.809	0.178	O₂₁顾客倾听方式标准化	75.192	0.235	0.042	O₂₁₁客户沟通渠道改善	0.732	0.490	1.736	0.532	0.022	78
									O₂₁₂关键客户识别能力	0.812	0.548	1.410	0.468	0.020	72
					O₂₂顾客参与渠道标准化	82.128	0.312	0.056	O₂₂₁企业和工程建设信息的外向传递	0.823	0.147	0.625	0.139	0.008	81
									O₂₂₂客户数据收集和管理	0.814	0.393	1.179	0.283	0.016	75
									O₂₂₃顾客回访	0.766	0.186	1.242	0.257	0.014	87
									O₂₂₄业主满意率	0.771	0.267	1.515	0.321	0.018	85
					O₂₃关键外部利益相关者管理	67.361	0.453	0.081	O₂₃₁业主管理标准化	0.717	0.615	1.248	0.231	0.019	67
									O₂₃₂政府部门管理标准化	0.745	0.607	1.127	0.215	0.017	65
									O₂₃₃社区居民管理标准化	0.743	0.600	1.021	0.201	0.016	63
									O₂₃₄供应商管理标准化	0.722	0.348	0.853	0.149	0.012	71
									O₂₃₅设计单位管理标准化	0.715	0.181	0.423	0.075	0.006	70
									O₂₃₆监理单位管理标准化	0.756	0.281	0.759	0.129	0.010	73

续表

目标决策层	综合指数	一级指标	指数	权重	二级指标	指数	同级权重	复合权重	三级指标	Cronbach α值	效果系数	综合指数	同级权重	复合权重	平均得分
KGJ公司标准化战略绩效评价	69.819	O_3内部管理改善	70.788	0.154	O_{31}标准体系建设	73.998	0.421	0.065	O_{311}技术标准体系建设及合理性	0.832	0.291	0.921	0.187	0.012	76
									O_{312}工作标准体系建设及合理性	0.784	0.265	0.889	0.178	0.012	77
									O_{313}管理标准体系建设及合理性	0.734	0.290	0.825	0.172	0.011	74
									O_{314}采标层次	0.756	0.086	0.271	0.055	0.004	76
									O_{315}企业标准体系协调性	0.843	0.330	1.103	0.221	0.014	77
									O_{316}企业标准制定方式合理性	0.812	0.424	0.788	0.187	0.012	65
					O_{32}工作流程标准化	68.454	0.579	0.089	O_{321}管理系统设计合理性	0.823	0.624	1.267	0.212	0.019	67
									O_{322}流程系统可靠性	0.723	0.535	1.310	0.207	0.018	71
									O_{323}流程执行能力	0.767	0.487	0.904	0.156	0.014	65
									O_{324}员工工作效率	0.745	0.512	1.253	0.198	0.018	71
									O_{325}流程改善能力	0.821	0.238	0.484	0.081	0.007	67
									O_{326}库存和材料管理	0.734	0.417	0.885	0.146	0.013	68
		O_4学习和成长性	69.366	0.151	O_{41}研发能力提升	71.285	0.324	0.049	O_{411}设计能力	0.760	0.464	1.552	0.412	0.020	77
									O_{412}技术装备率	0.783	0.683	1.387	0.423	0.021	67
									O_{413}图纸交底能力	0.812	0.258	0.549	0.165	0.008	68
					O_{42}标准化文化形成	66.319	0.187	0.028	O_{421}高层领导重视程度	0.899	0.308	0.573	0.312	0.009	65
									O_{422}员工标准化意识提升	0.873	0.204	0.395	0.212	0.006	66
									O_{423}标准化建设制度和保障措施	0.858	0.299	0.607	0.321	0.009	67
									O_{424}标准化建设宣传和动员	0.797	0.140	0.298	0.155	0.004	68

目标决策层	综合指数	一级指标	指数	权重	二级指标	指数	同级权重	复合权重	三级指标	Cronbach α值	效果系数	综合指数	同级权重	复合权重	平均得分
KGJ公司标准化战略绩效评价	69.819	O_4 学习和成长性	69.366	0.151	O_{43} 员工能力提升	67.358	0.311	0.047	O_{431} 标准化知识培训	0.780	0.261	0.580	0.179	0.008	69
									O_{432} 员工工作满意度	0.796	0.656	1.331	0.423	0.020	67
									O_{433} 沟通渠道顺畅性	0.928	0.617	1.252	0.398	0.019	67
					O_{44} 知识管理	72.581	0.178	0.027	O_{441} 商誉和商标管理标准化	0.878	0.157	0.384	0.201	0.005	71
									O_{442} 专利管理标准化	0.826	0.149	0.383	0.198	0.005	72
									O_{443} 企业技术秘密管理	0.903	0.144	0.335	0.178	0.005	70
									O_{444} 信息管理标准化	0.766	0.137	0.433	0.212	0.006	76
									O_{445} 文档管理标准化	0.766	0.055	0.157	0.079	0.002	74
									O_{446} 知识共享	0.756	0.096	0.259	0.132	0.004	73
		O_5 项目管理改善	69.877	0.157	O_{51} 质量水平提升	68.319	0.261	0.041	O_{511} 产品合格率	0.763	0.410	1.373	0.435	0.018	77
									O_{512} 产品优秀率	0.868	0.587	1.044	0.398	0.016	64
									O_{513} 产品返工率	0.822	0.301	0.383	0.167	0.007	56
					O_{52} 进度管理	65.119	0.231	0.036	O_{521} 里程碑管理	0.780	0.321	0.571	0.246	0.009	64
									O_{522} 准时完工	0.758	0.494	0.917	0.389	0.014	65
									O_{523} 进度滞后管理	0.840	0.450	0.874	0.365	0.013	66
					O_{53} 安全与风险管理	74.724	0.381	0.060	O_{531} 机械故障率降低	0.750	0.267	0.654	0.154	0.009	71
									O_{532} 人员安全事故率降低	0.798	0.446	1.205	0.276	0.017	73
									O_{533} 财产意外损失减少	0.835	0.178	0.330	0.085	0.005	65
									O_{534} 文明施工程度提高	0.836	0.261	0.924	0.198	0.012	78
									O_{535} 安全措施到位	0.823	0.361	1.356	0.287	0.017	79

续表

目标决策层	综合指数	一级指标	指数	权重	二级指标	指数	同级权重	复合权重	三级指标	Cronbach α值	效果系数	综合指数	同级权重	复合权重	平均得分
KGJ公司标准化战略绩效评价	69.819	O$_5$ 项目管理改善	69.877	0.157	O$_{54}$ 合同管理	67.191	0.127	0.020	O$_{541}$ 中标率提升	0.716	0.154	0.378	0.267	0.005	71
									O$_{542}$ 合同履约率	0.727	0.178	0.378	0.279	0.006	68
									O$_{543}$ 供应商准时发货率	0.734	0.136	0.275	0.206	0.004	67
									O$_{544}$ 准时付款率	0.799	0.105	0.158	0.132	0.003	60
									O$_{545}$ 应收账款降低	0.811	0.081	0.150	0.116	0.002	65
		O$_6$ 经济效益提升	65.629	0.171	O$_{61}$ 收入增加	67.913	0.461	0.079	O$_{611}$ 市场份额增加	0.833	0.428	1.354	0.226	0.018	76
									O$_{612}$ 施工产值增加	0.845	0.683	1.847	0.321	0.025	73
									O$_{613}$ 资产利润率提高	0.766	1.152	1.466	0.332	0.026	56
									O$_{614}$ 国际市场产值增加	0.822	0.267	0.687	0.121	0.010	72
					O$_{62}$ 运营成本降低	60.744	0.396	0.068	O$_{621}$ 原材料消耗率	0.875	0.822	1.047	0.276	0.019	56
									O$_{622}$ 施工机械合班增产率	0.765	0.767	1.251	0.298	0.020	62
									O$_{623}$ 单位人工费用降低率	0.787	0.573	0.896	0.217	0.015	61
									O$_{624}$ 资产负债率降低程度	0.873	0.228	0.463	0.102	0.007	67
									O$_{625}$ 管理费费降低程度	0.797	0.268	0.456	0.107	0.007	63
					O$_{63}$ 标准化增量成本减少	71.792	0.143	0.024	O$_{631}$ 咨询费	0.824	0.135	0.274	0.167	0.004	67
									O$_{632}$ 认证费	0.776	0.219	0.488	0.289	0.007	69
									O$_{633}$ 培训费	0.822	0.171	0.399	0.233	0.006	70
									O$_{634}$ 标准编制费	0.844	0.120	0.479	0.245	0.006	80
									O$_{635}$ 实施检查费	0.878	0.045	0.116	0.066	0.002	72

注:
1. 复合权重是指该指标或该指标组合指标组合对系统整体（即目标决策层）的贡献权重。
2. 综合指数是指该指数在最终的目标决策层中的指数。
3. 本表中的权重数值与表6-8中一致。

（四）结果分析

1. 综合指标及等级分析

YJG 公司标准化战略绩效评价的最终结果为 69.819 分，据表 6 – 7 赋值说明也应标记为Ⅲ等一般级别。该数值说明企业标准化战略取得了一定成效，但是仍有很大的提升空间。

2. 一级指标指数及等级分析

YJG 公司标准化战略绩效评价中六个一级指标即标准化战略策划与实施、客户聚焦、内部管理改善、学习和成长性、项目管理改善、经济效益提升的指数分别为 69.375、73.809、70.788、69.366、69.877、65.629，根据表 6 – 7 赋值等级表其对应等级均为Ⅲ等一般级别。相对来说，内部管理改善、学习和成长性两方面得分都较高，说明企业在管理能力提升方面还是有很大进步。图 6 – 3 为各二级指标的雷达图，从中可以看出，企业经济效益（其中最主要是经济效率的提升）是目前最需要加强的方面。

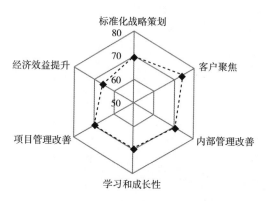

图 6 – 3　YJG 公司标准化战略绩效评价一级指标指数雷达图

3. 三级指标效果系数分析

对 YJG 公司评价指标中的效果系数 $\delta \geqslant 0.80$ 部分指标予以搜集列示如表 6 – 13 所示，其中企业战略开发和实施中的部分指标如内部因素分析、资源动用情况、人员配置合理性等，以及经济效益提升中的部分指标如资产利润率、原材料消耗率等是企业标准化战略中亟须改善的方面。

表 6-13	YJG 公司需要加强的具体环节		
具体环节	效果系数 δ	具体环节	效果系数 δ
O_{112} 企业内部因素分析合理性	1.089	O_{613} 资产利润率提高	1.152
O_{122} 资源动用合理性	0.826	O_{621} 原材料消耗率	0.822
O_{123} 人员配置合理性	0.890		

4. YJG 公司各标准体系的标准化战略发展阶段

根据企业标准化发展的阶梯评价 YJG 公司的标准化战略中各标准体系发展阶段，说明如下：

（1）从技术标准体系看，YJG 公司部分核心技术可以达到世界领先水平，但也存在知识产权和知识管理较薄弱的问题，总体上技术标准战略可以评价为 3.5 分。

（2）YJG 公司在管理标准方面有借鉴和自我创新的地方，并将管理制度汇编编辑到第二版，因此可评为 2.5 分。

（3）对于工作标准来说，作为国有企业对员工的管理是存在管理问题的核心因素之一。YJG 公司可评为 2.0 分。

因此 YJG 公司的各标准体系发展阶段图示如图 6-4 所示，表示不协调性 $\overline{C}$ 值的缝宽仍采用式（6-4）计算。YJG 公司标准化战略中发展最薄弱的环节是工作标准体系，企业内部各部门和环节之间的协调性程度较好（ $\overline{C}=0.23$ ），显示为标准化在企业管理中的效果即将得到较重要发挥的时刻。

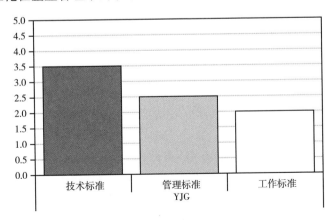

图 6-4　YJG 公司各标准体系发展阶段

五、YJG 公司标准化战略改进措施

根据标准化战略绩效评价的结果和访谈分析，YJG 公司应从如下几个方面入手提高标准化战略的实施效果：

第一，分析表明 YJG 公司已经具备标准化意识，且技术标准体系达到了标准化战略的较高阶段，企业领导也比较重视，但是该企业也缺乏将这种标准化意识转化为一种积极主动的标准化管理的思路和从战略上高度重视的思想。调查表明加强标准化战略效果的一些环节与标准化战略计划和实施有关，如企业内外部环境因素分析、人员和资源配置合理性等。YJG 公司制度和规定不应仅仅是为一种救火的工具，更应积极主动实施以体现标准化管理的积极效果。

第二，尽管 YJG 公司在西南地区较具竞争力，但是企业经济效率仍较低。这说明标准化的效果仍未得到很好体现。需要企业在各方面切实加强标准化管理，将标准化行动落到实处。调查中发现，YJG 公司标准化中存在两张皮的现象，这是引起标准化效果难以得到体现的重要因素，也是企业在积极实施标准化战略中需要克服的重要方面。

第三，总体上 YJG 公司实施的是一种基准化或者追随标准化战略。尽管 YJG 公司在西南地区钢结构制作安装方面属于一流企业，但是从全国范围分析，该企业竞争能力仍不太突出，因此今后相当长一段时间内仍应积极实施这种标准化战略以增强企业竞争力。

第四，YJG 公司正处于转折时期，总体上处于标准化战略第三阶段向第四阶段迈进时期，是标准化的效果正得以积极发挥作用的关键时刻。企业应大力加强标准化管理水平，同时注重企业各种知识产权等的管理并同标准化战略相结合，以更加显著地发挥标准化战略的效果。

第四节

建筑企业标准化战略绩效评价体系的评价分析

本节主要通过对上述两个企业评价结果对比分析等以探讨建筑企业标准化战略评价体系的合理性和可行性问题。

一、评价结果的对比分析

对比 KGJ 公司和 YJG 公司的标准化战略绩效评价结果，对于建筑企业标准化战略绩效评价体系，分析可以得出如下结论：

第一，建筑企业标准化绩效评价指标体系比较全面地反映了企业经营管理的各个方面的具体情况，可具体体现企业整体经营管理能力和技术实力。

第二，该指标体系能够真实反映企业标准化战略实施的真实绩效。从企业标准化战略策划直至最终标准化战略对企业经营绩效的影响都得到了比较具体的分析和反映。

第三，结合其他统计分析和财务分析工具，该指标体系可以较为准确地反映企业标准化战略的发展阶段以及需要改进的地方。

二、对评价指标体系的总体评价

最终建立的建筑企业标准化战略绩效评价三级指标体系需要能够比较全面、科学地衡量建筑企业标准化战略实施绩效及其成果，可以通过指标类型、指标结构、指标功能、指标的适用范围等方面对指标体系做出总体评价。[1]

从指标类型上看，本指标体系包括了状态指标、对比指标和动力指标三大类。状态指标反映了建筑企业标准化战略实施中的发展情况，对比指标反映了标准化战略实施前后的差距，动力指标反映了标准化战略实施中对企业管理水平提高和竞争能力提升的传导机制。

从指标结构分析，本套指标体系是由一个可具体化操作的三层指标构成的具有关联且又相互独立的整体结构。所有 6 个一级指标、18 个二级指标、77个三级指标反映了企业绩效评价各方面，而这又是由标准化战略对企业影响的全方位性特点所决定的。各指标构建中借鉴了多学科知识体系，并在战略绩效评价中尽量平衡定性指标与定量指标、财务指标与非财务指标、组织短期目标与长期目标、组织各部门之间的绩效评价等。

从评价指标功能分析，本指标体系不仅能够反映建筑企业标准化战略的实施及其绩效，也可以反映建筑企业在企业内部管理、研发、知识管理、标准化

---

① 吴振磊. 西部地区城乡经济社会一体化支持体系研究 ［D］. 西安：西北大学，2010.

建设等各方面的优势和劣势。结合其他工具，还可以进一步分析企业核心竞争力和需要改进的方面，并对不同建筑企业标准化战略实施绩效进行分类和评价。这充分体现在对前两个案例企业的标准化战略绩效评价过程和结果之中。建筑企业标准化战略的实施提供了从另一种视角分析企业、改进管理、提升优势的机会。

从评价指标体系的适用范围分析，这套指标体系可适用于中国现阶段各类建筑企业标准化战略绩效评价，不仅可适用于大企业，也可以适用于中小企业。此外，这套评价体系对不同行业中建筑企业如水利工程、工业与民用建筑工程、交通工程等都可以适用。

因此，本套指标体系可以较为科学、全面地评价建筑企业标准化战略实施绩效并具有较好的可操作性。

第五节

本章小结

本章通过具体案例说明建筑企业标准化绩效评价体系和方法的具体应用和检验。研究中首先通过专家意见调查确定了标准化战略绩效评价体系中各级指标的权重分配。然后通过选定的 KGJ 公司和 YJG 公司说明了企业标准化战略实施中内外部环境评估、战略选定、战略实施及其绩效评价过程。采用本研究中开发出来的企业标准化战略绩效评价体系，在研究中对 KGJ 公司和 YJG 公司相关高层领导和专家进行了深度访谈和问卷调查，根据调研资料和数据评价了这两个公司标准化战略实施的绩效，并根据评价结果分析了这两个公司标准化战略态势，说明了两公司标准化战略实施中需要的改进措施。

案例分析和实证研究表明，开发出来的评估体系可以较好地分析企业经营状态和标准化管理水平，较准确地评价建筑企业标准化战略实施绩效，并比较、分析不同企业之间的经营状态和标准化战略实施绩效。在一个正式标准较多的行业探讨企业标准化战略的实施和绩效评价对本行业及其他行业都是有意义的。

第七章

结论与建议

第一节
本研究的主要结论

本书研究了标准化对企业竞争能力提升的作用机制、建筑企业标准化战略选择、实施及其绩效评价等主要内容，为建筑企业及其他类型的企业标准化战略的管理、实施及其评价提供了依据和理论基础。根据前文的理论分析和实证研究，可以得出以下一些主要结论。

一、建筑企业实施标准化战略的重要性

建筑业与国民经济的关联性较大，且是一个重要的工业部门。但是建造活动过程中安全问题和质量问题突出，且对环境污染较大。因此，我国建筑业中管制措施很多，其中一个重要方面在于有很多的成文的国家标准和行业标准。我国建筑企业管理水平仍然较低，标准化水平不高，建造方式传统落后，效率低下。建筑产品质量不稳定，施工安全问题较为突出，科技创新能力不强。标准化对企业具有多方面的作用机制，企业通过标准化，可促进创新、降低成本、改善企业与外部的关系、保护企业的知识产权，从而有效提高管理水平，增强企业竞争优势。建筑企业为应对管理水平不高、经济绩效较差等困境，迫切需要实施企业标准化战略。同时，在中国现实背景下，在农耕文化向工业文明转型的过程中，标准化战略实施可以使得企业形成一种严格、准时、注重理性的标准文化，以有效消除中国传统文化中不利于工业文明形成以及对企业管理的一些不利影响，并可帮助建筑企业从全公司角度分析企业各流程、各工

· 185 ·

序、各部分的整合性和协调性，从一种全新视角审视企业内外部的协调性、企业能力与外部环境的适应性、业务战略合理性等。

二、建筑企业标准化战略的可选性

在既往的研究中一般只是根据企业 1~2 个变量探讨企业标准化战略的选择模式。然而在本研究中，影响企业标准化战略选择的主要因素是多方面的。从外部环境分析，影响企业标准化战略选择的主要因素有企业所在行业的背景、行业技术特性、法律政策、相关产业支持程度、竞争对手情况等因素。从内部因素分析，企业内部资源和能力是影响企业标准化战略策略和路径的关键因素。根据企业标准化基础情况和标准化在企业中产生的效果，以及标准化战略的发展阶段，可以将企业标准化的发展过程划分为入门、起步、跟进、发展、赶超这五个阶段。每一阶段企业标准化战略的具体情况各不相同。企业标准化战略是从几种基本的战略模式即标准领先或者跟随战略、自主开发的标准化战略、兼容标准战略、标准联合开发战略等几个方面组合而成。作为建筑企业，对应其不同的标准化战略和标准化战略中的不同方面，可以选择多种战略工具。

三、建筑企业标准化战略实施绩效的可测性

战略是一项计划。作为一个硬币的两面，计划需要进行控制。管理控制一个重要方面就是对管理绩效的评价。建筑企业标准化战略的实施因而也必须对其实施绩效进行评价。战略绩效评价是战略评价中的一个层次，可以采用的方法和技术较多。本研究中按照根据多目标绩效综合评价理论的基本原理，借鉴了多个方面的学科和知识体系，包括标准化基本理论、项目管理、战略管理、企业标准体系、标准化良好行为企业、质量管理与卓越绩效管理、企业成熟度、平衡计分卡等诸多领域的原理和知识，开发了一套比较合理、完整、科学且目的明确、可操作性、系统优化的建筑企业标准化战略绩效评价体系。在比较各种可行的绩效评价方法以后选定了较为适合的层次分析法，并以具体案例的评价过程验证了该评价体系的合理性、科学性和可行性。根据研究中所开发的评价体系，建筑企业标准化战略的实施绩效可以较为有效地分析企业经营状况和标准化战略实施水平，并比较、评价不同建筑企业之间的经营绩效和标准化战略实施状态。

四、建筑企业标准化战略实施的过程性和持续改进性

在对建筑企业标准化战略绩效评价体系设计中，本研究认为，应借鉴质量管理和项目管理等方面的相关理论和知识，视战略绩效评价为一个项目开发过程，并应采取"过程方法"的理念全过程、全方位对标准化战略绩效进行评价。作为一项绩效评价，也应坚持持续改进的质量观，并将这种观念作为一项基本的评价原则导入到标准化战略绩效评价体系中。因此，在建筑企业标准化战略绩效评价指标体系设计中，体现了同样重视实施过程和实施结果的观点，并反映了标准化战略实施的领导作用、全员参与、系统方法等特点。这种理念的战略开展需要详细的策划、足够的资源和预算及其合理运用、确保标准化战略开展的正确次序及关键环节、措施得当并实施目标管理等。应强调在实施企业标准化战略的过程中，需要在整个组织内维持运营和流程一致性的一种文化，提升整个组织标准化的意识和文化氛围。

五、建筑企业标准化战略绩效评价体系的合理性和可行性

已经构建起来的建筑企业标准化战略绩效评估体系经过对两个案例公司的评价，发现所构建的指标体系具有指标比较完善、结构比较合理、评价功能比较全面且可以推广，因而评价体系比较合理，具有较好的可行性和可操作性。采用该指标体系可以较为科学、全面地评价建筑企业标准化战略实施绩效。

第二节
研究建议

一、政策建议

（一）政府政策建议

标准尤其是政府部门的成文标准从某一方面反映了政府管制的意图，是法律法规思想的具体表现。因此，企业实施标准化战略需要政府相关行动配合。

对政府有关部门的政策建议如下：

第一，政府要建立"法律—法规—标准—合格评定"四个部分组成的标准化运行机制，完善我国标准化体系。一要理顺技术法规与标准的关系，以技术法规和标准的分离为目标，促进我国标准化体制改革。二要改变技术法规和标准体系的制定方式和目标。技术法规和标准的制定应由指导生产转为发展贸易。标准的制定应主要由企业参与完成。三要加快采用国际通用标准和国外先进标准，尽早从标准的追随者转化为先行者。四要建立合格的标准评定程序，优先采用国际标准。①

第二，制定完善的标准化战略体系。除了国家标准化战略以外，各级政府机构、行业主管部门、行业协会等也都应制定有利于促进竞争、完善市场的标准化战略。已有的标准化战略需要重新审视和修订。

第三，严格执行国家强制性标准。国家强制性标准主要体现在工作安全、劳动保护、环境卫生等方面，涉及人民群众的切身利益，必须严格执行。要通过国家强制性标准这个工具淘汰落后企业，并通过标准工具促进企业创新和产业竞争力提升。

第四，逐步建立完善与标准和标准化有关的法规体系，尤其是我国知识产权和标准化相关法律、法规和政策，要将知识产权政策、产业研发政策和标准化政策协调起来，并大力推广开放技术标准。政府政策一方面要保护企业的合法利益，另一方面也要注意需要促进市场竞争。政府应根据经济和社会发展情况在公平和效率之间适时进行协调。在全球经济规则法制化的今天，只有从法律层面规范标准战略中的技术、市场和政府等因素，实施标准战略的法制保障，以技术创新为根本、市场策略为导向、政府力量为支撑，合法应对国际技术市场的竞争，敢于接受标准垄断的挑战，才能在国际标准竞争中赢得一席之地。

第五，应突出国家技术标准战略的重要地位。技术标准战略应表现在三个方面②：转型战略，技术标准管理、运行体制和标准体系由计划型向市场型转移以提高技术标准市场适应性；协调战略，协调技术标准和科技研发之间的关系，提高我国技术标准核心竞争力；国际战略，即技术标准应"实质参与"国际标准化集成之中，提高我国技术标准国际竞争力。要调整采用国际标准的政策，建立采用国际标准的指标评价体系，实施优势特色领域技术标准的重点

---

① 陈仁竹，马亚良，石潍. 标准化基础教程［M］. 北京：中国计量出版社，2008：43-44.
② 王敏华. 标准化教程［M］. 2版. 北京：中国计量出版社，2010：16-19.

突破。① 在技术标准战略制定中政府的作用是参与和引导，技术标准的发展以企业为主体构建，最终形成关键技术支撑的、创新为突破的具有国际竞争性的产业和产业集群。

第六，政府也应鼓励企业实施有效的标准化战略，以提高我国企业在国际市场上的竞争力。政府政策应具有可行性。在建筑业中可以考虑在工程招投标中政府公共工程优先向标准化良好行为企业、卓越绩效企业倾斜或者加大投标中的中标权重。

第七，政府应优先保证完善工程建设安全、劳动保护、环境保护、劳动者权益保护等方面的标准体系。安全、环保、劳保等问题与广大人民利益息息相关并始终是社会热点问题，且按照我国《标准化法》的规定这些方面的标准都是强制性标准。同时政府自身应首先模范遵守这些方面的标准和相关管理制度，以及相应的国家法律法规。

第八，政府应使得标准和标准化建设公开化。作为一项公共资源，标准尤其是国家标准、地区标准等应成为全社会的共同财产，因此政府应建立良好的标准化信息化管理和服务制度，通过信息化建设实施标准运行的电子化管理。要建立国家标准、行业标准、协会标准和地方标准的共建和共享机制。

（二）企业政策建议

作为标准化战略的实施主体，企业标准化战略实施中的政策建议如下：

第一，企业应认识到标准化管理、标准化战略对企业来说非常重要。企业首先应有这方面的意识，企业领导应具备这方面的眼光。在标准化战略实施中企业首先要遵守国家和行业、地区标准尤其是强制性标准，这是标准化战略的入门和起步阶段。

第二，随着企业标准化战略的发展，企业应建立和形成一个合理的企业标准体系。其中，技术标准要能体现企业核心技术，管理标准和工作标准要有权变性。企业标准体系各子体系即技术标准体系、管理标准体系和工作标准体系之间应协调统一，合理搭配。否则企业经营中难以享受到标准的协调作用。

第三，要注意在标准化战略中，仅仅遵守国家标准、行业标准等是不够的。在企业标准化战略进一步发展以后，除了主动实施国家标准和行业标准，

---

① 李学京. 标准与标准化教程［M］. 北京：中国标准出版社，2010：106 – 120.

企业更应积极参与到地区标准、行业标准乃至国家标准的制定之中，并积极培养标准化人才。此时企业应利用标准化工具，结合企业知识产权和其他工具为企业赢得长久的竞争优势。

第四，企业标准化战略实施中，在企业突出技术标准重要性的同时，一定不能忽视管理标准和工作标准的建设。技术标准是企业核心竞争力的体现形式之一，需要认真建设。但是作为配套协同的体系，正如木桶效应原理揭示的一样，企业经营中竞争优势的来源不在于最强大的环节，而在于最薄弱的环节。案例企业的事例充分说明了这一点。

第五，企业应重视与标准化战略相联系的其他环节尤其是企业知识产权保护和企业知识管理。标准与知识产权的融合是一个必然的趋势，企业应注意二者的有机结合。跨国企业通过成功地利用标准和知识产权的结合，巧妙地将全球技术许可战略构建在技术标准之中。这些企业都力求将企业自主知识产权转变为标准，尤其是行业事实标准，以获取最大经济利益，因此标准成了其垄断市场和攫取超额利润的最高体现形式。这是值得我国企业借鉴的。事实上即便以建筑业这种比较成熟的产业、慢周期市场为例，伴随着技术的快速发展，也有很多的细分市场越来越具备高科技成分，因此标准的先发优势、网络效应等对很多行业包括建筑业也是适用的。除此之外，企业在日常运营中也应推行信息化建设和知识共享，建设成为一个学习型组织。

第六，选择合适的标准化战略方式和工具，并应进行监控和适时评价，持续改进。企业应根据自身特点和实力，结合外部环境分析，选择合适的标准化战略方式，并根据所选择的战略形式选取合适的标准化战略工具。在标准化战略实施中，应根据标准化战略目标对战略实施过程实时监控，并根据标准化战略绩效评价体系对本企业标准化战略实施效果及时评价，及时更正、总结、提高。总之，标准化战略的实施应注重过程，持续改进。

二、研究不足与下一步研究方向

目前国内企业标准化战略研究较少，本研究尝试探讨了标准化战略对企业竞争优势作用机理和企业标准化战略选择等问题。作为探路者，本研究也存在不足之处，这也是下一步需要进一步探讨的地方，表现在：

第一，建立的建筑企业标准化战略绩效评价指标体系中定性指标仍然较多。这使得被调查者对本企业的评判缺乏定量根据，因而可能误差较大。下一步研究中可以考虑构建四级指标体系，对第四级指标基本上设定为定量指标，这样就可以大大减少被调查者分析调查问卷时的误差。

第二，由于时间和精力等原因，对建筑企业调查数量较少。在进一步完善建筑企业标准化战略绩效评价指标体系以后，可以对更多的建筑企业进行调查和案例分析，从而发现个不同企业之间竞争能力的差异以及差异来源。

第三，文中部分地方尚缺乏实证分析，比如标准化战略对企业竞争力形成的作用机理的实证分析、先发优势对企业持续竞争优势形成的作用路径的实证分析、企业不同发展阶段标准化的效果的实证分析等。这是下一步研究中需要着力解决的问题。

第四，对建筑业标准化战略绩效研究评估方法的选取比较单一，这主要是由于研究时间所限以及为方便调查研究企业等因素考虑的。下一步研究中可以考虑采用更多定性定量的方法，以及更加复杂的方法如神经网络评价技术等。

第五，由于这是初步尝试标准化对企业竞争优势的作用机理及标准化战略选择模式等方面进行研究，因此细化研究尚较欠缺。需要进一步研究具体的标准如技术标准、管理标准和工作标准战略对企业的作用机制或者这几种标准之间的相互协调机制，或者产品标准、质量标准、服务标准等对企业的影响机制等。

第六，本研究探讨了标准化管理和标准化战略对企业的影响和促进作用，并以建筑企业为例进行了分析和说明。但是，标准化管理和其他管理之间的关系及其相互促进作用尚需要进一步讨论，在评价企业标准化战略的绩效时如何消除企业其他管理和运营等方面的影响也需要进一步研究。

第七，本研究主要基于建筑企业标准化战略的研究，是否可以将相关研究如标准化战略绩效指标体系转化研究其他行业值得探讨。下一步需要建立更加综合的企业标准化战略选择模式和绩效评价指标体系，以更好为企业管理水平提高和经营绩效提升服务。

附录一　政府管制标准与企业之应对措施

一、企业与政府的关系

企业标准化战略中一个重要方面是政府。在经典企业环境理论中，政府属于特定环境（specific environment）①，而法律法规等方面则属于一般环境（general environment）②。实际上，这二者是联系紧密的。法律法规对企业的影响一般通过政府管制措施得以实现，因而在经济学文献中，法律法规对企业的影响和政府的管理措施是结合在一起分析的。③ 一般认为，经济政策可以通过如下几种方式对企业施加影响：第一，政策可能改变企业对标准决策规则的常规投入，决策可能被修整，即经济政策限制了企业的决策集；第二，公共政策可能使得企业某些目标无法实现；第三，经济政策可改变潜在问题的潜在解决方法的属性，企业可能把新的备选方案加入搜寻清单或者可能改变现有备选方案的属性，经济政策从而可能给企业带来风险或者机会。④ 而政府管制企业的最主要方式之一就是制定标准并强制企业执行。

从企业、政府与社会三者关系的视角分析政府管制对企业影响的一般模型⑤，可得出如图 A-1 中的一般分析模型。在该模型中，企业作为拥有资本和强大影响力的一方，其他利益集团为相对一方，政府则居中调停双方利益。既有技术条件下的各种社会经济因素则构成了各方互动的现实基础。

该模型中四个方面即政府、企业、其他利益集团和其他社会因素相互作用，相互具有直接影响和间接影响。政府在企业的所有方面都影响到企业的决策，如计划、研发、生产、销售、人事、财务、设备等。⑥ 具体而言，政府的

---

① 小约翰·谢默霍恩. 管理学原理 [M]. 甘亚平, 译. 北京: 人民邮电出版社, 2005: 19 - 20.

② 斯蒂芬·P. 罗宾斯, 玛丽·库尔特. 管理学 [M]. 9 版. 孙健敏, 等译. 北京: 中国人民大学出版社, 2008: 70 - 75.

③ 丹尼尔·F. 史普博. 管制与市场 [M]. 余晖, 等译. 上海: 上海三联书店、上海人民出版社, 1999: 27 - 36.

④ R. M. 希尔特, J. G. 马奇. 企业行为理论 [M]. 2 版. 李强, 译. 北京: 中国人民大学出版社, 2008: 179 - 181.

⑤ 乔治·斯蒂纳, 约翰·斯蒂纳. 企业、政府与社会 [M]. 张志强, 王春香, 译. 8 版. 北京: 华夏出版社, 2002: 21 - 80.

⑥ M. L. 韦登鲍姆. 全球市场中的企业与政府 [M]. 6 版. 张兆安, 译. 上海: 上海三联书店, 2006: 16 - 18.

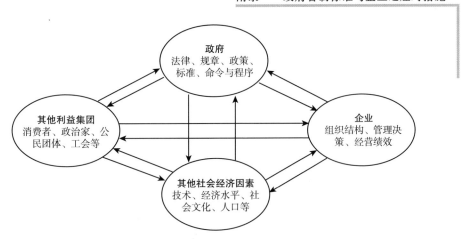

图 A - 1　政府管制对企业影响的一般分析模型

影响一般通过制定规则、设立标准、规定操作程序等形式，而这都是某种标准形式。以建筑企业为例，政府通过资质审查等形式规定了建筑企业的设立标准，政府通过强制性标准规定了建设施工中的环境保护标准、质量标准和安全标准①等，并对不执行这些标准的企业实施行政制裁措施直至吊销营业执照，更严重的甚至处以刑事处罚措施。

因此，标准是现代市场经济及其构成基本要素，是法律法规的细化、补充手段和法规实施的技术基准。② 政府在具体的操作中都是通过各种各样的标准来衡量、测度企业的行为和绩效，从而影响企业的。

二、企 业 应 对 政 府 管 制 标 准 的 措 施

企业是否一定会遵守政府颁布的有关管制标准，如安全管制标准、质量管制标准等，答案很明显，正如现实中常见的情形一样，企业并不一定完全遵守。不同的企业，因为其成本函数等方面的差异，应对政府的管制标准也具有较大差异，即不同的企业将会根据自身的成本函数对管制标准做出相应的反应。

假定政府制定了某种安全管制标准，理性化的厂商将评价遵从该管制的成

---

①　例如如下有关环境保护、质量、安全等方面的国家强制性标准建筑企业在施工中必须予以执行：《环境空气质量标准》GB 3095—1996、《民用建筑设计通则》JGJ 37—87、《建筑设计防火规范》GBJ 16—87（1997 年版）等。

②　李庆荣. 标准化在现代市场经济中的地位和作用 [J]. 中国标准化，2003（1）：30-31.

本和违反该管制的成本，在这两个方案之间进行权衡，只有当下式成立时厂商才遵从管制机构的管制[①]：

$$厂商期望的遵从成本 \leq 期望的处罚成本 + 期望的安全损失$$

其中：

$$期望的处罚成本 = 可能的检查 \times 期望每次检查的违例数$$
$$\times 每次违例的平均成本$$

$$期望的安全损失 = 安全事故发生概率 \times 安全事件$$
$$\times 每次安全事故发生的平均成本$$

假定政府管制机构实施管制的目的在于提高厂商市场化条件下的安全水平，因此剔除市场因素时厂商遵从管制的条件则是：

$$厂商期望的遵从成本 \leq 期望的处罚成本$$

不同的厂商将会根据自身的成本函数对管制做出相应的反应。如图 A-2 所示，厂商对安全的投资收益是一条抛物线（相关分析见图 B-3 "企业最优质量标准"中的解释），具有不同成本曲线的三个厂商 A、B、C 其市场中安全控制利润曲线分别为 AA、BB、CC，最优安全控制规模分别为 s_A^*、s_B^*、s_C^*。现在假定政府管制机构的标准要求一个最低的安全水平 s_0。

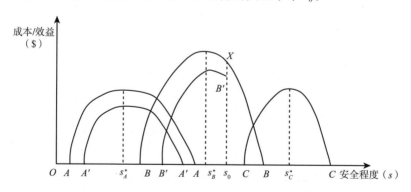

图 A-2　不同类型厂商对安全管制标准的投资反应

注：本图根据如下资料修改而成：W. K. 维斯库斯，J. M. 弗农，J. E. 哈林顿. 反垄断与管制经济学 [M]. 陈甫军，等译. 北京：机械工业出版社，2004：460. 图 23-5.

---

① W. K. 维斯库斯，J. M. 弗农，J. E. 哈林顿. 反垄断与管制经济学 [M]. 陈甫军，等译. 北京：机械工业出版社，2004：459-461.

首先分析 B 厂商。低于 s_0 水平时将面临预期处罚，从而使其利润曲线降低到 $B'B'$ 水平。如果厂商在安全控制上充分投资以获得等于或者超过 s_0 的安全水平，则其利润曲线仍为原有利润曲线 BB。此时 B 厂商有足够的激励去获得安全水平 s_0，以使其利润函数保持不变，从而在安全水平 s_0 时其利润处于 X 点，高于不额外投资满足管制标准时的利润曲线 $B'B'$ 上的利润水平。

对 A 厂商，由于其技术水平较低，因此管制机构对其实施处罚以后的利润曲线为 $A'A'$，远低于要求其达到应遵从的标准，因此厂商没有遵守安全标准的欲望，该标准对 A 厂商而言是不切实际的。

对厂商 C，由于其技术水平较高，不需要额外的投入就可以获得安全控制标准 s_0 以上的安全水平，因此管制实施对其无影响。

结论：

（1）B 厂商有足够的激励去获得安全水平 s_0，以使其利润函数保持不变，从而在安全水平 s_0 时其利润处于 X 点，高于不额外投资满足管制标准时的利润曲线 $B'B'$ 上的利润水平。

（2）A 厂商由于其技术水平较低，因此管制机构对其实施处罚以后的利润曲线为 $A'A'$，远低于要求其达到应遵从的管制标准线 s_0，因此该厂商没有遵守安全标准的欲望。该标准对 A 厂商而言是不切实际的。

（3）C 厂商由于其技术水平较高，不需要额外的投入就可以获得安全控制标准 s_0 以上的安全水平，因此该安全管制标准的实施对其无影响。

这三类企业都有典型代表。[①]

第一类企业可归纳为"侥幸心态"型。一些中小企业由于技术落后、企业实力不强而对政府管制措施如安全投入、环保投入等要求采取消极态度，投入较少，以期望侥幸无安全事故发生或者政府检查不及。

第二类企业为"积极适应"型。对大多数建筑企业而言，政府在安全、质量、环境保护等方面的管制都有正面的激励效果，能促使企业不断提高技术水平、增加相应的安全控制、环境保护等方面的投入。

第三类企业为"超越"型。对一些实力雄厚的企业，尤其是一些外资建筑企业和国家特大型建筑企业，管理严格、科学，构筑了完善的安全管理体系和环境保护体系，其整体管理水平超越了我国建筑业行业平均水平（即社会最优标准）而达到了国际先进水平。

① 蒋其发. 建筑业政府管制：理论、实践与产业发展 [M]. 北京：经济科学出版社，2011：125 – 126.

由于中国市场经济尚不完善，因此还有应对政府管制的第四种类型企业，可称为"利益共同体"型。或者与政府有关部门和官员相勾结，或者政府考虑财政收入或 GDP 等方面的原因，造成政府有关部门对一些企业在环保、职业场所安全、产品安全等方面标准管制不达标的漠视或者淡化履行管制责任，便形成了此类企业。这类企业多属一些资源开发或垄断类企业如煤矿、水资源开发等，以及对地方财政贡献较大但又对环境破坏比较严重的企业。详见第三章有关"标准的负面影响"相关分析。

三、必要的讨论

以上讨论的是企业和政府之间一次性博弈的情况。如果企业将与政府进行多次重复博弈，则对企业而言最优抉择可能是遵从该管制标准，通过标准化行为显示自身良好的形象［经济学意义上即为该企业从一种良莠不分的企业混同均衡（pooling equilibrium）中将自己分离（separating）和甄别（screening）出来］。① 至于企业是否真的遵从政府的管制标准，则需要企业权衡多方面的因素，包括企业标准化行为的收益如市场信号传递（signaling）的效果、成本的降低等，以及遵从的成本、是否需要进行下一次的投资等多种成本和收益方面的计算。至于企业是否需要进行下一次投资（即多次重复博弈）行为，则又需要结合市场条件、投资规模、进入门槛等因素确定。此外，由于涉及跨期决策，又需要计算风险因素和贴现率等。此时的计算相当复杂，也具有高度不确定性。当然，不遵从的后果很明显，如同第四章中曾提及的奶制品企业一样，最严重的后果之一是整个奶制品行业的沉沦，消费者至今仍未恢复对中国奶制品的信心。②

分析至此，可以说明另一种政府管制标准的重要意义，即政府对企业经营设置必要的投资额等方面的最低进入标准。这种标准在现今中国确实具有必要性：一方面这是对企业违法经营的一种背书和保证；另一方面作为一种进入壁垒标准有助于消除消费者的疑虑，尤其在信息严重不对称的行业例如建筑业，可能更需要设置准入门槛。

---

① H. R. Varian. Intermediate Microeconomics：A Modern Approach ［M］. Eighth Edition. New York：W. W. Norton & Company，Inc.，2010：726 – 730.

② 中国消费者对国产奶制品信心不足的具体体现之一就是在香港、海外大规模购买奶粉等奶制品。可见最近人民网相关报道"国产奶粉重构五年后"（http：//society. people. com. cn/n/2013/0929/c1008 – 23077031. html）。

附录二　几种重要标准的经济分析及其对企业经营的启示

本附录主要分析几种重要的标准类型。这些标准对于分析企业标准化战略具有重要意义，因此需要较详细说明其对经济的促进作用机理以及对企业经营的重要启示。这几种重要的标准形式对社会经济的影响各不相同。

一、柠檬市场和最低质量标准

标准可视为一种质量（产品质量、管理质量或者工作质量等）或者绩效的体现。质量或者绩效是产品、工作结果等的基本属性之一。以产品质量为例，在完全竞争市场存在充分而完全的信息（perfect information），与商品质量有关的信息得到了充分披露，消费者据此可对商品正确定价。而不完善的市场质量信息披露不完全，存在信息不对称（information asymmetry），即市场中的某些参与方比另外的参与方知道更多的信息①，此时将会发生低质量的商品把高质量的商品逐出市场的情形，形成所谓的逆向选择（adverse selection）问题而产生"柠檬市场（lemons market）"②，最终导致市场中假冒伪劣产品盛行。因此，设置一个最低质量有利于市场机制的顺利运转。

（一）柠檬市场问题

我们可通过图 B-1 的模型说明柠檬市场的形成过程。假设现在一种新的防盗门生产了出来，生产厂家都是新进入该行业的生产者，由于是一种新型产品，消费者对该产品的质量信息不完全了解（但厂家知道自己的产品质量），只知道存在高质量产品和低质量产品。高质量产品（图 B-1 左图）需求曲线和供给曲线分别是 D_H 和 S_H，均衡时价格和供应量分别为 P_H 和 Q_H；低质量产品（图 B-1 右图）则相应为 D_L、S_L、P_L 和 Q_L。为简化计算，假设 $Q_H = Q_L$，

---

① 平狄克，鲁宾费尔德. 微观经济学 [M]. 王世磊，等译. 北京：中国人民大学出版社，2000：533 – 534.

② G. A. Akerlof. The Market for "Lemons"：Quality Uncertainty and the Market Mechanism [J]. The Quarterly Journal of Economics，1970，84（3）：488 – 500.

即具有完全信息时的均衡条件下高质量和低质量产品出售相同数量。

可考虑一个二阶段博弈模型。在第一阶段（图 B-1 左图），由于消费者对产品质量信息不了解，他将对高质量和低质量的防盗门赋予同样的权重，即假定高质量和低质量产品的概率 $P^1(S_H) = P^1(S_L) = 0.5$。假设消费者风险中性（risk neutral），根据该概率，形成的消费者期望需求曲线则为

$$E^1(D) = P^1(S_H) \times D_H + P^1(S_L) \times D_L = D_M \qquad (B-1)$$

这是一个中等质量的防盗门的需求曲线，此时高质量的防盗门供应比例减少，低质量的防盗门供应比例增加。在此条件下他购买高质量和低质量的防盗门分别为 Q_M^H 和 Q_M^L，此时 $Q_M^H < Q_H$，$P_M^H < P_H$；$Q_M^L > Q_L$，$P_M^L > P_L$。

在第二阶段（图 B-1 右图），消费者将根据已有信息对其先验概率进行修正，得到第二阶段的后验概率，即

$$P^2(S_H) = Q_M^H/(Q_M^H + Q_M^L) < Q_H/(Q_H + Q_L) = P^1(S_H) = 0.5$$
$$P^2(S_L) = Q_M^L/(Q_M^H + Q_M^L) > Q_L/(Q_H + Q_L) = P^1(S_L) = 0.5$$

根据该概率，消费者形成了第二阶段的期望需求曲线

$$E^2(D) = P^2(S_H) \times D_H + P^2(S_L) \times D_L = D_{LM} \qquad (B-2)$$

在该需求曲线影响下，高质量防盗门供应比例进一步减少，低质量门供应比例进一步增加。多次重复博弈的结果是期望需求曲线逐步下滑，最终消费者相信市场上都是低质量的产品，需求曲线收敛于低质量需求曲线 D_L 水平，从而将高质量防盗门逐出市场。

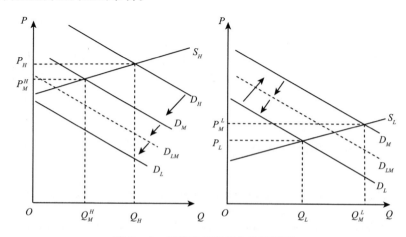

图 B-1　柠檬市场的逆向选择模型

　　现实中发生市场信息不完全、不对称并产生逆向选择的原因主要由于个体知识不完备或能力限制而引起的决策思维有限性[1]、交易成本的存在[2]、交易中的权利难以完全界定[3]以及交易中的利己主义倾向[4]等因素造成的。

　　逆向选择的结果是交易萎缩，造成了社会福利损失。克服逆向选择一个重要的方面就是采用标准消除信息不对称现象，如政府采取的强制质量标准、企业质量体系认证（ISO 9000 体系认证等）以保证一个最低质量标准（minimum quality standard，MQS）。以下证明最低质量标准在克服柠檬市场中的作用。

（二）最低质量标准在克服柠檬市场中的作用

　　质量（包括产品质量、工作质量和管理质量等）是企业生产中的重要决定因素，并对社会效率有重要影响。以产品质量为例，企业在生产中面临着从低质量到高质量产品的一个"产品空间（product space）"，决定生产何种质量的产品对企业利润影响极大，质量选择因而成为企业重要战略决策。因此，从企业生产即产品供给角度，存在着质量的最优选择问题。

　　此外，从需求方面来说，消费者对质量选择是异质的（heterogeneous），是一个从低质量到高质量的差异化霍特林（Hotelling，1929）模型。[5] 从社会有效生产（即福利最大化）原则来说，也存在着一个最优质量选择。

　　在考虑产品质量时，前已说明，广泛存在的信息不对称将导致交易萎缩，危害社会有效生产，因此一个最低产品质量要求是必要的。[6]

　　产品最低质量标准对社会福利的促进作用证明如下。

　　假定建筑企业生产某建筑配件，潜在的卖者和买者都为 N（N 足够大）。卖者和买者都是理性的（rational），且风险中性（risk neutral）。在一个竞争性市场，各生产厂家出售的产品其市场价格相同。

　　假定卖者质量分布函数为 $F(s)$，其密度函数为 $f(s)$，$s \in [s_{min}, s_{max}]$。当质量为 s 的配件自用时，所有的卖者有剩余 $\{\theta_0 \cdot s\}$；当该配件出售时则获得

　　① 赫伯特·西蒙. 管理行为 [M]. 詹正茂，译. 北京：机械工业出版社，2004：86 - 110.
　　② 奥利弗·威廉姆森. 资本主义经济制度 [M]. 段毅才，王伟，译. 北京：商务印书馆，2002：33 - 36.
　　③ Y. 巴泽尔. 产权的经济分析 [M]. 费方域，段毅才，译. 上海：上海人民出版社，1997：3 - 6.
　　④ 蒋其发. 不完全合同理论与风险成因 [J]. 建筑经济，2008（Z1）：8 - 24 - 26.
　　⑤ H. Hotelling. Stability in Competition [J]. Economic Journal, 1929, 39：41 - 57.
　　⑥ C. Wilson. The Nature of Equilibrium in Markets with Adverse Selection [J]. Bell Journal of Economics, 1980, 11（1）：108 - 130.

收益为市场价格 p（因而除质量成本外所有卖者收益相同）。买者则是异质的，$\theta \in [\theta_{min}, \theta_{max}]$，分布函数 $G(\theta)$，密度函数 $g(\theta)$。因此卖者效用水平 U^s 和买者效用水平 U^b 分别为

$$U^s = \begin{cases} p, & \text{如果交易成功。} \\ \theta_0 \cdot s, & \text{如果交易失败。} \end{cases} \qquad (B-3)$$

$$U^b = \begin{cases} \theta_0 \cdot s - p, & \text{如果交易成功。} \\ 0, & \text{如果交易失败。} \end{cases} \qquad (B-4)$$

则卖者质量选择的可行产品空间 $s^f \in [0, p/\theta_0]$，此时买者的质量期望水平为 $s^a(p) = \dfrac{p}{2\theta_0}$。对称信息条件下只有 $\theta > \theta_0$ 时才可能交易，因此有效交易量为

$$D^*(p) = N \cdot [1 - G(\theta_0)] \qquad (B-5)$$

不对称信息条件下则只有 $\theta \cdot s^a(p) \geq p$ 时才可能交易，因此交易量为

$$D(p) = N \cdot \left\{ 1 - G\left[\frac{p}{s^a(p)} \right] \right\} \qquad (B-6)$$

卖者产品供给量

$$O(p) = N \cdot F\left(\frac{p}{\theta_0} \right) \qquad (B-7)$$

均衡条件下 $O(p) = D(p)$。

假设 f 和 g 是 $[0, 1]$ 间的均匀分布，存在一个竞争性均衡 $O(p) = D(p)$，则

$$O^0(p) = N \cdot \frac{p}{\theta_0} \qquad (B-8)$$

$$s^a(p) = \frac{p}{2\theta_0} \qquad (B-9)$$

$$D^0(p) = N \cdot (1 - 2\theta_0) \qquad (B-10)$$

当 $\theta_0 \geq 1/2$ 时，交易不可能发生；当 $\theta_0 \leq 1/2$ 时，存在唯一的竞争性均衡价格 $p^0 = \theta_0 - 2\theta_0^2$。此时的交易量

$$D^0 = N \cdot (1 - 2\theta_0) < D^* = N \cdot (1 - \theta_0) \qquad (B-11)$$

即不对称信息条件相比对称信息条件时交易萎缩。

假设存在最小质量要求 s_0，则买者对质量的期望水平为

$$s^a(p) = \left(\frac{p}{\theta_0} + s_0 \right)/2 \qquad (B-12)$$

卖者产品供给量

$$O(p) = N \cdot \left(\frac{p}{\theta_0} - s_0 \right) \qquad (B-13)$$

买者购买需求量

$$D(p) = N \cdot \left[1 - \frac{p}{s^a(p)} \right] \qquad (B-14)$$

假设 $\theta_0 = 1/2$，如果 $s_0 = 0$，交易不会发生。但当 $s_0 > 0$ 时，存在均衡价格

$$p^c = \frac{1}{2} \cdot \sqrt{s_0 + s_0^2} \qquad (B-15)$$

因此执行一个最小质量标准可以促进社会福利。

最低质量标准对企业经营的启示有如下几点：

第一，完善的市场对促进经济绩效是有利的，最低质量标准能够保证市场满足最基本的要求运作。为保证市场有效运转，防止市场失灵，最低质量标准也是政府干预市场、进行管制的重要方面，因此政府在产品质量、工作环境、职业健康和安全等方面为确保市场运转制定了很多的最低质量（绩效）标准。企业经营中必须满足这些强制性标准条件。

第二，在企业经营中，最低质量（或绩效）标准具有重要意义。最低工作标准、最低绩效标准、最低产品标准等最低标准在企业经营中必须存在，这是企业经营考核的最低标准。否则企业中绩效考核没有意义，最终如同柠檬市场一样，工作绩效或者产品质量为零。

第三，企业消除柠檬市场影响的办法之一即为标准化。标准化经营使得企业作为一种信誉（reputation）能够保持同样水准的质量，

第四，但是最低质量也造成了 Hotelling 模型中产品空间缩减，因而造成消费者的选择机会减少[①]，因此企业必须在消费者机会选择和经济绩效之间予以权衡，政府质量管制时也不能一味为追求高质量产品而提高最低质量标准，从

---

① J. Farrell, G. Saloner. Standardization and Variety [J]. Economics Letters, 1986, 20 (1): 70 – 74.

而减少了消费者的选择机会。如图 B-2 所示，假定产品质量是一个 [0, 1] 均匀分布模型，一个产品质量即代表一个产品种类。当提高产品质量标准，即最低质量标准（MQS）向右移动时，社会上产品质量提高（假定企业都遵守政府强制管理规定），但是产品种类减少，这意味着消费者的选择减少。不仅如此，在下文分析中我们还可以看到，产品质量与其成本有关，高质量的产品其成本将递速增加，因此产品质量提高固然可以提高整个社会的生活水准，但是全社会因此而将大大提高社会运行的机会成本。因此，企业和社会都必须根据现有生产力水平选择恰当的质量标准。对我国来说，目前社会生产力水平尚处于较低阶段，因此与发达国家相比最低质量标准（MQS）选择较低是合理的，这样满足了我国现阶段发展需要。但是质量标准选择较低对国际贸易（尤其是与发达国家的贸易）很不利，第三章中探讨标准在促进国际贸易中的作用时已经对此进行了分析。

图 B-2　最低质量标准与产品空间

二、最优质量标准

在上述最低质量标准对社会福利促进作用的论证中，对社会而言还存在着一个最优质量标准问题。

假定存在一个仁慈的社会计划者（social planner），其目标是最大化社会福利，即

$$U = \text{Max}(\Delta U^s + \Delta U^b)$$
$$\text{s. t. } \theta = \theta_0$$

则　　$$U = \text{Max}\left\{(p - \theta_0 \cdot s) \cdot N \cdot \frac{p}{\theta_0} + (\theta \cdot s - p) \cdot N \cdot (1 - 2\theta_0)\right\}　　\text{(B-16)}$$

分别对 p 和 s 求偏导 $\partial U/\partial p$、$\partial U/\partial s$，可得 $p^* = \theta_0 - 2\theta_0^2 = p^0$。可见信息不对称条件下竞争性均衡使总社会福利达到了最优。

对企业而言，也存在一个最优标准的问题。如图 B-3 所示，从效率上来

说，作为理性人，企业质量标准控制的最佳规模是使质量控制总收益减去总成本所得的净收益最大的点 Q^*。一般来说，企业质量控制成本曲线 $C(q)$ 是凸的（即成本的一阶导数 $MC>0$，二阶导数 $MC'\geq0$），即随着标准要求提高成本增加且其增加速度将越来越快。而企业质量控制收益曲线 $R(q)$ 则是凹的（即收益的一阶导数 $MR>0$，二阶导数 $MR'\leq0$），即随着质量标准要求增加质量得到提升，但是其增加速度将越来越慢。质量控制成本曲线为凸形（convex）和收益曲线为凹形（concave）都是由于边际效益递减规律（law of diminishing return）的存在：对成本曲线而言，随着控制程度（质量标准）的提升，相等程度的提升需要越来越多的成本；对收益曲线而言，相同的成本得到的收益（标准控制提升所带来的标准化效果和收益）越来越小。

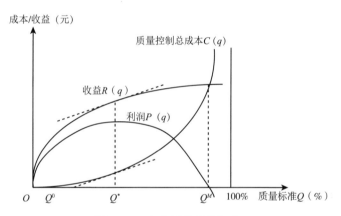

图 B-3　企业最优质量标准

控制最佳规模存在于成本曲线和收益曲线斜率相等的点 Q^*，即 $MC=MR$。质量标准控制的利润曲线 $P(q)$ 则为一条抛物线，最高点即为 Q^*。此处即为企业最优质量标准。标准化控制程度超过 Q^M 时，标准化的成本超过收益，此时企业由标准化得到的利润 $P(q^M)<0$。

最优标准分析对政府产品质量管制、职业环境和安全管制、环境保护管制等有重要意义。在既定的技术能力和社会经济条件下社会存在一个最优标准，如果此时采取过高的标准，将使得社会成本过大，资源耗费过度，企业和消费者最终不能承受，从而造成社会福利损失。

最优标准的分析对企业经营的启示有如下几点：

第一，在不同的市场，企业经营中需要针对市场条件的不同采取不同的标准，进而采取不同的标准化战略。

第二，在同一市场，不同的企业由于其标准化战略中的实施成本不一致，其采用的最优标准是不同的，因此企业不同需要采取不同的标准和标准化战略。企业实施标准化战略的成本反映了其研发能力和经营实力，是其核心竞争力的体现。

第三，如果市场运作良好，或者政府干预有效使得市场运作比较良好，此时价格正确地反映了产品质量，企业生产中通过市场选择的最优质量也是社会所需要的最优质量。

三、多重标准

多重标准意味着产品、质量、服务、工作、绩效等方面的差异化。我国建筑工程质量标准是统一而相互协调的框架，因而是同一个体系。如果在保证最低质量要求的条件下（否则交易不会发生），建立两种体系或多种体系是否可促进社会福利水平？从本人的工作实践中看，我国的质量标准体系中存在部分过于刚性的内容，比如对施工中的临时性房屋，是否需要与永久性房屋一样采用同一个标准施工，就值得商榷。

多重质量标准从两个方面扩展，一是质量标准的垂直差异化，即社会上同时提供高质量产品和低质量产品，也即一般所说的高端产品和低端产品；二是质量标准的水平差异化，即同时提供质量等同但是种类（variety）不同的产品，此时商品的产品标准不同。下面首先分析质量标准的垂直差异化，然后分析更复杂的质量标准水平差异化问题。

（一）质量标准垂直差异化

一般来说质量标准垂直差异化可使消费者具有更多选择并能增加社会福利。从如下模型中可做简单分析。假设市场中存在两类消费者，其质量边际效用分别为 θ_1^b 和 θ_2^b；并假设分别有两类厂商供给相应的产品，厂商对质量的边际效用分别为 θ_1^s 和 θ_2^s。$\theta_1^b < \theta_2^b$，$\theta_1^s < \theta_2^s$，即低质量产品提供给低质量需求消费者，高质量产品提供给高质量需求消费者。低质量产品厂商和消费者交易中的效用变化分别为 ΔU_1^s 和 ΔU_1^b，则

$$\Delta U_1^s = \begin{cases} p - \theta_1^s \cdot s, & \text{如果交易成功} \\ 0, & \text{如果交易失败} \end{cases} \tag{B-17}$$

$$\Delta U_1^b = \begin{cases} \theta_1^b \cdot s - p, & \text{如果交易成功} \\ 0, & \text{如果交易失败} \end{cases} \qquad (\text{B}-18)$$

高质量产品厂商和消费者交易中的效用变化分别为 ΔU_2^s 和 ΔU_2^b，则

$$\Delta U_2^s = \begin{cases} p - \theta_2^s \cdot s, & \text{如果交易成功} \\ 0, & \text{如果交易失败} \end{cases} \qquad (\text{B}-19)$$

$$\Delta U_2^b = \begin{cases} \theta_2^b \cdot s - p, & \text{如果交易成功} \\ 0, & \text{如果交易失败} \end{cases} \qquad (\text{B}-20)$$

如图 B-4 所示，高质量产品总社会福利为三角形 $\triangle OBA$，低质量产品总社会福利为三角形 $\triangle OCD$，总社会福利 $\Delta U = \Delta U_1 + \Delta U_2 = \triangle OBA + \triangle OCD$。如果只提供一种产品如高质量产品，低质量偏好的用户将不消费或减少消费，总社会福利减少。

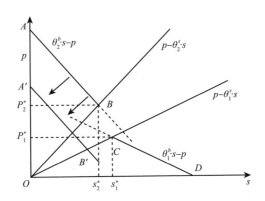

图 B-4 同时提供低质量和高质量产品的社会福利

此处的关键是提供低质量产品时必须将高质量产品偏好用户予以分离，有两种办法：对年龄、身份、教育程度、收入等外生性的可观察特征进行甄别[1]；对不可观察到的内生性特征如偏好等则可采用分离均衡策略（separating equilibrium），通过激励约束（incentive constraints）和参与约束（participation constraints）予以甄别，可参考信息经济学中的内容。[2] 这两种方式都是假设高

[1] H. R. Varian. Versioning Information Goods [EB/OL]. http：//people. ischool. berkeley. edu/ ~ hal/ Papers/version. pdf.

[2] Bernard Salanie. The Economics of Contracts：A Primer [M]. Cambridge，MA：The MIT Press， 1998：18 -38.

质量产品偏好用户需求曲线不会改变，但现实中由于虚荣效应（snob effect）的存在，高质量产品偏好用户的需求曲线将下滑，在图 B-4 中，高质量用户需求曲线使用低质量产品时将从 AB 线下滑到 $A'B'$ 线，实际消费量将减少。

（二）质量标准水平差异化

质量标准的水平差异化也可使消费者具有更多选择并同样能促进竞争。[①] 消费者偏好差异非常明显时，质量水平差异化可改善社会福利。对多种产品质量（水平差异化，即标准体系的多样性问题）是否增加社会福利的证明如下：

异质的消费者总和为 1，并服从均匀分布：$x \in [0, 1]$，$x \sim U([0, 1])$。消费者 x 的保留价格 v（willing-to-pay，WTP）为：$v = 1 - x$。价格为 p 时，消费者需求

$$x(p) = \text{Prob}(1 - x > p) = F(1 - p) = 1 - p \qquad (\text{B} - 21)$$

即：

$$p = 1 - x \qquad (\text{B} - 22)$$

假设存在两个商品 A 和 B。其中偏好 A 产品的消费者为 a，偏好 B 产品的消费者为 b。a，$b \in [0, 1]$，$a + b = 1$。A 型消费者效用 $U^A(\beta)$ 和 B 型消费者效用 $U^B(\beta)$ 分别为：

$$U^A(\beta) = \begin{cases} x_A, & \text{如果购买 } \beta = A。 \\ x_B - \delta, & \text{如果购买 } \beta = B。 \end{cases} \qquad (\text{B} - 23)$$

$$U^B(\beta) = \begin{cases} x_A - \delta, & \text{如果购买 } \beta = A。 \\ x_B, & \text{如果购买 } \beta = B。 \end{cases} \qquad (\text{B} - 24)$$

其中 x_A 和 x_B 分别为购买 A 和 B 的数量，δ 为购买不是自己偏好的商品的负效用（可视为一种转换成本）。

1. 单个品牌或者两个品牌的均衡分析

改变上式中各参数，如果：

---

① O. Shy. Industrial Organization：Theory and Application [M]. Cambridge, MA：MIT Press, 1996：256 - 262.

（1）$x_A = 1$，$x_B = 0$，产品标准化为 A。此时 $U^A(A) = 1$，$U^B(A) = 1 - \delta$。

（2）$x_A = 0$，$x_B = 1$，产品标准化为 B。此时 $U^A(B) = 1 - \delta$，$U^B(B) = 1$。

（3）$x_A > 0$，$x_B > 0$，商品为非兼容的两个标准所制造，即社会中存在同时存在两种非兼容的标准。

（4）在既定其他消费者不再转换商品而没有任何消费者倾向于转换商品时的分配（x_A，x_B）即为均衡条件。

考虑单个消费者（对总量无影响），如果标准化为 A，则 A 型转换时 $U^A(B) = -\delta$，B 型转换时 $U^B(B) = 0$。因此此时 A 型不会转换，B 型则在 $\delta < 1$ 时不会转换。如果 $\delta < 1$，则存在两个均衡（$x_A = 1$，$x_B = 0$）和（$x_A = 0$，$x_B = 1$）。如果 $\delta = 0$，没有单个标准的均衡存在。

命题 1：不存在转换成本时，行业中将很容易存在多种标准。

2. 社会福利分析

社会总福利 $W = a \cdot U^A + b \cdot U^B$。

$$W = \begin{cases} a + b \cdot (1 - \delta)，\text{如果采用 } A \text{ 标准。} \\ b + a \cdot (1 - \delta)，\text{如果采用 } B \text{ 标准。} \\ a^2 + b^2，\text{如果采用非兼容的两个标准。} \end{cases} \quad (B-25)$$

命题 2：如果 $a > \dfrac{1}{2}$（或者相应的 $b > \dfrac{1}{2}$），则实行标准 A（或者相应的 B）是最优的。这也就是前文（第三章第二节）中所分析的标准化的协调机制问题：当没有外部干预机制时，市场中如果只能存在一种标准，则市场选择的标准是较多人所偏好那一种标准。

证明：

$$a + b(1 - \delta) \gtreqless b + a(1 - \delta)$$
$$\Leftrightarrow a - b \gtreqless (a - b)(1 - \delta)$$
$$\Leftrightarrow 2a - 1 \gtreqless (2a - 1)(1 - \delta)$$

如果 $\delta < 1$，则

$$a - b > (a - b)(1 - \delta) \Leftrightarrow a > b \Rightarrow A > B$$
$$a - b < (a - b)(1 - \delta) \Leftrightarrow a < b \Rightarrow A < B$$

如果两种产品是社会最优的，则

$$\begin{cases} a^2 + b^2 > a + b \cdot (1 - \delta) \\ a^2 + b^2 > b + a \cdot (1 - \delta) \end{cases}$$

$$\Leftrightarrow W = \begin{cases} a^2 + b^2 > 1 - b \cdot \delta \Leftrightarrow \delta > \dfrac{1 - a^2 - b^2}{b} \\ a^2 + b^2 > 1 - a \cdot \delta \Leftrightarrow \delta > \dfrac{1 - a^2 - b^2}{a} \end{cases} \qquad (B-26)$$

$$\Leftrightarrow \delta > \max\{2a, 2b\}$$

由 $a + b = 1$，$\max\{2a, 2b\} \geqslant 1$ 知：当 $\delta > 1$ 时两种产品（标准）使得社会福利最优。

命题 3：存在一种均衡条件，即行业标准化于一个不利于社会最优化的品牌（或标准）。

例如，当 $\delta < 1$ 时，存在 2 个均衡条件，此时行业可标准化于单一品牌。特别地，市场中可能存在一种较差的品牌 A（或标准），尽管 $a < b$。相反情况也可能发生。如图 B–5 所示，两标准均衡线位于图中黑线处。

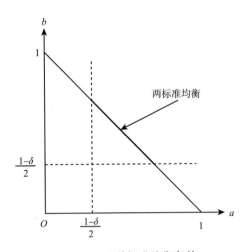

图 B–5　两种标准均衡条件

以上多重标准的探讨尽管主要是基于技术标准进行的，但是对企业经营中的其他标准如工作标准和管理标准等一样具有重大意义：

第一，由于个性差异和市场容量等问题，市场中可能需要多种标准进行管理和衡量绩效。事实上，个体差异的多重标准和市场差异的多重标准即是行业中的垂直差异化与水平差异化标准问题。

对于较大的企业来说，或者跨国公司来说，由于内部市场较大，采用多种的工作标准或者管理标准进行管理是适宜的。

对于企业内部部分异质性特别强的人群来说，如果他们特别重要，则需要采取特殊的标准管理措施。比如研发人员和市场营销人员的异质性较大，则针对这两个不同的群体其绩效考核和激励方式可采取不同的管理措施。这种办法已经在很多企业实行并证明行之有效。好的管理和控制措施应强调管理标准的合理性，同时也要求管理和控制系统具有灵活性，并强调例外情况的处理，需要多重标准进行管理和监控。多重标准会减少单一控制标准的刻板性，且更适合现实需要，因为实际工作很难采用单一指标予以评价。[①]

第二，行业中存在的标准一般是市场选择的结果，但是也存在市场失灵状况，如上文提到的命题3即如此。此时政府的适当干预是较好的。但是政府干预或者管制（regulation）也是有成本的，而且还存在政府失灵的状态，因此政府的干预一定要谨慎。目前在中国标准化政府管理体制中，政府失灵也是主要问题之一。一方面，是政府设置了过多的标准和管理措施，使得标准的负面影响（详见前文第三章分析）得到了发挥。另一方面，由于政府在信息收集和处理上远远落后于市场，因此这些管理措施和标准一般来说是落后于市场和社会经济发展的需要。[②]

四、兼 容 标 准

当一个品牌能在另一个品牌上运行时则称该产品或者标准是兼容的（compatible）。[③] 兼容是两种品牌基于统一标准。下向兼容（downward compatible）是指某种品牌新的模型（或者系统）与老的模型兼容，例如 Microsoft Office 2007 版软件可打开 MS Office 2003 版的文件。分析标准的兼容性需要首先分析网络效应（网络外部性）问题。

（一）网络效应

正常商品消费者的需求曲线是向下倾斜的。但是具有网络外部性的商品，

---

① W. H. 纽曼，小 C. E. 萨默. 管理过程——概念、行为和实践［M］. 李柱流，等译. 北京：中国社会科学出版社，1995：246－256.

② 中国标准化研究院. 中国国家标准体系建设研究［M］. 北京：中国标准出版社，2007：18－20.

③ J. Farrell & G. Saloner. Standardization, Compatibility, and Innovation［J］. Rand Journal of Economics, Spring 1985, 16：70－83.

其需求曲线是向下弯曲的抛物线。[①] 消费者超过某个阈值以后，网络外部性形成，消费者呈加速递增趋势。[②]

假定消费者总数为 1 并用 x 表示，$x \in [0, 1]$ 且服从均匀分布，即 $x \sim U([0, 1])$。消费者 x 的保留价格（reserve price）也即支付意愿（willingness to pay，WTP）为

$$v = 1 - x \qquad (B-27)$$

在价格为 p 时，需求为

$$X(p) = \text{Prob}(1 - x > p) = F(1 - p) = 1 - p \qquad (B-28)$$

因此需求的反函数

$$P(x) = 1 - x \qquad (B-29)$$

在完全竞争条件下厂商的成本等于价格，因此

$$c = p(x) = 1 - x \qquad (B-30)$$

无差异的消费者 x^0 出现在如下点

$$x^0 = 1 - c \qquad (B-31)$$

所有保留价格大于成本 c 的消费者都将购买一个单位的商品。

现在，假定网络中有 n 名成员，因此

$$v = n(1 - x) \qquad (B-32)$$

在价格 p 时，无差异的消费者 $\tilde{x}$ 出现为

$$n(1 - \tilde{x}) - p = 0 \Leftrightarrow \tilde{x} = 1 - \frac{p}{n} \qquad (B-33)$$

当所有的 $x \leqslant \tilde{x}$ 的消费者（即保留价格较高者）加入网络中时，$n = \tilde{x}$。这样，均衡时得到

$$n = 1 - \frac{p}{n} \Leftrightarrow p = n(1 - n) \qquad (B-34)$$

---

① David Easley and Jon Kleinberg. Networks, Crowds, and Markets: Reasoning about a Highly Connected World [M]. Cambridge: Cambridge University Press, 2010: 509 – 542.

② M. L. Katz, C. Shapiro. Systems Competition and Network Effects [J]. Journal of Economic Perspectives, 1994, 8 (2): 93 – 115.

图 B-6 即为网络效应下的消费者需求曲线图。从图中可以看出，在价格 p_0 时，有两个需求水平：低值 $\underline{x_0}$ 和高值 $\overline{x^0}$。

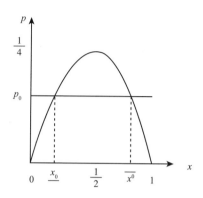

图 B-6 网络效应下的需求曲线

当 $n = \underline{x_0}$ 时，边际消费者的保留价格很低；当 $n = \overline{x^0}$ 时，由于所有高品质顾客已经购买了服务，因此边际消费者的保留底价也很低。在该网络服务中存在唯一的稳定需求点 $\overline{x^0}$。在 $\underline{x_0}$ 点，一个微小增量的购买者将导致购买更加有利可图，因而使得所有的消费者在 $\left[\underline{x_0}, \overline{x^0}\right]$ 区间内得到购买。$\underline{x_0}$ 点也就是价格 p_0 时形成网络外部性的临界数量（critical mass），这也是具有网络效应行业实现规模经济的安装基数（installed base）。

因此，存在网络外部性时，企业必须想办法使得自己的产品相比竞争对手更早达到 $\underline{x_0}$ 点，从而及早形成网络效应，将对手封锁出局（lockout）。[1]

网络效应形成了一种正反馈的回路，即随着产品消费越来越多，该产品的价值越来越大，然后导致需求的进一步增加，反过来又刺激了生产的进一步增加。尤其在一些互补产品的需求中，正反馈回路比较常见。比如 20 世纪对汽车的需求就是道路铺设与加油站网络的函数，电话网络与电话亦是如此。[2]

（二）兼容标准的经济性分析

标准兼容性有部分兼容（partially compatible）和完全兼容（completely

---

[1] J. Farrell, G. Saloner. Installed Base and Compatibility: Innovation, Product Preannouncements and Predation [J]. American Economic Review, 1986, 76 (5): 940–955.

[2] Charles W. L. Hill, Gareth R. Jones. Strategic Management: Theory & Cases: An Integrated Approach [M]. Mason, OH: South-Western Cengage Learning, 2001: 310–325.

compatible）两种。我们首先分析完全不兼容的情况，然后再分析部分兼容的情况。[①]

1. 不兼容标准分析

假定消费者可选择 2 种品牌的计算机，A 和 B。每个消费者具有初始预算 Y 以购买计算机和软件，每种品牌计算机价格为 p_i，$i = A$，B。则相应的软件购置费用为 $E_i = Y - p_i$。N_i 为品牌 i 计算机上可运营的软件数量。消费者由 β 标示，$\beta \in [0, 1]$ 且服从均匀分布，即 $\beta \sim U$（[0, 1]）。根据各自的偏好程度，对品牌 B 来说消费者的效用为

$$U^B(i) = \begin{cases} (1 - \beta) \sqrt{N_A}, & \text{若购买品牌 } i = A。\\ \beta \sqrt{N_B}, & \text{若购买品牌 } i = B。\end{cases} \qquad (B-35)$$

无差异的消费者 $\beta < \tilde{\beta}$ 的函数为

$$(1 - \tilde{\beta}) \sqrt{N_A} = \tilde{\beta} \sqrt{N_B} \qquad (B-36)$$

对消费者来说 $\beta < \tilde{\beta}$ 时为 A 用户，而 $\beta > \tilde{\beta}$ 时为 B 用户。定义 $\beta_A \equiv \tilde{\beta}$ 和 $\beta_B \equiv 1 - \tilde{\beta}$，则

$$\frac{1 - \tilde{\beta}}{\tilde{\beta}} = \frac{\beta_B}{\beta_A} = \sqrt{\frac{N_B}{N_A}} \qquad (B-37)$$

命题 1：$\beta_A > \beta_B$ 当且仅当 $N_A > N_B$ 时才会发生。

命题 2：提高品牌 A 计算机价格 p_A，将导致：

（1）减少 A 品牌用户数量（$\beta_A \searrow$）；

（2）增加 B 品牌用户数量（$\beta_B \nearrow$）；

（3）减少 N_A 且增加 N_B；

（4）减少 A 品牌用户的福利且增加 B 型号用户的福利。

A 品牌价格提高最终使得 B 品牌用户福利增加，这是一种间接网络效应。

2. 部分兼容标准分析

分析标准的部分兼容时，首先需要定义部分兼容，即品牌 i 可采用系数 ρ_i

---

① O. Shy. Industrial Organization：Theory and Application ［M］. Cambridge，MA：MIT Press，1996：260 - 280.

表示对计算机品牌 j 的部分兼容程度，当开发品牌 j 时软件 ρ_i 部分也可在品牌 i 计算机上运行。N_i 表示可在计算机品牌 i 上运行的软件数量，n_i 则为专为 i 品牌开发的软件，则

$$\begin{cases} N_A = n_A + \rho_A n_B \\ N_B = n_B + \rho_B n_A \end{cases} \tag{B-38}$$

假设 $n_A > 0$，$n_B > 0$ 且 N_i 均不变，则 n_A 和 n_B 各自相对于对方的反应线如图 B - 7 所示。

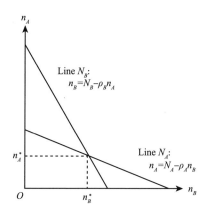

图 B - 7　计算机品牌开发软件的反应曲线

现在假设 A 企业增加兼容性 ρ_A，其计算机越来越与 B 品牌兼容，对 A 来说其变化曲线如图 B - 8 所示。

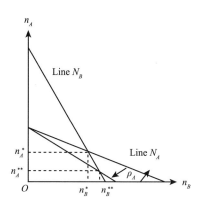

图 B - 8　增加兼容性后的反应曲线

由此得到：

命题3：当 A 品牌增加其对 B 品牌的兼容性时，将导致：

（1）减少专为 A 品牌开发的软件种类 n_A；

（2）增加专为 B 品牌开发的软件种类 n_B；

（3）减少 A 品牌用户总的可用软件数量；

（4）增加 B 品牌用户总的可用软件数量。

标准的兼容性分析对企业经营也具有重大意义，说明如下：

第一，兼容性可增加网络外部性。但是，这种兼容引起的网络外部性增加主要对被兼容品牌有利。例如金山公司的 WPS 文档处理系统文件可与微软公司的 MS Office 系统的兼容，如果 MS Office 系统不能兼容 WPS 系统，那么 WPS 主要增加了 MS Office 的网络外部性，自身获利较小。如果出现这样的情况，WPS 将进一步被市场边缘化，而已经取得了市场优势地位的 MS Office 将进一步巩固其领先优势。因此，标准跟随战略实施中必须考虑双向兼容的问题。事实上，WPS 与 MS Office 双向兼容。

第二，企业采用标准跟进战略还是自主研发战略本质上是一个产品或标准的兼容问题。采用标准跟进战略被兼容品牌或系统获利更大，但是采用自主研发将更具竞争性，可能促发"标准竞赛（standard war）"之类的竞争局面。[①]

第三，尽管企业采用兼容标准和跟进战略时被兼容品牌获利更多，但是对本企业而言仍具有重大意义。兼容标准与被兼容标准之间总会存在一些差异，这样就提供了消费者进行选择的机会。因此，采用兼容标准和跟进战略对企业市场细分意义重大，并使得企业在行业新一轮竞争中仍处于不被封锁出局（lockout）的状态。

第四，兼容实际上是一种标准化行为，尽管标准化扩大了相同技术产品的网络规模并扩大了单个消费者的网络效用，但也减少了消费者市场选择的机会。

在社会经济生活中，标准的兼容性随处可见。比如说日常生活中所说的"与世界接轨"从标准学角度分析实际上就是做到将我们自己的管理体系、经营方式和运营模式等与世界上领先的管理标准、模式、系统和运营体系相一致，兼容化。

---

① Carl Shapiro. Setting Compatibility Standards: Cooperation or Collusion? [M]// Rochelle Dreyfuss, Diane Zimmerman, and Harry First. Expanding the Boundaries of Intellectual Property: Innovation Policy for the Knowledge Society. Oxford: Oxford University Press, 2001: 90 – 120.

附录三　评价指标体系意见调查问卷

"建筑企业标准化战略绩效评价研究" 评价指标体系调查表

各位尊敬的领导和专家：

您好！

这是"建筑企业标准化战略绩效评价研究"课题小组，是为了研究建筑企业标准化战略选择及其绩效评价方面的一些课题。非常感谢您参与本次问卷调查。

为提高我国企业管理水平、促进企业竞争能力提升，我国从 2003 年开始推行国标《企业标准体系》，并于 2004 年开始推行"标准化良好行为企业"活动。同年，为引导企业追求卓越绩效，提高产品、服务和经营质量，增强竞争优势，促进经济持续快速健康发展，发布了国家指导标准《卓越绩效评价准则》。

标准化对企业经营管理助益良多。但是简单认为标准化就是通过"贯标"和认证，或者探讨企业一般的标准化管理问题，都不能真正发挥标准化的威力。只有从战略高度出发，通过研究建筑企业自身的内外部环境和资源安排，利用标准这一工具，选择合适的标准化战略，通过各种手段和标准化活动才能更大限度提升企业竞争能力，创造和保持企业的竞争优势。

本问卷仅用于学术研究和探讨，无须填写姓名，我们承诺不会用于其他任何目的。本研究设计了两套表格，分别为：

（1）个人基本资料填写。请根据您的标准化建设和工作经历以及相关知识，据实填写个人资料表格。

（2）评价指标体系意见征询。在建筑企业实施标准化过程中，需要对标准化战略进行评价、总结，才能得到持续的改进和完善。本课题组在总结了国内外相关研究以后，从建筑企业的运营与施工全方位、全过程等多角度设计了第二部分的评价指标体系。作为一套评价指标，应具备准确性、真实性、简单实用、指导性和对企业评判监督功能等特点，请您认真审阅后提出本指标体系的修改意见，请说明：哪些指标是必需的？哪些指标需要修改或者删减？需要增加哪些指标？

您的真知灼见对本研究具有决定性影响，最诚挚地感谢您的参与和帮助！

联系人："建筑企业标准化战略绩效评价研究"课题小组

Email：fagenjiang3@163.com

第一部分　个人基本资料表

请在下表中符合您自身情况的选项上打"√"。

1. 年龄：A. 30 岁以下　B. 30～40 岁　C. 41～50 岁　D. 50 岁以上

2. 性别：A. 男　　　　　B. 女

3. 工龄：A. 5 年以下　B. 5～10 年　C. 11～20 年　D. 20 年以上

4. 最高学历：A. 大专　B. 大学本科　C. 硕士及以上

5. 在本企业中的主要工作性质：A. 管理人员　B. 技术人员

6. 技术职称：A. 正高级　B. 副高级　C. 中级　D. 初级

7. 是否主持或参加过标准化建设有关工作：A. 是　B. 否

8. 是否从事过标准化管理和标准化建设有关的研究，或曾思考过这方面的课题：A. 是　　　　B. 否

第二部分　评价指标体系意见调查表

请您对建筑企业标准化战略绩效评价指标体系各部分内容和指标给出建议和您的修改意见。

表 C-1　　　　　　　　　　　评价目标及一级指标结构

决策目标层	一级指标	修改意见
O 建筑企业 标准化 战略绩效	O_1 标准化战略策划与实施	
	O_2 客户聚焦	
	O_3 内部管理改善	
	O_4 学习和成长性	
	O_5 项目管理改善	
	O_6 经济效益提升	

（1）请根据您的专业知识和工作经验，评判一级指标是否满足评价决策目标即建筑业标准化战略绩效的准则。如果您同意该意见，请在修改意见栏中打"√"；如有不同意见，请打"×"，并给出自己的修改建议。

（2）如您觉得有需要增减的一级指标，请填写在空白栏中并说明您的意见。

表 C-2　　　　　　　　　　标准化战略策划与实施指标结构

一级指标	二级指标	三级指标	修改意见
O_1 标准化 战略策划 与实施	O_{11}战略开发	O_{111}企业外部环境分析合理性	
		O_{112}企业内部因素分析合理性	
		O_{113}战略目标选定适配性	
	O_{12}战略实施	O_{121}战略计划开展次序	
		O_{122}资源动用合理性	
		O_{123}人员配置合理性	
		O_{124}行动计划的权变性	
		O_{125}绩效测量的科学性	

（1）请根据您的专业知识和工作经验，评判以上各级指标是否可以作为满足上一级指标评价的准则。如果您同意该意见，请在修改意见栏中打"√"；如有不同意见，请打"×"，并给出自己的修改建议。

（2）如您觉得需要增减其中某一级指标，请填写在空白栏中并说明您的意见。

表 C-3　　　　　　表 C-3　客户聚焦指标结构

一级指标	二级指标	三级指标	修改意见
O_2 客户聚焦	O_{21}顾客倾听 方式标准化	O_{211}客户沟通渠道改善	
		O_{212}关键客户识别能力	
	O_{22}顾客参与 渠道标准化	O_{221}企业和工程建设信息的外向传递	
		O_{222}客户数据收集和管理	
		O_{223}顾客回访	
		O_{224}业主满意率	
	O_{23}关键客户 管理	O_{231}业主管理标准化	
		O_{232}政府部门管理标准化	
		O_{233}社区居民管理标准化	
		O_{234}供应商管理标准化	

（1）请根据您的专业知识和工作经验，评判以上各级指标是否可以作为满足上一级指标评价的准则。如果您同意该意见，请在修改意见栏中打"√"；如有不同意见，请打"×"，并给出自己的修改建议。

（2）如您觉得需要增减其中某一级指标，请填写在空白栏中并说明您的意见。

表 C-4　　　　　　　　　　　内部管理改善指标结构

一级指标	二级指标	三级指标	修改意见
O_3 内部管理改善	O_{31} 标准体系建设	O_{311} 技术标准体系建设及合理性	
		O_{312} 工作标准体系建设及合理性	
		O_{313} 管理标准体系建设及合理性	
		O_{314} 采标层次	
		O_{315} 企业标准体系协调性	
		O_{316} 企业标准制定方式合理性	
	O_{32} 工作流程标准化	O_{321} 管理系统设计合理性	
		O_{322} 流程系统可靠性	
		O_{323} 标准执行能力	
		O_{324} 员工工作效率	
		O_{325} 流程改善能力	
		O_{326} 库存和材料管理	

（1）请根据您的专业知识和工作经验，评判以上各级指标是否可以作为满足上一级指标评价的准则。如果您同意该意见，请在修改意见栏中打"√"；如有不同意见，请打"×"，并给出自己的修改建议。

（2）如您觉得需要增减其中某一级指标，请填写在空白栏中并说明您的意见。

表 C-5　　　　　　　　　　　学习和成长性指标结构

一级指标	二级指标	三级指标	修改意见
O_4 学习和成长性	O_{41} 研发能力提升	O_{411} 设计能力	
		O_{412} 技术装备率	
		O_{413} 图纸交底能力	

续表

一级指标	二级指标	三级指标	修改意见
O_4 学习和成长性	O_{42} 标准化文化形成	O_{421} 高层领导重视程度	
		O_{422} 员工标准化意识提升	
		O_{423} 标准化建设制度和保障措施	
		O_{424} 标准化建设宣传和动员	
	O_{43} 员工能力提升	O_{431} 标准化知识培训	
		O_{432} 员工工作满意度	
		O_{433} 沟通渠道顺畅性	
	O_{44} 知识管理	O_{441} 商誉和商标管理标准化	
		O_{442} 专利管理标准化	
		O_{443} 企业技术秘密管理	
		O_{444} 信息管理标准化	
		O_{445} 文档管理标准化	
		O_{446} 知识共享	

（1）请根据您的专业知识和工作经验，评判以上各级指标是否可以作为满足上一级指标评价的准则。如果您同意该意见，请在修改意见栏中打"√"；如有不同意见，请打"×"，并给出自己的修改建议。

（2）如您觉得需要增减其中某一级指标，请填写在空白栏中并说明您的意见。

表 C-6　　　　　　项目管理改善指标结构

一级指标	二级指标	三级指标	修改意见
O_5 项目管理改善	O_{51} 质量水平提升	O_{511} 产品合格率	
		O_{512} 产品优秀率	
		O_{513} 产品返工率	

续表

一级指标	二级指标	三级指标	修改意见
O_5 项目管理改善	O_{52} 进度管理	O_{521} 里程碑管理	
		O_{522} 准时完工	
		O_{523} 进度滞后管理	
	O_{53} 安全与风险管理	O_{531} 机械故障率降低	
		O_{532} 人员安全事故率降低	
		O_{533} 财产意外损失减少	
		O_{534} 文明施工程度提高	
		O_{535} 安全措施到位	
	O_{54} 合同管理	O_{541} 中标率提升	
		O_{542} 合同履约率	
		O_{543} 供应商准时发货	
		O_{544} 准时付款率	
		O_{545} 应收账款降低	

（1）请根据您的专业知识和工作经验，评判以上各级指标是否可以作为满足上一级指标评价的准则。如果您同意该意见，请在修改意见栏中打"√"；如有不同意见，请打"×"，并给出自己的修改建议。

（2）如您觉得需要增减其中某一级指标，请填写在空白栏中并说明您的意见。

表 C-7 　　　　　　　　　经济效益提升指标结构

一级指标	二级指标	三级指标	修改意见
O_6 经济效益提升	O_{61} 收入增加	O_{611} 市场份额增加	
		O_{612} 施工产值增加	
		O_{613} 资产利润率提高	
		O_{614} 国际市场产值增加	

续表

一级指标	二级指标	三级指标	修改意见
O_6 经济效益提升	O_{62} 运营成本降低	O_{621} 原材料消耗率	
		O_{622} 施工机械台班增产率	
		O_{623} 单位人工费用降低率	
		O_{624} 资产负债率降低程度	
		O_{625} 管理费降低程度	
	O_{63} 标准化增量成本减少	O_{631} 咨询费	
		O_{632} 认证费	
		O_{633} 培训费	
		O_{634} 标准编制费	
		O_{635} 实施检查费	

（1）请根据您的专业知识和工作经验，评判以上各级指标是否可以作为满足上一级指标评价的准则。如果您同意该意见，请在修改意见栏中打"√"；如有不同意见，请打"×"，并给出自己的修改建议。

（2）如您觉得需要增减其中某一级指标，请填写在空白栏中并说明您的意见。

附录四　评价指标权重意见调查问卷

"建筑企业标准化战略绩效评价研究"指标权重调查表

各位尊敬的领导和专家：

您好！

这是"建筑企业标准化战略绩效评价研究"课题小组，是为了研究建筑企业标准化战略选择及其绩效评价方面的一些课题。非常感谢您参与本次问卷调查。

为提高我国企业管理水平、促进企业竞争能力提升，我国从 2003 年开始推行国标《企业标准体系》，并于 2004 年开始推行"标准化良好行为企业"活动。同年，为引导企业追求卓越绩效，提高产品、服务和经营质量，增强竞争优势，促进经济持续快速健康发展，发布了国家指导标准《卓越绩效评价准则》。

标准化对企业经营管理助益良多。但是简单认为标准化就是通过"贯标"和认证，或者探讨企业一般的标准化管理问题，都不能真正发挥标准化的威力。只有从战略高度出发，通过研究建筑企业自身的内外部环境和资源安排，利用标准这一工具，选择合适的标准化战略，通过各种手段和标准化活动才能更大程度提升企业竞争能力，创造和保持企业的竞争优势。

本问卷仅用于学术研究和探讨，无须填写姓名，我们承诺不会用于其他任何目的。本研究设计了两套表格，分别为：

（1）个人基本资料填写。请根据您的标准化建设和工作经历以及相关知识，据实填写个人资料表格。

（2）请根据每个表格内各指标之间的相对重要性对同级别指标进行排序，相关要求详见第二部分后附的每个表格。

您的真知灼见对本研究具有决定性影响，最诚挚地感谢您的参与和帮助！

联系人："建筑企业标准化战略绩效评价研究"课题小组

Email：fagenjiang3@163.com

第一部分　个人基本资料表

请在下表中符合您自身情况的选项上打"√"。

1. 年龄：A. 30 岁以下　B. 30 ~ 40 岁　C. 41 ~ 50 岁　D. 50 岁以上

2. 性别：A. 男　　　　　B. 女

3. 工龄：A. 5 年以下　B. 5 ~ 10 年　C. 11 ~ 20 年　D. 20 年以上

4. 最高学历：A. 大专　B. 大学本科　C. 硕士及以上

5. 在本企业中的主要工作性质：A. 管理人员　B. 技术人员

6. 技术职称：A. 正高级　B. 副高级　C. 中级　D. 初级

7. 是否主持或参加过标准化建设有关工作：A. 是　B. 否

8. 是否从事过标准化管理和标准化建设有关的研究，或曾思考过这方面的课题：A. 是　　　　　B. 否

第二部分　评价指标相对权重意见调查表

请您根据每个表格中同级别指标的相对重要性，对每个指标进行排序。

表 D – 1　　　　　　　　　　一级指标相对重要性排序

决策目标层	一级指标	修改意见
O 建筑企业 标准化 战略绩效	O_1 标准化战略策划与实施	
	O_2 客户聚焦	
	O_3 内部管理改善	
	O_4 学习和成长性	
	O_5 项目管理改善	
	O_6 经济效益提升	

请您对上述六个一级指标 O_1、O_2、O_3、O_4、O_5、O_6 相对于 O 而言，重要性程度从大到小排序如下（如您觉得同等重要，请将两指标间的"＞"改成"＝"）：

_____ ＞ _____ ＞ _____ ＞ _____ ＞ _____ ＞ _____

表 D - 2   标准化战略策划与实施指标相对重要性排序

一级指标	二级指标	三级指标	修改意见
O_1 标准化战略策划与实施	O_{11} 战略开发	O_{111} 企业外部环境分析合理性	
		O_{112} 企业内部因素分析合理性	
		O_{113} 战略目标选定适配性	
		三级指标排序：_____ > _____ > _____	
	O_{12} 战略实施	O_{121} 战略计划开展次序	
		O_{122} 资源动用合理性	
		O_{123} 人员配置合理性	
		O_{124} 行动计划的权变性	
		O_{125} 绩效测量的科学性	
		三级指标排序：_____ > _____ > _____ > _____ > _____	

（1）请您对上述两个二级指标 O_{11}、O_{12} 相对于 O_1 而言，重要性程度从大到小排序如下（如您觉得同等重要，请将两指标间的"＞"改成"＝"）：

_____ ＞ _____

（2）请您对表 D - 2 中三级指标重要性排序（见表格中；如您觉得同等重要，请将两指标间的"＞"改成"＝"）。

表 D - 3   客户聚焦指标相对重要性排序

一级指标	二级指标	三级指标	修改意见
O_2 客户聚焦	O_{21} 顾客倾听方式标准化	O_{211} 客户沟通渠道改善	
		O_{212} 关键客户识别能力	
		三级指标排序：_____ > _____	
	O_{22} 顾客参与渠道标准化	O_{221} 企业和工程建设信息的外向传递	
		O_{222} 客户数据收集和管理	
		O_{223} 顾客回访	
		O_{224} 业主满意率	
		三级指标排序：_____ > _____ > _____ > _____	

续表

一级指标	二级指标	三级指标	修改意见
O_2 客户聚焦	O_{23} 关键外部利益相关者管理	O_{231} 业主管理标准化	
		O_{232} 政府部门管理标准化	
		O_{233} 社区居民管理标准化	
		O_{234} 供应商管理标准化	
		O_{235} 设计单位管理标准化	
		O_{236} 监理单位管理标准化	
		三级指标排序：_____ > _____ > _____ > _____ > _____	

（1）请您对上述三个二级指标 O_{21}、O_{22}、O_{23} 相对于 O_2 而言，重要性程度从大到小排序如下（如您觉得同等重要，请将两指标间的"＞"改成"＝"）：

_____ > _____ > _____

（2）请您对表 D-3 中三级指标重要性排序（见表格中；如您觉得同等重要，请将两指标间的"＞"改成"＝"）。

表 D-4　　　　　　　　　　内部管理改善指标相对重要性排序

一级指标	二级指标	三级指标	修改意见
O_3 内部管理改善	O_{31} 标准体系建设	O_{311} 技术标准体系建设及合理性	
		O_{312} 工作标准体系建设及合理性	
		O_{313} 管理标准体系建设及合理性	
		O_{314} 采标层次	
		O_{315} 企业标准体系协调性	
		O_{316} 企业标准制定方式合理性	
		三级指标排序：_____ > _____ > _____ > _____ > _____	
	O_{32} 工作流程标准化	O_{321} 管理系统设计合理性	
		O_{322} 流程系统可靠性	
		O_{323} 标准执行能力	
		O_{324} 员工工作效率	

续表

一级指标	二级指标	三级指标	修改意见
O_3 内部管理改善	O_{32}工作流程 标准化	O_{325}流程改善能力	
		O_{326}库存和材料管理	
		三级指标排序：_____ > _____ > _____ > _____ > _____	

（1）请您对上述两个二级指标 O_{31}、O_{32} 相对于 O_3 而言，重要性程度从大到小排序如下（如您觉得同等重要，请将两指标间的"＞"改成"＝"）：

_____ ＞ _____

（2）请您对表 D–4 中三级指标重要性排序（见表格中；如您觉得同等重要，请将两指标间的"＞"改成"＝"）。

表 D–5   学习和成长性指标相对重要性排序

一级指标	二级指标	三级指标	修改意见
O_4 学习和成长性	O_{41}研发能力 提升	O_{411}设计能力	
		O_{412}技术装备率	
		O_{413}图纸交底能力	
		三级指标排序：_____ > _____ > _____	
	O_{42}标准化 文化形成	O_{421}高层领导重视程度	
		O_{422}员工标准化意识提升	
		O_{423}标准化建设制度和保障措施	
		O_{424}标准化建设宣传和动员	
		三级指标排序：_____ > _____ > _____ > _____	
	O_{43}员工能力 提升	O_{431}标准化知识培训	
		O_{432}员工工作满意度	
		O_{433}沟通渠道顺畅性	
		三级指标排序：_____ > _____ > _____	

续表

一级指标	二级指标	三级指标	修改意见
O_4 学习和成长性	O_{44}知识管理	O_{441}商誉和商标管理标准化	
		O_{442}专利管理标准化	
		O_{443}企业技术秘密管理	
		O_{444}信息管理标准化	
		O_{445}文档管理标准化	
		O_{446}知识共享	
		三级指标排序：_____ > _____ > _____ > _____ > _____	

（1）请您对上述四个二级指标 O_{41}、O_{42}、O_{43}、O_{44}相对于 O_4而言，重要性程度从大到小排序如下（如您觉得同等重要，请将两指标间的"＞"改成"＝"）：

_____ > _____ > _____ > _____

（2）请您对表 D-5 中三级指标重要性排序（见表格中；如您觉得同等重要，请将两指标间的"＞"改成"＝"）。

表 D-6　　　　　　　　项目管理改善指标相对重要性排序

一级指标	二级指标	三级指标	修改意见
O_5 项目管理改善	O_{51}质量水平 提升	O_{511}产品合格率	
		O_{512}产品优秀率	
		O_{513}产品返工率	
		三级指标排序：_____ > _____ > _____	
	O_{52}进度管理	O_{521}里程碑管理提升	
		O_{522}准时完工率	
		O_{523}进度滞后管理标准化	
		三级指标排序：_____ > _____ > _____	
	O_{53}安全与 风险管理	O_{531}机械故障率降低	
		O_{532}人员安全事故率降低	

续表

一级指标	二级指标	三级指标	修改意见
O_5 项目管理改善	O_{53} 安全与风险管理	O_{533} 财产意外损失减少	
		O_{534} 文明施工程度提高	
		O_{535} 安全措施到位	
		三级指标排序：_____ > _____ > _____ > _____ > _____	
	O_{54} 合同管理	O_{541} 中标率提升	
		O_{542} 合同履约率	
		O_{543} 供应商准时发货	
		O_{544} 准时付款率	
		O_{545} 应收账款降低	
		三级指标排序：_____ > _____ > _____ > _____ > _____	

（1）请您对上述四个二级指标 O_{51}、O_{52}、O_{53}、O_{54} 相对于 O_5 而言，重要性程度从大到小排序如下（如您觉得同等重要，请将两指标间的 " > " 改成 " = "）：

_____ > _____ > _____ > _____

（2）请您对表 D–6 中三级指标重要性排序（见表格中；如您觉得同等重要，请将两指标间的 " > " 改成 " = "）。

表 D–7　　　　　　　　经济效益提升指标相对重要性排序

一级指标	二级指标	三级指标	修改意见
O_6 经济效益提升	O_{61} 收入增加	O_{611} 市场份额增加	
		O_{612} 施工产值增加	
		O_{613} 资产利润率提高	
		O_{614} 国际市场产值增加	
		三级指标排序：_____ > _____ > _____ > _____	
	O_{62} 运营成本降低	O_{621} 原材料消耗率	
		O_{622} 施工机械台班单位成本减少率	
		O_{623} 单位人工费用降低率	

续表

一级指标	二级指标	三级指标	修改意见
	O_{62}运营成本降低	O_{624}资产负债率降低程度	
		O_{625}管理费降低程度	
		三级指标排序：_____ > _____ > _____ > _____ > _____ > _____	
O_6 经济效益提升	O_{63}标准化增量成本减少	O_{631}咨询费	
		O_{632}认证费	
		O_{633}培训费	
		O_{634}标准编制费	
		O_{635}实施检查费	
		三级指标排序：_____ > _____ > _____ > _____ > _____	

（1）请您对上述三个二级指标 O_{61}、O_{62}、O_{63} 相对于 O_6 而言，重要性程度从大到小排序如下（如您觉得同等重要，请将两指标间的"＞"改成"＝"）：

_____ > _____ > _____

（2）请您对表 D-7 中三级指标重要性排序（见表格中；如您觉得同等重要，请将两指标间的"＞"改成"＝"）。

附录五 企业标准化战略实施情况调查问卷

"建筑企业标准化战略绩效评价研究"战略实施情况调查表

各位尊敬的领导和专家：

您好！

这是"建筑企业标准化战略绩效评价研究"课题小组，是为了研究建筑企业标准化战略选择及其绩效评价方面的一些课题。非常感谢您参与本次问卷调查。

为提高我国企业管理水平、促进企业竞争能力提升，我国从 2003 年开始推行国标《企业标准体系》，并于 2004 年开始推行"标准化良好行为企业"活动。同年，为引导企业追求卓越绩效，提高产品、服务和经营质量，增强竞争优势，促进经济持续快速健康发展，发布了国家指导标准《卓越绩效评价准则》。

标准化对企业经营管理助益良多。但是简单认为标准化就是通过"贯标"和认证，或者探讨企业一般的标准化管理问题，都不能真正发挥标准化的威力。只有从战略高度出发，通过研究建筑企业自身的内外部环境和资源安排，利用标准这一工具，选择合适的标准化战略，通过各种手段和标准化活动才能更大程度提升企业竞争能力，创造和保持企业的竞争优势。

本问卷仅用于学术研究和探讨，无须填写姓名，我们承诺不会用于其他任何目的。本研究设计了两套表格，分别为：

（1）个人基本资料填写。请根据您的标准化建设和工作经历以及相关知识，据实填写个人资料表格。

（2）请根据您的企业在标准化战略实施中的情况，填写本调查问卷并对问卷第二部分各评价指标中的参数赋值或者选择相应等级。

您的真知灼见对本研究具有决定性影响，最诚挚地感谢您的参与和帮助！

联系人："建筑企业标准化战略绩效评价研究"课题小组

Email：fagenjiang3@163.com

第一部分　个人基本资料表

请在下表中符合您自身情况的选项上打"√"。

1. 年龄：A. 30 岁以下　B. 30~40 岁　C. 41~50 岁　D. 50 岁以上

2. 性别：A. 男　　　　B. 女

3. 工龄：A. 5 年以下　B. 5~10 年　　C. 11~20 年　D. 20 年以上

4. 最高学历：A. 大专　B. 大学本科　C. 硕士及以上

5. 在本企业中的主要工作性质：A. 管理人员　B. 技术人员

6. 技术职称：A. 正高级　B. 副高级　C. 中级　D. 初级

7. 是否主持或参加过标准化建设有关工作：A. 是　B. 否

8. 是否从事过标准化管理和标准化建设有关的研究，或曾思考过这方面的课题：A. 是　　　　B. 否

第二部分　建筑企业标准化战略实施情况调查表

请您根据本企业标准化战略的实施情况，对每个问题选择一个最合适的答案并打"√"。对于定量指标，如果没有您认为合适的，请直接填写数字。

（所有问题均为单选，有关问题中的数据或情况对比是指企业实施标准化战略以后与企业没有明确该项战略以前的改变）

一、标准化战略策划与实施各指标参数赋值或等级选择

1. 标准化战略选择时对外部环境的分析_____。

A. 非常透彻　　　　B. 比较透彻　　　　C. 一般

D. 较差　　　　　　E. 没有评估

2. 标准化战略选择时对内部资源和能力等方面因素的分析_____。

A. 非常透彻　　　　B. 比较透彻　　　　C. 一般

D. 较差　　　　　　E. 没有评估

3. 标准化战略选择基于企业内外部环境选择的合理性_____。

A. 非常合理且可行　B. 比较合理可行　　C. 基本合理可行

D. 基本不合理不可行　E. 完全不合理不可行

4. 标准化战略按照计划顺序开展_____。

A. 顺利开展　　　　B. 比较顺利　　　　C. 一般

D. 不太顺利　　　　E. 很不顺利

5. 标准化战略中资源运用_____。

A. 非常合理　　　　　　B. 比较合理　　　　　C. 基本合理

D. 不太合理　　　　　　E. 很不合理

6. 标准化战略相关人员配置_____。

A. 非常合理　　　　　　B. 比较合理　　　　　C. 基本合理

D. 不太合理　　　　　　E. 很不合理

7. 战略实施中考虑了环境可变性，计划具有可调性_____。

A. 留有余量，可调可控　　　　　　　　B. 比较可调节

C. 基本可调整　　　　　　　　　　　　D. 基本不可调整

E. 完全刚性无法调整

8. 标准化战略绩效评价具有科学指标体系，可测度_____。

A. 合理且可量化　　　　B. 比较合理　　　　　C. 基本合理

D. 基本不合理　　　　　E. 完全不合理不可行

二、顾客聚焦各指标参数赋值或等级选择

1. 您所在的企业在标准化战略实施后顾客投诉率是原来投诉率的_____%。

A. 70　　　B. 80　　　C. 90　　　D. 100　　　E. 110

2. 您的企业能够通过科学方法识别最关键的客户吗？_____。

A. 能力很强　　　　　　B. 能力比较强　　　　C. 能力一般

D. 能力不太强　　　　　E. 能力较差

3. 实施了标准化战略后您的企业向外宣传和传递有关企业形象和工程建设等信息的能力比原来提高了_____%。

A. 30　　　B. 20　　　C. 10　　　D. 0　　　E. −10

4. 实施了标准化战略后您的企业客户数据收集和管理能力比原来提高了_____%。

A. 30　　　B. 20　　　C. 10　　　D. 0　　　E. −10

5. 实施了标准化战略后您的企业在顾客回访方面比原来提高了_____%。

A. 30　　　B. 20　　　C. 10　　　D. 0　　　E. −10

6. 实施了标准化战略后您的企业业主满意率方面比原来提高了_____%。

A. 30　　　B. 20　　　C. 10　　　D. 0　　　E. −10

7. 实施标准化战略后您的企业在业主管理方面比原来提高了_____%。

A. 30　　　B. 20　　　C. 10　　　D. 0　　　E. −10

8. 实施了标准化战略后您的企业在政府部门管理方面比原来提高了_____%。

　　A. 30　　　　B. 20　　　　C. 10　　　　D. 0　　　　E. −10

9. 实施了标准化战略后您的企业在社区居民管理方面比原来提高了_____%。

　　A. 30　　　　B. 20　　　　C. 10　　　　D. 0　　　　E. −10

10. 实施了标准化战略后您的企业在供应商管理方面比原来提高了_____%。

　　A. 30　　　　B. 20　　　　C. 10　　　　D. 0　　　　E. −10

11. 实施了标准化战略后您的企业在设计单位管理方面比原来提高了_____%。

　　A. 30　　　　B. 20　　　　C. 10　　　　D. 0　　　　E. −10

12. 实施了标准化战略后您的企业在监理单位管理方面比原来提高了_____%。

　　A. 30　　　　B. 20　　　　C. 10　　　　D. 0　　　　E. −10

三、内部管理改善各指标参数赋值或等级选择

1. 在标准化战略中您的企业在技术标准体系建设及合理性方面_____。

　　A. 非常合理　　　　　　B. 比较合理　　　　　　C. 基本合理

　　D. 不太合理　　　　　　E. 很不合理

2. 在标准化战略中您的企业在工作标准体系建设及合理性方面_____。

　　A. 非常合理　　　　　　B. 比较合理　　　　　　C. 基本合理

　　D. 不太合理　　　　　　E. 很不合理

3. 在标准化战略中您的企业在管理标准体系建设及合理性方面_____。

　　A. 非常合理　　　　　　B. 比较合理　　　　　　C. 基本合理

　　D. 不太合理　　　　　　E. 很不合理

4. 您所在的企业标准化战略实施以后采标情况如何？_____。

　　A. 未考虑　　　　　　　B. 考虑很少　　　　　　C. 企业自订标准

　　D. 采用行业或国家标准　E. 采用国际标准，与国际接轨

5. 在标准化战略中您的企业在企业标准体系协调性方面_____。

　　A. 非常合理　　　　　　B. 比较合理　　　　　　C. 基本合理

　　D. 不太合理　　　　　　E. 很不合理

6. 您所在的企业在实施了标准化战略以后标准制定方式如何？_____。

A. 没有任何改变 　　　　　B. 被动制定标准

C. 主动定期修改 　　　　　D. 积极参与地区、行业标准的制修订

E. 积极参与国家标准的制修订

7. 在标准化战略中您的企业在管理系统设计合理性方面_____。

A. 非常合理 　　　　　B. 比较合理 　　　　　C. 基本合理

D. 不太合理 　　　　　E. 很不合理

8. 在标准化战略中您的企业在流程系统可靠性方面_____。

A. 非常可靠 　　　　　B. 比较可靠 　　　　　C. 基本可靠

D. 不太可靠 　　　　　E. 很不可靠

9. 在标准化战略中您的企业在标准执行能力方面_____。

A. 能力很强 　　　　　B. 能力比较强 　　　　　C. 能力一般

D. 能力不太强 　　　　　E. 能力很差

10. 实施标准化战略以后您的企业员工工作效率提高程度为_____%。

A. 30 　　　　B. 20 　　　　C. 10 　　　　D. 0 　　　　E. −10

11. 实施标准化战略以后您的企业流程改善效率提高程度为_____%。

A. 30 　　　　B. 20 　　　　C. 10 　　　　D. 0 　　　　E. −10

12. 实施标准化战略以后您的企业库存和材料节约提高程度为_____%。

A. 30 　　　　B. 20 　　　　C. 10 　　　　D. 0 　　　　E. −10

四、学习和成长性改善各指标参数赋值或等级选择

1. 实施标准化战略以后您的企业设计能力效率提高程度为_____%。

A. 30 　　　　B. 20 　　　　C. 10 　　　　D. 0 　　　　E. −10

2. 实施标准化战略以后您的企业技术装备率提高程度为_____%。

A. 30 　　　　B. 20 　　　　C. 10 　　　　D. 0 　　　　E. −10

3. 实施标准化战略以后您的企业图纸交底能力提高程度为_____%。

A. 30 　　　　B. 20 　　　　C. 10 　　　　D. 0 　　　　E. −10

4. 在标准化战略中您的企业领导对标准化建设和管理工作是否非常重视？_____。

A. 很重视 　　　　　B. 比较重视 　　　　　C. 一般

D. 不太重视 　　　　　E. 很不重视

5. 在标准化战略中您的企业员工标准化意识提升程度如何？_____

A. 很大　　　B. 较大　　　C. 一般　　　D. 较差　　　E. 很差

6. 在标准化战略中您的企业在标准化建设制度和保障措施方面效果如何？＿＿＿＿＿＿

A. 很好　　　B. 较好　　　C. 一般　　　D. 较差　　　E. 很差

7. 在标准化战略中您的企业在标准化建设宣传和动员方面效果如何？＿＿＿＿＿＿

A. 很好　　　B. 较好　　　C. 一般　　　D. 较差　　　E. 很差

8. 在标准化战略中您的企业在标准化知识培训方面效果如何？＿＿＿＿＿＿

A. 很好　　　B. 较好　　　C. 一般　　　D. 较差　　　E. 很差

9. 实施标准化战略以后您的企业员工工作满意度提高程度为＿＿＿＿＿＿%。

A. 30　　　B. 20　　　C. 10　　　D. 0　　　E. −10

10. 实施标准化战略以后您的企业沟通渠道顺畅性提高程度为＿＿＿＿＿＿%。

A. 30　　　B. 20　　　C. 10　　　D. 0　　　E. −10

11. 实施标准化战略以后您的企业商誉和商标管理标准化提高程度为＿＿＿＿＿＿%。

A. 30　　　B. 20　　　C. 10　　　D. 0　　　E. −10

12. 实施标准化战略以后您的企业专利管理标准化提高程度为＿＿＿＿＿＿%。

A. 30　　　B. 20　　　C. 10　　　D. 0　　　E. −10

13. 实施标准化战略以后您的企业技术秘密管理标准化提高程度为＿＿＿＿＿＿%。

A. 30　　　B. 20　　　C. 10　　　D. 0　　　E. −10

14. 实施标准化战略以后您的企业信息管理标准化提高程度为＿＿＿＿＿＿%。

A. 30　　　B. 20　　　C. 10　　　D. 0　　　E. −10

15. 实施标准化战略以后您的企业文档管理标准化提高程度为＿＿＿＿＿＿%。

A. 30　　　B. 20　　　C. 10　　　D. 0　　　E. −10

16. 实施标准化战略以后您的企业信息共享效果提升幅度如何？＿＿＿＿＿＿

A. 很大　　　B. 较大　　　C. 一般　　　D. 较差　　　E. 很差

五、项目管理改善各指标参数赋值或等级选择

1. 实施标准化战略以后您的企业产品合格率提高程度为＿＿＿＿＿＿%。

A. 30　　　B. 20　　　C. 10　　　D. 0　　　E. −10

2. 实施标准化战略以后您的企业产品优秀率提高程度为＿＿＿＿＿＿%。

    A. 30   B. 20   C. 10   D. 0   E. －10

3. 实施标准化战略以后您的企业产品返工率降低程度为_____%。

    A. 30   B. 20   C. 10   D. 0   E. －10

4. 实施标准化战略以后您的企业项目里程碑管理能力提升幅度如何？_____

    A. 很大   B. 较大   C. 一般   D. 较差   E. 很差

5. 实施标准化战略以后您的企业项目整体按时完工率提升幅度如何？_____

    A. 30%   B. 20%   C. 10%   D. 没提高   E. 降低10%

6. 在标准化战略中您的企业在进度滞后管理标准化方面提升幅度如何？_____

    A. 很大   B. 较大   C. 一般   D. 较差   E. 很差

7. 实施标准化战略以后您的企业机械故障率降低幅度如何？_____

    A. 30%   B. 20%   C. 10%   D. 没变化   E. 上升10%

8. 实施标准化战略以后您的企业人员安全事故率降低幅度如何？_____

    A. 30%   B. 20%   C. 10%   D. 没变化   E. 上升10%

9. 实施标准化战略以后您的企业财产意外损失减少幅度如何？_____

    A. 30%   B. 20%   C. 10%   D. 没变化   E. 上升10%

10. 实施标准化战略以后您的企业文明施工程度提高幅度如何？_____

    A. 很大   B. 较大   C. 一般   D. 较差   E. 很差

11. 在标准化战略中您的企业在安全措施管理标准化方面提升幅度如何？_____。

    A. 很大   B. 较大   C. 一般   D. 较差   E. 很差

12. 实施标准化战略以后您的企业合同中标率提升幅度如何？_____

    A. 30%   B. 20%   C. 10%   D. 没变化   E. 降低10%

13. 实施标准化战略以后您的企业项目合同履约率提升幅度如何？_____

    A. 30%   B. 20%   C. 10%   D. 没提高   E. 降低10%

14. 实施标准化战略以后您的企业供应商准时发货率提升幅度如何？_____

    A. 30%   B. 20%   C. 10%   D. 没提高   E. 降低10%

15. 实施标准化战略以后您的企业项目业主准时付款率提升幅度如何？_____

    A. 30%   B. 20%   C. 10%   D. 没提高   E. 降低10%

16. 实施标准化战略以后您的企业应收账款降低幅度如何？_____

A. 30%　　　B. 20%　　　C. 10%　　　　D. 没变化　　E. 上升10%

六、经济效益提升各指标参数赋值或等级选择

1. 实施标准化战略以后您的企业市场份额增加幅度如何？_____

A. 30%　　　B. 20%　　　C. 10%　　　　D. 没提高　　E. 降低10%

2. 实施标准化战略以后您的企业施工产值增加幅度如何？_____

A. 30%　　　B. 20%　　　C. 10%　　　　D. 没提高　　E. 降低10%

3. 实施标准化战略以后您的企业资产利润率提高幅度如何？_____

A. 30%　　　B. 20%　　　C. 10%　　　　D. 没提高　　E. 降低10%

4. 实施标准化战略以后您的企业国际市场产值增加幅度如何？_____

A. 30%　　　B. 20%　　　C. 10%　　　　D. 没提高　　E. 降低10%

5. 实施标准化战略以后您的企业原材料消耗率降低幅度如何？_____

A. 30%　　　B. 20%　　　C. 10%　　　　D. 没变化　　E. 上升10%

6. 实施标准化战略以后您的企业施工机械台班单位成本减少幅度如何？_____

A. 30%　　　B. 20%　　　C. 10%　　　　D. 没变化　　E. 上升10%

7. 实施标准化战略以后您的企业单位人工费用降低幅度如何？_____

A. 30%　　　B. 20%　　　C. 10%　　　　D. 没变化　　E. 上升10%

8. 实施标准化战略以后您的企业资产负债率降低程度如何？_____

A. 30%　　　B. 20%　　　C. 10%　　　　D. 没变化　　E. 上升10%

9. 实施标准化战略以后您的企业管理费降低程度如何？_____

A. 30%　　　B. 20%　　　C. 10%　　　　D. 没变化　　E. 上升10%

10. 实施标准化战略以后您的企业相关咨询费增加程度如何？_____

A. 30%　　　B. 20%　　　C. 10%　　　　D. 没提高　　E. 降低10%

11. 实施标准化战略以后您的企业相关认证费增加程度如何？_____

A. 30%　　　B. 20%　　　C. 10%　　　　D. 没提高　　E. 降低10%

12. 实施标准化战略以后您的企业相关培训费增加程度如何？_____

A. 30%　　　B. 20%　　　C. 10%　　　　D. 没提高　　E. 降低10%

13. 实施标准化战略以后您的企业标准编制费增加程度如何？_____

A. 30%　　　B. 20%　　　C. 10%　　　　D. 没提高　　E. 降低10%

14. 实施标准化战略以后您的企业相关实施检查费增加程度如何？_____

A. 30%　　　B. 20%　　　C. 10%　　　　D. 没提高　　E. 降低10%

参 考 文 献

一、中文参考文献

[1] [德] 柯武刚, 史漫飞. 制度经济学 [M]. 上海: 上海三联书店, 2000.

[2] [德] 克努特·布林德. 标准经济学 [M]. 北京: 中国标准出版社, 2006.

[3] [德] 马克斯·韦伯. 社会科学方法论 [M]. 北京: 中央编译出版社, 1991.

[4] [德] 乌尔里希·贝克. 风险社会 [M]. 北京: 译林出版社, 2004.

[5] [美] D. 诺思. 制度、制度变迁与经济绩效 [M]. 上海: 上海三联书店, 1994.

[6] [美] D. 史普博. 管制与市场 [M]. 上海: 上海三联书店, 1999.

[7] [美] G. 施蒂格勒. 产业组织 [M]. 上海: 上海三联书店, 2006.

[8] [美] G. 施蒂格勒. 产业组织和政府管制 [M]. 上海: 上海人民出版社, 1996.

[9] [美] M. 韦登鲍姆. 全球市场中的企业与政府 [M]. 上海: 上海三联书店, 2006.

[10] [美] T. 帕森斯. 社会行动的结构 [M]. 北京: 译林出版社, 2008.

[11] [美] W. 维斯库斯, J. 弗农, J. 哈林顿. 反垄断与管制经济学 [M]. 北京: 机械工业出版社, 2004.

[12] [美] Y. 巴泽尔. 产权的经济分析 [M]. 上海: 上海人民出版社, 1997.

[13] [美] 阿兰·斯密德. 制度与行为经济学 [M]. 北京: 中国人民大学出版社, 2004.

[14] [美] 奥利弗·威廉姆森. 资本主义经济制度 [M]. 北京: 商务印

书馆，2002.

[15] [美] 保罗·萨缪尔森，威廉·诺德豪斯. 经济学 [M]. 北京：华夏出版社，1999.

[16] [美] 贝克尔. 人类行为的经济分析 [M]. 上海：上海三联书店，1992.

[17] [美] 戴维·贝赞可，戴维·德雷诺夫，马克·尚利. 公司战略经济学 [M]. 北京：北京大学出版社，1999.

[18] [美] 菲利普·科特勒. 营销管理 [M]. 10 版. 北京：中国人民大学出版社，2001.

[19] [美] 弗雷德·戴维. 战略管理 [M]. 北京：经济科学出版社，2004.

[20] [美] 哈罗德·孔茨，海因茨·韦里克. 管理学 [M]. 9 版. 北京：经济科学出版社，1993.

[21] [美] 赫伯特·A. 西蒙. 管理行为 [M]. 北京：机械工业出版社，2004.

[22] [美] 亨利·明茨伯格，布鲁斯·阿尔斯特兰德，约瑟夫·兰佩尔. 战略历程：纵览战略管理学派 [M]. 北京：机械工业出版社，2002.

[23] [美] 杰伊·B. 巴尼. 战略管理：获得与保持竞争优势 [M]. 上海：上海人民出版社，2011.

[24] [美] 雷蒙德·A. 诺伊，约翰·霍伦拜克，拜雷·格哈特，帕特雷克·莱特. 人力资源管理 [M]. 北京：中国人民大学出版社，2001.

[25] [美] 理查德·A. 波斯纳. 法律的经济分析 [M]. 北京：中国大百科全书出版社，2003.

[26] [美] 理查德·B. 蔡斯，尼古拉斯·J. 阿奎拉诺，F. 罗伯特·雅各布斯. 运营管理 [M]. 9 版. 北京：机械工业出版社，2003.

[27] [美] 理查德·谢弗，贝弗利·厄尔，菲利伯多·阿格斯蒂. 国际商法 [M]. 4 版. 北京：人民邮电出版社，2003.

[28] [美] 罗伯特·F. 德威利斯. 量表编制：理论与应用 [M]. 2 版. 重庆：重庆大学出版社，2004.

[29] [美] 迈克尔·波特，[日] 竹内广高. 日本还有竞争力吗？[M]. 北京：中信出版社，2002.

[30] [美] 迈克尔·波特. 国家竞争优势 [M]. 北京：华夏出版社，2002.

[31] [美] 迈克尔·波特. 竞争论 [M]. 北京：中信出版社，2003.

[32] [美] 迈克尔·波特. 竞争优势 [M]. 北京：华夏出版社，1997.

[33] [美] 迈克尔·波特. 竞争战略 [M]. 北京：华夏出版社，1997.

[34] [美] 迈克尔·罗斯金. 政治科学 [M]. 北京：华夏出版社，2001.

[35] [美] 迈克尔·希特，R. 杜安·爱尔兰，罗伯特·霍斯基森. 战略管理：竞争与全球化（概念）[M].6 版. 北京：机械工业出版社，2005.

[36] [美] 曼库尔·奥尔森. 国家兴衰探源 [M]. 北京：商务印书馆，1999.

[37] [美] 曼库尔·奥尔森. 集体行动的逻辑 [M]. 上海：上海人民出版社，1995.

[38] [美] 纳雷希·K. 马尔霍特拉. 市场营销研究 [M]. 北京：电子工业出版社，2002.

[39] [美] 尼斯·W. 克拉克森，罗杰·勒鲁瓦·米勒. 产业组织：理论、证据和公共政策 [M]. 上海：上海三联书店，1989.

[40] [美] 平狄克，鲁宾费尔德. 微观经济学 [M]. 北京：中国人民大学出版社，2000.

[41] [美] 乔治·斯蒂纳，约翰·斯蒂纳. 企业、政府与社会 [M]. 北京：华夏出版社，2002.

[42] [美] 斯蒂芬·J. 波思. 战略管理：跨部门互动的方法 [M]. 北京：清华大学出版社，2003.

[43] [美] 斯蒂芬·P. 罗宾斯，玛丽库·尔特. 管理学 [M].9 版. 北京：中国人民大学出版社，2008.

[44] [美] 斯蒂芬·P. 罗宾斯. 管理学 [M].4 版. 北京：中国人民大学出版社，1997.

[45] [美] 张伯伦. 垄断竞争理论 [M]. 北京：北京三联书店，1958.

[46] [日] 日本规格协会（JSA）. 日本国际标准化活动经济效益 [M]. 北京：中国标准出版社，2008.

[47] [日] 植草益. 产业组织论 [M]. 北京：中国人民大学出版社，1988.

[48] [日] 植草益. 微观规制经济学 [M]. 北京：中国发展出版社，1992.

[49] [意] 尼古拉·阿克塞拉. 经济政策原理：价值与技术 [M]. 北京：中国人民大学出版社，2001.

[50] GB/T 3533.1—2009《标准化经济效果评价——第 1 部分：原则和计算方法》[S].

[51] 陈志宏. 中国企业国际标准竞争的战略与策略（下）[J]. 中国高新区，2008（7）：90－93.

［52］戴向平，党伟，张晓彤．建立我国建筑法律体系的几点建议［J］．大连民族学院学报，2000，2（2）：51－54.

［53］邓洲．中国企业技术标准战略研究［J］．南京大学学报（哲学·人文科学·社会科学版），2010（2）：113－123.

［54］高培勇，崔军．公共部门经济学［M］．北京：中国人民大学出版社，2001.

［55］桂立平．国外建设管理体制的特点［J］．施工企业管理，2002（5）：46－48.

［56］郭斌．产业标准竞争及其在产业政策中的现实意义［J］．中国工业经济，2000（1）：41－44.

［57］国家标准局．GB 4754—84《国民经济行业分类和代码》［S］．北京：中国标准出版社，1984.

［58］何立胜，樊慧玲．政府社会性规制的成本与收益分析［M］．中州学刊，2007（9）：51－53.

［59］贺卫，伍山林．制度经济学［M］．北京：机械工业出版社，2003.

［60］胡光宇．战略定量研究基础：预测与决策［M］．北京：清华大学出版社，2010.

［61］黄璐．企业技术标准战略的基本框架［M］．经济管理·新管理，2003（24）：18－24.

［62］姜明安．行政法与行政诉讼法［M］．2版．北京：北京大学出版社，2005.

［63］蒋建华，冯婉蓁，季弘．中华人民共和国资料手册（1949－1999）［M］．北京：社会科学出版社，1999.

［64］金碚．产业国际竞争力研究［M］．经济研究，1996（11）：39－44.

［65］李春田．标准化概论［M］．5版．北京：中国人民大学出版社，2010.

［66］李庆荣．标准化在现代市场经济中的地位和作用［M］．中国标准化，2003（1）：30－31.

［67］李月军，侯尤玲．美国社会规制研究的三种路径［M］．湖北经济学院学报，2006，4（11）：90－96.

［68］刘春霖．知识产权资本化的法律规制［D］．武汉：中南财经政法大学，2009.

[69] 刘莘. 行政立法研究 [M]. 北京：法律出版社，2003.

[70] 柳成洋，丁日佳. 科技成果转化为技术标准理论及方法 [M]. 北京：中国标准出版社，2009.

[71] 卢雁影. 财务分析 [M]. 武汉：武汉大学出版社，2002.

[72] 吕铁. 论技术标准化与产业标准战略 [J]. 中国工业经济，2005 (7)：43 - 49.

[73] 吕政，曹建海. 竞争总是有效率的吗？——兼论过度竞争的理论基础 [J]. 中国社会科学，2000 (6)：4 - 14.

[74] 马怀德. 行政程序立法研究 [M]. 北京：法律出版社，2005.

[75] 茅铭晨. 政府管制法学原论 [M]. 上海：上海财经大学出版社，2005.

[76] 倪光南. 标准化中的知识产权与中国企业的对策 [J]. WTO 经济导刊，2007 (5)：13.

[77] 裴长洪，王镭. 试论国际竞争力的理论概念与分析方法 [J]. 中国工业经济，2002 (4)：41 - 45.

[78] 齐修远. 评社会科学方法论研究中的两个假设 [J]. 哲学研究，1996 (7)：8 - 14.

[79] 钱颖一. 理解现代经济学 [J]. 经济社会体制比较，2002 (2)：1 - 12.

[80] 上海市标准化研究院. 标准化效益评价及案例 [M]. 北京：中国标准出版社，2007.

[81] 史忠良. 产业经济学 [M]. 2 版. 北京：经济管理出版社，2005.

[82] 宋华琳. 论技术标准的法律属性 [J]. 行政法研究，2008 (3)：36 - 42.

[83] 苏东水. 产业经济学 [M]. 北京：高等教育出版社，2000.

[84] 汤在新. 宏观调控和微观规制、产业政策 [J]. 当代经济研究，2000 (5)：39 - 42.

[85] 唐晓华，苏梅梅. 产业过度竞争测度基准及聚类分析 [J]. 中国工业经济，2003 (6)：29 - 35.

[86] 王超. 工程建设标准化对国民经济影响的研究 [D]. 北京：北京交通大学，2009.

[87] 王成昌. 企业技术标准竞争与标准战略研究 [D]. 武汉：武汉理工

大学，2004.

[88] 王健．中国政府规制理论与政策［M］．北京：经济科学出版社，2008.

[89] 王俊豪．政府管制经济学导论［M］．北京：商务印书馆，2001.

[90] 王雅莉，毕乐强．公共规制经济学［M］．2版．北京：清华大学出版社，2005.

[91] 王忠敏．论标准的价值［J］．中国标准化，2003（9）：25－28.

[92] 王忠敏．中国标准化的历史地位及未来［J］．中国标准化，2003（12）：6－10.

[93] 吴汉东．走向知识经济时代的知识产权法［M］．北京：法律出版社，2001.

[94] 吴伟，韦苇．管制对中国经济增长影响的实证分析［J］．国家行政学院学报，2004（1）：78－81.

[95] 席涛．美国政府管制成本与收益的实证分析［J］．经济理论与经济管理，2002（11）：65－69.

[96] 夏大慰，史东辉．政府规制：理论、经验与中国的改革［M］．北京：经济科学出版社，2003.

[97] 夏清华．中国企业自主知识产权能力建设研究［M］．武汉：武汉大学出版社，2010.

[98] 谢获宝．中级财务会计［M］．武汉：武汉大学出版社，2002.

[99] 熊红星．网络效应、标准竞争与公共政策［M］．上海：上海财经大学出版社，2006.

[100] 徐家新，赵婳．标准战略研究［J］．兰州学刊，2006（6）：125－126.

[101] 杨超培．企业标准化理论、方法和实例［M］．广州：广东经济出版社，2006.

[102] 杨武，申长江．我国企业技术标准战略研究［J］．管理现代化，2005（6）：28－31.

[103] 叶林威，戚昌文．技术标准战略在企业中的运用［J］．商业研究，2003（18）：79－84.

[104] 应松年．行政程序法立法研究［M］．北京：中国法制出版社，2001.

[105] 于欣丽．标准化与经济增长：理论、实证与案例［M］．北京：中

国标准出版社，2008.

　　[106] 余晖. 受管制市场里的政企同盟——以中国电信产业为例 [J]. 中国工业经济，2000（1）：63-67.

　　[107] 余晖. 政府与企业：从宏观管理到微观管制 [M]. 福州：福建人民出版社，1997.

　　[108] 袁方，王汉生. 社会研究方法教程 [M]. 北京：北京大学出版社，1997.

　　[109] 张建华，吴立建. 关于技术标准的法律思考 [J]. 山西大学学报（哲学社会科学版），2004（5）：80-83.

　　[110] 张颉. 日本的规制政策 [J]. 日本研究，1996（4）：29-30.

　　[111] 张嫚. 环境规制对企业竞争力的影响 [J]. 中国人口·资源与环境，2004，14（4）：126-130.

　　[112] 张平，马骁. 技术标准与知识产权的关系——"企业技术标准与知识产权战略"专题之二：科技与法律，2003（2）：625-643.

　　[113] 张平，马骁. 技术标准战略与知识产权战略的结合（上）[J]. 研究与探讨，2003（1）：44-47.

　　[114] 张泳，郭炜. 从企业战略角度看标准竞争 [J]. 经济管理，2005（23）：17-19.

　　[115] 赵景柱，董仁才，邓红兵，等. 技术标准对我国综合国力贡献率的初步研究 [J]. 科技进步与对策，2005（2）：5-7.

　　[116] 赵锡斌. 企业环境分析与调适——理论与方法 [M]. 北京：中国社会科学出版社，2007.

　　[117] 郑楚宣，詹扬扬，吴育珊. 政治学基本理论 [M]. 广州：广东人民出版社，2001.

　　[118] 中国标准化研究院. 2006 中国标准化发展研究报告 [M]. 北京：中国标准出版社，2007.

　　[119] 中国标准化研究院. 2007 中国标准化发展研究报告 [M]. 北京：中国标准出版社，2008.

　　[120] 中国标准化研究院. 2008 中国标准化发展研究报告 [M]. 北京：中国标准出版社，2009.

　　[121] 中国标准化研究院. 2009 国家标准化发展研究报告 [M]. 北京：中国标准出版社，2010.

［122］中国技术标准发展战略研究课题组. 中国技术标准发展战略研究 ［R］. 北京：中国标准化研究院，2004.

［123］钟朝宏，干胜道. 环境规制对企业有利吗——波特假设之争 ［J］. 环境与可持续发展，2007（3）：49-51.

［124］钟庭军，刘长全. 论规制、经济性规制和社会性规制的逻辑关系 与范围 ［J］. 经济评论，2006（2）：146-151.

［125］周鹏. 标准化、网络效应以及企业组织的演进 ［D］. 大连：东北 财经大学出版社，2005.

［126］朱彤. 标准的经济性质与功能及其对技术创新的影响 ［J］. 经济理 论与经济管理，2006（5）：54-59.

二、英文参考文献

［1］ANSI. United States Standards Strategy ［R］. Washington, D. C. ：American National Standards Institute, 2010.

［2］Archon Fung & Dara O'Rourke. Reinventing Environmental Regulation from the Grassroots Up：Explaining and Expanding the Success of the Toxics Release Inventory ［J］. Environmental Management, 2000, 25 (2)：115-127.

［3］A. Charnes, W. W. Cooper, E. Rhodes. Measuring the efficiency of decision making units ［J］. European Journal of Operational Research, 1978 (2)：429-444.

［4］A. Dixit, J. Stiglitz. Monopolistic Competition and Optimum Product Diversity ［J］. American Economic Review, 1977, 67：297-308.

［5］A. Dixit, S. Skeath. Game of Strategy ［M］. 2nd Edition. New York：W. W. Norton & Company, 2006.

［6］A. P. Cotton, M. Sohail and R. E. Scott. Towards Improved Labour Standards for Construction of Minor Works in Low Income Countries ［J］. Engineering, Construction and Architectural Management, 2005, 12 (6)：617-633.

［7］Barry Render, etc. Quantitative Analysis for Management ［M］. New York：Prentice Hall, 2003.

［8］Bernard Salanie. The Economics of Contracts：A Primer ［M］. Cambridge, MA：The MIT Press, 1998.

［9］B. Achilladelis, A. Schwarzkopf & M. Cines. The Dynamics of Technological Innovation：The Case of the Chemical Industry ［J］. Research Policy, 1990,

19 (1): 1 – 34.

[10] B. M. Mitnick. The Political Economy or Regulation [M]. New York: Columbia University Press, 1980.

[11] C. Antonell. Localized Technological Change and Evolution of Standards as Economic Institutions [J]. Information Economics and Policy, 1994, 6 (3 – 4): 195 – 216.

[12] C. Shapiro & H. R. Varian. The Art of Standards Wars [J]. California Management Review, 1999, 41 (2): 8 – 32.

[13] C. Shapiro. Injunctions, Hold-Up, and Patent Royalties [W]. Berkeley, CA: University of California at Berkeley Working Paper, 2006.

[14] C. Shapiro. Navigating the Paten Thicket: Cross Licenses, Patent Pools, and Standard-Setting [J]. Innovation Policy and the Economy, 2001, 1: 119 – 150.

[15] C. Wilson. The Nature of Equilibrium in Markets with Adverse Selection [J]. Bell Journal of Economics, 1980, 11 (1): 108 – 130.

[16] Daniel J. Fiorino. The New Environmental Regulation [M]. Cambridge, MA: The MIT Press, 2006.

[17] Department for Communities and Local Government. The Impact of Societal Change on the Building Regulations [R]. London: Communities and Local Government Publications, 2007.

[18] Donald G. Newnan, Ted G. Eschenbach, and Jerome P. Lavelle. Engineering Economic Analysis [M]. 9th Ed. Oxford, UK: Oxford University Press, 2004.

[19] DTI. The Empirical Economics of Standards [M]. London: the Department of Trade and Industry (DTI), 2004.

[20] Elci Ceyhun. Economic Welfare and Quality Standards: An Empirical Assessment [D]. London: London South Bank University, 2009.

[21] E. Brynojolfsson & C. F. Kemerer. Network Externalities in Microcomputer Software: an Econometric Analysis of the Spreadsheet Market [J]. Management Science, 1996, 42 (12): 1627 – 1647.

[22] F. M. Scherer. Nordhaus' Theory of Optimal Patent Life: A Geometric Reinterpretation [J]. The American Economic Review, 1972, 62 (3): 422 – 427.

[23] G A. Akerlof. The Market for "Lemons": Quality Uncertainty and the

Market Mechanism [J]. The Quarterly Journal of Economics, 1970, 84 (3): 488 - 500.

[24] G. Stigler. The Theory of Economic Regulation [J]. The Bell Journal of Economics and Management Science, 1971, No. 3.

[25] Harold Kerzner. Project Management: A Systems Approach to Planning, Scheduling and Controlling [M]. 10th Ed. New York: Wiley & Sons, Inc. , 2009.

[26] H. Gruenspecht, L. Lave. The Economics of Health, Safety and Environmental Regulation [M]//R. Schmalensee, R. Willig. Handbook of Industrial Organization (Volume 2). Amsterdam: Elsevier Science Publisher B. V. , 1989: 1507 - 1550.

[27] H. Hotelling. Stability in Competition [J]. Economic Journal, 1929, 39: 41 - 57.

[28] H. Leibenstein. Allocative Efficiency vs. X-efficiency [J]. American Economic Review, 1966, June: 391 - 415.

[29] Jean-Jacques Laffont, David Martimort. The Theory of Incentives: The Principal-Agent Model [M]. Princeton, NJ: Princeton University Press, 2002.

[30] Joseph A. Schumpeter. The Theory of Economic Development: An Inquiry into Profits, Capital, Credit, Interest, and the Business Cycle [M]. Piscataway, NJ: Transaction Publishers, 1934.

[31] Joseph Haimowitz, Joanne Warren. Economic Value of Standardization [M]. Ontario: Standards Council of Canada, 2007.

[32] J. A. Wagner, J. R. Hollenbeck. Organizational Behavior [M]. MO: Harcourt, Inc. , 2001.

[33] J. Church, N. Gandal. Strategic Entry Deterrence: Complementary Products as Installed Base [J]. European Journal of Political Economy, 1996, 12 (2): 331 - 354.

[34] J. Farrell, G. Salnoer. Installed Base and Compatibility: Innovation, Product Preannouncements, an Predation [J]. American Economic Review, 1986, 76 (5): 940 - 955.

[35] J. Farrell, J. Hayes, C. Shapiro, & T. Sullivan. Standard Setting, Patents, and Hold-Up [J]. Antitrust Law Journal, 2007, 3: 603 - 670.

[36] J. Luis Guasch, Robert W. Hahn. The Costs and Benefits of Regulation:

Implications for Developing Countries ［J］. The World Bank Research Observer, 1999, 14（1）: 137 –58.

［37］ J. R. Meyer, W. B. Tye. The Regulatory Transition ［J］. The American Economic Review, 1985, 75（2）: 46 –51.

［38］ J. Tirole. The Theory of Industrial Organization ［M］. Cambridge, MA: The MIT Press, 1988.

［39］ K Blind. The Impact of ICT Standards: Three Views ［M］. Geneva: IEC, 2006.

［40］ K. Blind, Andre Jungmittag. The Impact of Patents and Standards on Macroeconomic Growth: A Panel Approach Covering Four Countries and 12 Sectors ［J］. J. Prod Anal, 2008, 29: 51 –60.

［41］ K. Blind, H. Grupp. Interdependencies between the Science and Technology Infrastructure and Innovation Activities in German Regions: Empirical Findings and Policy Consequences ［J］. Research Policy, 1999, 28（5）: 451 –468.

［42］ L. M. B. CABRAL. Introduction to Industrial Organization ［M］. Cambridge, MA: The MIT Press, 2000.

［43］ Mark Armstrong, Robert H. Porter. Handbook of industrial organization（Volume3）［M］. Amsterdam: Elsevier, 2007.

［44］ M. A. Salinger. Tobin's Q, Unionization, and the Concentration-Profits Relationship ［J］. Rand Journal of Economics, 1984, 13: 159 –170.

［45］ M. E. Porter, C. Linde. Green and Competitive: Ending the Stalemate ［J］. Harvard Business Review, 1995, 73（5）: 120 –134.

［46］ M. Katz, C. Shapiro. Network Externalities, Competition, and Compatibility ［J］. American Economic Review, 1985, 35（2）: 420 –40.

［47］ M. Katz, C. Shapiro. Technology Adoption in the Presence of Network Externalities ［J］. Journal of Political Economy, 1986, 94（4）: 822 –841.

［48］ M. Spence. Product Selection, Fixed Costs and Monopolistic Competition ［J］. Review of Economic Studies, 1976, 43: 217 –235.

［49］ Navroz K. Dubash, D. Narasimha Rao. Regulatory practice and politics: Lessons from independent regulation in Indian electricity ［J］. Utilities Policy, 2008, 16（4）: 1 –11.

［50］ N. Gandal. Competing Compatibility Standards and Network Externalities

in the PC Software Market [J]. Review of Economics & Statistics, 1995, 77 (4):
599 – 608.

[51] N. Gregory Mankiw. Principles of Economics [M]. 4th Ed. Boston,
MA: South-Western College Pub. , 2006.

[52] O. G. Steven, A. Pakes. The Dynamics of Productivity in the Telecommu-
nications Equipment Industruy [J]. Econometrica, 1996, 64 (6): 1263 – 1297.

[53] O. Shy. Industrial Organization: Theory and Application [M]. Cam-
bridge, MA: The MIT Press, 1996.

[54] Peter Swann. The Economics of Standardization: An Update (Version
2. 2) [R]. London: Innovative Economics Limited, 2010.

[55] P. A. David, H. K. Monroe. Standard Development Strategies under In-
complete Information-Isn't the Battle of the Sexes Really a Revelation Game [C].
Telecommunications Policy Research Conference, 1994.

[56] P. Jones, J. Hudson. Standardization and the Costs of Assessing Quality
[J]. European Journal of Political Economy, 1996, 12 (2): 355 – 361.

[57] P. Swanna, M. A. Prevezer. A Comparison of the Dynamics of Industrial
Clustering in Computing and Biotechnology [J]. Research Policy, 1996, 25 (7):
1139 – 1157.

[58] Ronald H. Coase. The Problem of Social Cost [J]. Journal of Law and E-
conomics, 1960, October: 1 – 44.

[59] R. Fare, S. Grosskopf. A Nonparametric Cost Approach to Scale Efficien-
cy [J]. Journal of Economics, 1985, 87: 594 – 604.

[60] R. M. AUTY. Industrial policy reform in China: structural and regional
imbalances [J]. Transactions of the Institute of British Geographers, 1992, 17
(4): 481 – 494.

[61] R. Schmalensee, R. Willig. Handbook of industrial organization (Volu-
men1 – 2) [M]. Amsterdam: Elsevier, 1989.

[62] R. W. Crandall. Controlling Industrial Pollution: The Economics and Poli-
tics of Clear Air [M]. Washington, D. C. : Brookings Institution, 1983.

[63] Sam Peltzman. The Effects of Automobile Safety Regulation [J]. Journal
of Political Economy, 1975, 83: 677 – 725.

[64] Sam Peltzman. Toward a More General Theory of Regulation [J]. Journal

of Law and Economics, 1976, 19: 211 - 240.

［65］ S. M. Besen, J. Farrell. Choosing How to Compete: Strategies and Tactics in Standardization ［J］. Journal of Economic Perspectives, 1994, 8 (2): 117 - 131.

［66］ Teye Frederick, et al. Benefits of Agricultural and Forestry Machinery Standardization in Finland ［R］. Vakola: MTT Agrifood Research Finland, 2004.

［67］ Thomas P. Lyon, John W. Maxwell. "Voluntary" Approaches to Environmental Regulation: A Survey ［W］. Bloomington, IN: Department of Business Economics and Public Policy, Kelley School of Business, Indiana University, 1999.

［68］ Verlag Beuth. Economic benefits of standardization: Summary of results ［R］. Berlin: German Institute for Standardization (DIN), 2000.

［69］ Victor Stango. The Economics of Standards Wars ［J］. Review of Network Economics, 2004, 3 (1): 1 - 19.

［70］ William D. Nordhaus. An Economic Theory of Technological Change ［J］. The American Economic Review, 1969, 59 (2): 18 - 28.

［71］ William D. Nordhaus. The Optimum Life of a Patent: Reply ［J］. The American Economic Review, 1972, 62 (3): 428 - 431.

［72］ W. L. Hill. Charles. Establishing a Standard: Competitive Strategy and Technological Standards in Winner-Take-All Industries ［J］. The Academy of Management Executive , 1997, 11 (2): 7 - 25.

三、主要资料网站

［1］ 标准网（http: //www. standarden. com/article/class_dt. asp? id = 1&page = ）

［2］ 德国联邦交通、建筑和城市事务部（http: //www. bmvbs. de/en/）

［3］ 国际标准化组织（http: //www. iso. org/iso/home. html）

［4］ 国家工程建设标准化信息网（http: //www. risn. org. cn/Norm/Default. aspx）

［5］ 国家统计局（http: //www. stats. gov. cn/）

［6］ 建设部中国工程建设信息网（http: //www. cein. gov. cn/）

［7］ 经济合作与发展组织（OECD）经济展望（http: //www. oecdwash. org/PRESS/CONTENT/frstat. htm）

［8］ 联合国统计署（http: //unstats. un. org）

［9］美国工程新闻记录（Engineering News Record, http：//enr. construction. com/）

［10］美国国家标准学会（ANSI, https：//www. ansi. org/）

［11］美国商务部经济统计局（http：//www. stat-usa. gov/）

［12］人民网（http：//www. people. com. cn/）

［13］日本国土交通省（http：//www. mlit. go. jp/index_e. html）

［14］世界贸易组织（http：//www. wto. org/index. htm）

［15］新华网（http：//www. xinhuanet. com/home. htm）

［16］英国标准协会（BSI, http：//www. bsigroup. com/）

［17］英国社区和地方政府部（www. communities. gov. uk）

［18］中国标准化研究院（http：//www. cnis. gov. cn/）

［19］中国国家标准化管理委员会（http：//www. sac. gov. cn/）

［20］中国经济信息网（http：//www. cei. gov. cn/）

［21］中华人民共和国中央人民政府门户网站（http：//www. gov. cn/）

［22］中华人民共和国住房和城乡建设部网站（http：//www. cin. gov. cn/）

［23］中经网统计数据库（http：//db. cei. gov. cn/）

后 记

本书是我在武汉大学博士论文基础上修改而成。

2003年早春，"非典"尚未大规模传播，我从一个偏远的小县城来到九省通衢之地的武汉求学，就读于华中最高学府武汉大学。早春的樱花在氤氲浪漫的气息中盛开，武大的美景令人陶醉；而我早年蹉跎于边远小城十余年，自知能够再次踏入学堂的机会来之不易，更痴迷于知识的海洋中贪婪撷取。是年年底，武汉大学举办了110周年校庆。

十年转瞬即逝。2013年底，当我再次来到武大进行博士论文答辩时，正值武汉大学举办120周年校庆。此时的武大，各路精英云集，更加流光溢彩、璀璨生辉，正所谓：珞珈传雅韵，百廿聚归鸿。

武汉求学的十年时间，世间之事沧海桑田，变化颇多。就我自己来说，人生也发生了极大改变，我离开了偏居多年的小城，前往了更加遥远的彩云之南。从青年到了中年，我目睹了更多的悲欢离合。

就本书而言，其实早已完稿，且已与经济科学出版社订立了出版合同。但是由于我自己的各种拖延，以及去年至今年受国家留学基金委员会资助（CSC NO. 201608535060）到美国克莱蒙特研究大学（Claremont Graduate University）访学，以至于推迟至今。正如博士论文最后致谢中所言，访学也是人生中的一个重要阶段，现在终于结束，应该做一些事情了。

本书的出版，首先要感谢我武汉大学学习时的导师王林昌教授。在以前的博士课程学习阶段以及论文写作阶段，王老师给了我很多指点和帮助。在我离开学校尚未做完论文之时，也是他每次及时向我提醒学校确定的进度和各种要求，论文的最终完成与王老师的紧密支持分不开。

感谢在武汉大学求学期间指导、教授我的各位老师。谭力文教授在我人生迷茫期间指点我，让我朝前看，给了我重燃前行的信心和动力。这次在美国留学期间，我又有一番与武大、与谭老师的奇遇，今后若有机会当予以说明和描述。感谢赵锡斌老师、吴先明教授、夏清华教授、李燕萍教授、关培兰教授、左亚文教授、邹薇教授、庄子银教授等各位老师，这些老师成名成家，在课程学习和论文写作等过程中我从他们那儿收获了很多的知识、得到了很多启发，为我今后的研究打下了很好的基础。

我也要感谢我的同学们，包括李骏、张志文、段鸿、曾春花、马海燕、王达政、易朝辉等同学，感谢与他们交流中的火花碰撞带给我的启迪。

本书得以完成，离不开对企业的调查研究。在此感谢云南昆钢钢结构有限责任公司田睿总经理、李玉萍总经理助理、廖红星经理、阮翌华部长，以及云南建工钢结构有限公司罗剑锋总经理助理等领导和朋友，感谢他们给予我的无私帮助和对我调研工作的全力配合，正是他们的鼓励和合作精神才使得我的研究能够继续下去。也感谢云南财经大学国际工商学院原院长刘尔思教授、段云龙副院长、潘学东副院长以及刘美武博士、云南财经大学海外学院院长余泳教授等人对我工作的大力支持，使得我能够尽全力投入到博士论文写作之中。

我也必须向我的亲人们表示感谢。我的妻子刘玉兰女士、我的儿子蒋少晨，多年来一直给予我全力支持。在本书修订过程中，我的岳母龚燕青女士忽然病危最终不幸离世，我殊为遗憾的是尚未来得及有所报答她对我多年的支持和帮助。另外我也要感谢我的妹妹蒋敬荣、蒋小荣、蒋助荣，这么多年一直对我支持和帮助有加。我将此书献给我已故的父亲蒋洪森先生和母亲陈化珍女士，很希望他们在天国能够见到现今我们的幸福生活。

本书的出版得到了云南省有关部门和国家自然科学基金委员会的赞助，受到了国家自然科学基金项目"地方政府公共工程参与式评估机制研究"（项目号：71463061）、云南省教育厅科学研究基金重点项目"民间资本参与大中型水利工程项目建设机制研究"（2012Z144C）以及云南财经大学校级科研项目"企业标准战略研究"（YC10D010）等项目的资助，并得到了云南财经大学商务部援助发展中国家学历学位教育项目的支持和帮助，在此一并致谢。

感谢经济科学出版社多年来对我的学术出版活动予以的支持和帮助，感谢所有为本书出版付出了劳动、精力和热情的人们。

改革开放四十年的历程，完全改变了中国的面貌，以及世界经济地理的大局。大学毕业以后十余年，我一直在工地奔走，转换着设计、监理、施工、业主等各种角色，从事着水利水电、路桥、工民建、机场等各项工程建设，多年的从业经历让我深切体会到那个时代中国建筑业在管理能力、技术实力、员工素质等方面的落后状态。然而，也正是那些行业的管理者、项目经理、施工技术人员、一线工人和民工，在艰苦的条件下埋头苦干、奋发图强，才终于能够成就中国"基建狂魔"的别名，使得我国经济和社会发展始终行稳致远、在越来越宽敞的道路上一路狂飙。《周易》云："天行健，君子以自强不息。"改变落后面貌，唯有加倍努力。中国能够发展到现今世界第二的体量，这些工人师傅、技术人员、同行业者的负重前行居功至伟，在此我向他们致以我最高的敬意。

而在那些年的所见所闻、所思所想，也是我毕业多年后再次走进校园、进入课堂学习和思考的原动力，即能否有条件、有机会改善这些朴实勤奋、吃苦耐劳的人们的工作状况，提高他们的生活水平？历史上我们错过了多次机会，现今我们能否赶上时代的列车，可否坐在头等车厢，伴随着时代前行的同时，欣赏一路的美景？

如今的中国，再一次站在了历史的十字路口，正如5G网络的布局和开发一样，以世界第二的经济体，我们现在不再仅仅是追赶者（second-mover），更是先行者（first-mover）以及标准的制定者和参与者。如何更多地学习标准、利用标准，乃至于最终制定标准，从而促进我们经济长期增长、保持我们的技术优势和领先地位，是值得认真思考的重大课题。在这个历史性的时刻，标准以及相关的研究更彰显其意义殊胜。窃以为，本书的出版恰逢其时，希望本书能够为此贡献一些微薄的力量，为我国的产业发展和管理改进做出些许贡献。若如此，则不胜荣幸。

蒋其发

2018年12月，于云南昆明